员工关系管理：
企业和谐发展的出路

郦巍铭　著

辽宁大学出版社
Liaoning University Press

图书在版编目（CIP）数据

员工关系管理 ：企业和谐发展的出路 / 郦巍铭著
. -- 沈阳 ：辽宁大学出版社，2022.6

ISBN 978-7-5698-0807-0

Ⅰ．①员… Ⅱ．①郦… Ⅲ．①企业管理－人事管理
Ⅳ．①F272.92

中国版本图书馆 CIP 数据核字（2022）第 101198 号

员工关系管理：企业和谐发展的出路
YUANGONG GUANXI GUANLI : QIYE HEXIE FAZHAN DE CHULU

出 版 者：辽宁大学出版社有限责任公司
　　　　　　（地址：沈阳市皇姑区崇山中路66号　邮政编码：110036）
印 刷 者：沈阳海世达印务有限公司
发 行 者：辽宁大学出版社有限责任公司
幅面尺寸：170mm×240mm
印 　 张：15
字 　 数：277千字
出版时间：2022 年 6 月第 1 版
印刷时间：2022 年 6 月第 1 次印刷
责任编辑：张宛初
封面设计：高梦琦　孙红涛
责任校对：郝雪娇

书 　 号：ISBN 978-7-5698-0807-0
定 　 价：69.00元

联系电话：024-86864613
邮购热线：024-86830665
网 　 址：http:// press. lnu. edu. cn
电子邮件：lnupress@ vip.163. com

前　言

　　企业是一个社会的经济细胞，和谐企业是打造和谐社会的重要基石。广大企业在和谐化建设过程中不断获得、精进和成长，同时这也成为国家构建和谐社会的重要组成部分。和谐对于一个企业来说如此重要，那么如何进行和谐企业的构建呢？本书认为企业和谐发展的关键是人力资源的发展，缺少良好从业人员队伍的企业，其未来发展将缺乏可持续性。特别是在知识经济这一时代背景下，拥有高素质人力资源的企业就像拥有了一笔无形的财富，这些资源可为企业创造不同的竞争优势和亮点。而作为人力资源管理的下位概念和有机组成部分，员工关系管理逐渐成为热点。大量企业通过研究员工关系，总结并掌握了一套灵活有效的管理手段和管理方法。它在企业和员工之间能够发挥积极的协调作用，在保障双方利益的同时，还能提高员工参与工作的积极性与主动性，增强员工在企业工作时的归属感和满足感，进而推动企业整体经济效益的全面提升。为更进一步了解企业员工关系管理方式，本书进行了以下内容的归纳：

　　基础理论篇——就和谐及和谐企业、员工关系历史发展与理论、员工关系管理的基础认知等内容进行系统阐述，指出本次研究的理论基础、研究重点和研究目标。

　　多元管理篇——主要介绍了企业在劳动合同管理、员工纪律与惩戒管理、员工人际关系管理、员工援助计划以及特定员工管理等方面所制订的一系列改进方案和措施，尝试通过管理手段的不断优化，寻求与员工之间稳定而长远的发展。

　　实践创新篇——本篇在对国内员工关系管理认知的基础上，吸收和借鉴美日两国的做法和经验，并对我国经济转型期企业员工关系管理进行了详细说明，进一步明确了今后的创新和发展方向。

　　本书的编写本着实用性与可行性的原则，以求最大限度地方便企业管理、人力资源管理等人员开展相关研究，同时希望能够供企业管理等相关专业的学生阅读参考，帮助其进一步促进自我专业知识的完善。

　　由于笔者水平有限，本书难免会有不足之处，恳请广大读者批评指正。

目 录 ——

基础理论篇

第一章　和谐及和谐企业导论

第一节　和谐及其相关概念的概述

一、和谐

（一）古代的和谐思想

和谐是一个古老的哲学范畴，它可以被追溯到人类文明的开端。远古的智者、哲人在探索世界奥秘的过程中，经过不断的思维提炼，凝结出了古朴的和谐思想。他们鲜有长篇大论，也没有严密的逻辑演绎，更没有现在数理化的精确公式，但是这并没有遮掩住他们思想的光芒。他们把自己的智慧溶解在日常的对话、讲学、思考中，可能只有只言片语，却折射出智慧的光芒。他们在劳动之余对世界的思索，在今天仍然是伟大的哲学。古代哲人朴素的思考，奠定了人类的文明，经过历代哲人对和谐的诠释，才有了今天我们和谐理论的繁荣。同时，古代朴素和谐思想也是指导人们长期和睦相处、和谐共融的基础。

我国是四大文明古国之一，在古代就有着丰富的和谐思想。和谐思想在我国至少可以追溯至《周易》。作为"群经之首"和"大道之源"的《周易》有着丰富的关于和谐思想的内容。《周易》中提出和谐是事物运动的最佳状态和终极目标，在宇宙自然的意义上，宇宙整体是和谐有序的，天地为自然，人为自然而生，天地人融为一体。

春秋战国时期，诸子百家也从不同层面阐释了对和谐思想的理解，经常用"和"的概念来阐发他们的哲学思想和文化理念，其中主要以儒家和道家最为典型。孔子说"君子和而不同，小人同而不和"，把和谐作为待人处世的根本态度。孟子说"天时不如地利，地利不如人和"，使天地人"三才"落脚于"人和"。荀子则把"能群"看作人高于动物之处，指出人不能无群，主张人与人的和谐。庄子也把和合之境看成万物所追求的理想境界，提出"至阴肃肃，至阳赫赫。肃肃出乎天，赫赫发乎地。两者交通成和而物生焉"，即天下之变万，而要归于两端。两端生于一致。可见，追求和谐的意识形态早已是诸子百家共同的凤愿。

之后，《吕氏春秋》《礼记·中庸》等对和谐思想做了更进一步的总结和发展。到了汉唐宋明时期，和合精神成为中国哲学的基本内核。"中也者，天下之大本也；和也者，天下之达道也。致中和，天地位焉，万物育焉""保合太和，乃利贞"等哲理明言，已得到大多数中国知识分子和老百姓的认同，和谐思想成为中国人化解社会矛盾以及社会不断发展的根本智慧。

在古代西方，和谐也是哲人思想的精髓。古希腊著名哲学家兼数学家毕达哥拉斯认为，本原的数之间有一种关系和比例，这种关系和比例产生和谐，并指出宇宙中的任一天体在转动时都会发出本身的乐音，天体之间的距离和天体发出的乐声都是和谐的，进而认为"整个的天是一个和谐，一个数目"。赫拉克利特则把朴素的和谐思想融入辩证法中，提出"对立造成和谐，而不是相同的东西产生和谐"，"自然也追求对立的东西，它是用对立的东西制造出和谐，而不是用相同的东西"。著名哲学家柏拉图、亚里士多德、黑格尔等人的思想中也包含着大量的和谐思想。在柏拉图的人性论中，灵魂由理性、意志和欲望三部分构成，只有当意志和欲望在理性的指导下，遵守自己的职责，实现自己的功能时，灵魂才实现了和谐。亚里士多德的"中庸之道"学说也蕴含着丰富的和谐思想。他认为，一个国家的政权应该由中等阶层来掌握，这样能够很好地协调贫富两个阶层的利益，避免矛盾和冲突，从而实现社会的稳定与和谐。辩证法大师黑格尔则在肯定赫拉克利特对立和谐的基础上，提出了辩证和谐观，认为"差别是属于和谐的；它必须在本质上、绝对的意义上是一种差别"。黑格尔第一次把和谐的存在规定为以差别为前提，把和谐理念的内蕴以矛盾、对立、差异、斗争等范畴来规定，使和谐的内涵更加丰富。

（二）现代和谐及拓展

"和谐"一词在《现代汉语词典》里的解释是"配合得适当、和睦协调"。其中，"和"，即柔和、温和、和缓、和睦，主要体现了人们在心理活动上的一种主观感受，以及在为人处事和行为方式方面的一种态度；"谐"，即事情或任务已经办妥、商量好，主要反映了事情或任务处理结果适度或得当、稳定有序的一种状态。所以简单来说，可以把"和谐"理解为人与人、人与物之间相互配合良好，冲突与矛盾处于低水平，能够协调地生存和发展的状态。和谐具有多元性、差异性、包容性、秩序性和可调节性。多元性是指和谐体是由多种主体或多种元素构成的，如家庭、企业、国家等。差异性是指多元素处于一个共同体中，有各自的利益、需求和认知，在共同体中有差异。包容性是指求同存异。只求差异个性，没有共同性，共同体必然矛盾重重。秩序性和可调节性是指各方面的利益在一定的秩序或原则下是可以协商的。

为了更好地说明与界定和谐的内涵，下面将和谐与平衡、协同、协调、矛盾、冲突、竞争等概念进行简单的辨析。

1.和谐与平衡

平衡与非平衡是标志事物矛盾运动状态的范畴。所谓平衡是指事物矛盾双方势均力敌，处于相对静止的状态，即对立双方暂时的相对统一；所谓非平衡是指事物矛盾双方力量有一定差异，因而使事物处于显著的变动状态。平衡与非平衡统一于矛盾运动中。处于平衡态的事物不一定是和谐态的事物，和谐比平衡有更广泛、更深刻的内涵。

2.和谐与协同

协同学认为，协同概念是描述复杂系统活动间的一种相互合作的作用与效果。对于社会经济系统来说，和谐是利益的一致、地位与人格的平等，失去这些，就失去了协同的基础。只有系统处于和谐状态，才能获得最大的协同作用和效果。因此，和谐是协同的基础和条件，协同效果的大小是和谐程度的表现。

3.和谐与协调

和谐也不同于协调。和谐中的"谐"指配合得当，同"协调"有相近的含义，但协调不一定有"和"的含义，因此，和谐比协调有着更广泛的含义，不仅描述事物间配合得当、比例协调，而且描述人内心的活动、感受和态度以及人与人之间的关系。因此，和谐更适宜描述以人为主的社会经济系统。虽然和谐不同于协调，但二者存在着密切的联系：协调是达到和谐状态的手段，和谐是协调的目标。

4.和谐与矛盾

从哲学层次上看，矛盾是指对立统一的关系。和谐是矛盾同一性的特殊表现形式，是客观与客观、主观与客观、主观与主观之间的对立统一。

唯物辩证法在肯定了矛盾是事物变化发展的源泉的同时，也揭示了和谐是事物矛盾统一体能够存在和发展的内在机制。因此，强调和谐并不排斥矛盾。

5.和谐与冲突

一般认为，冲突是相互作用的主体之间存在的不相容的行为或目标。实际上，冲突是从相互依赖中产生的，两个毫不相干的人是不会发生冲突的。我们在实践中会发现，冲突是经常发生的，而且冲突并不是都来源于不同的利益，许多冲突与不同的观点、信念、判断或行为有关。并不是竞争才会引起冲突，无论是合作还是竞争，都可能发生冲突。从某种意义上来说，合作中的冲突是由于实现目标的手段不同而引起的；而竞争中的冲突是因为要实现的目标不同所引起的。事实上，冲突只是组织中的成员在相互交往、相互作用的过程中发生的一种关系。冲突是组织发展中不可避免的，冲突解决之后的结果则是和谐。

6.和谐与竞争

竞争是生物学的基本范畴，也是经济学的基本范畴。市场经济就是竞争经济，竞争是市场经济发展的推动力。强调和谐并不意味着反对竞争。竞争有正负两方面作用：竞争可激发人员的积极性、主动性、创造性，没有竞争就不会有进步，也不会有发展；但是不适当的竞争又会造成负效应，如恶性竞争或不正当竞争会造成社会劳动的巨大破坏和浪费。因此，和谐需要良性竞争，和谐排斥恶性竞争。

（三）和谐的重要基础

所有和谐的基础除了一些物的需求外，首先是系统成员的思想境界和素质，这一点比较明显。人们思想觉悟高、认识深刻、素质高，便会自觉地抓住关键环节，填补空白和漏洞，人际间相互协调合作，减少摩擦和内耗，提高和维持系统整体协调性，保证系统健康运行。

其次是人际间的沟通。在构成和谐的层次上，通过沟通，系统中相关的人和部门相互可获得必要的信息，这是行动上相互配合和协调的基本条件。

沟通也是建立组织和谐与内部环境和谐的基础。有效的组织管理以及人们合作的基础都有赖于理解和态度，而沟通可以产生理解和改变态度。人们一旦理解了合作的重要性和每个参与者在整体活动中的地位，而且具有愿意合作的态度，就能进行融洽的合作。

协调、合作和沟通可以使组织更有效地管理可利用的力量，并利用它们产生更大的生产率。增加系统和谐性的努力，将为改进系统总体效果提供无穷的动力。

　　再次是形成有利于和谐产生和维持的环境和气氛。思想觉悟高有产生和谐的基础，沟通为和谐提供了条件，但还需要产生和谐的激励因素，并创造有利于和谐发展的环境。人有积极性，就应爱护积极性，鼓励其发扬光大；人们没有积极性，须积极通过政策、教育引导其产生积极性。总之，需形成一种正气，好的受到表扬，坏的受到惩罚，含混的需要诱导，这样，和谐才能产生和健康生长；反之，正确的得不到表扬，甚至遭到打击，错误的没有受到相应的惩罚，人们将会丧失信心，系统便会失去民心，人心涣散必然导致运行受阻、互相扯皮、互相冲突，系统整体功能肯定得不到有效发挥，甚至无法发挥。

　　最后，和谐还需要精心的计划和组织。以上三点侧重于系统中"和"的环境的形成，这样，通过系统成员和子系统的能动性，当然可以在一定程度上实现自适应和自组织，达到和谐运转。但对日益复杂的社会经济系统来说，若能在以上三点的基础上，再对系统复杂的活动、繁重的任务进行精心的计划安排和有效的组织管理，使各人和各子系统责任明确，分工清楚，责、权、利到位，即形成良性组织和机制，不仅可使系统协调运转，而且可以发挥系统成员和子系统的能动性，更有利于和谐机制的形成，使系统功能得到充分发挥。

二、和谐管理

　　席酉民教授认为，和谐管理包括两个方面，即"和则"与"谐则"。"和则"是从"和"派生出来的人嵌入组织的规则或主张，人们用它来应对组织中"人的永恒的不确定性"，包括规则、契约、文化、舆论和社会观念等，也就是说，用减少不确定性的思路解决人的主观情感、行为方面的问题；"谐则"处理那些可以量化的因素，考虑它们如何在给定的约束和目标下最优化，也就是说，用优化的思路解决客观科学的问题。由此可以看出，席酉民教授所定义的和谐管理既有客观的、比例得当的、科学的"谐"的完美，又有主观的、感觉良好的、情感的"和"的融合。

　　根据目前的研究成果，我们认为企业和谐管理是指企业的管理者以和谐理念为指导，运用科学、合理的方法和规则，正确处理企业内部人自身、人与人以及企业外部人与社会、人与自然的关系，提高企业经济效益、社会效益和生态效益，实现企业长期、稳定、持续发展的管理活动过程。

　　企业和谐管理的本质含义是"和谐"，主要是实现人与人、人与社会、人与自然的和谐。企业本质上是一种组织，是一个系统，但同时它也是一个社会中的组织，也是社会大系统中的一个子系统。现代企业管理过程中，员工、顾客以及其他利益相关者的介入程度日益加深，从某种意义上说，企业已成为各种关系的总和。因此，要认识和把握企业，要理解企业的活动，掌握企业运动、变化和发展的规律，必须从企业的关系入手，通过企业内外关系的协调，来实现企业资源的合理优化和充分利用，促使企业取得效率和效果的和谐。企业必须有可持续发展的思想和环境保护的意识，形成一种经营管理理念、一套可供实施的管理制度。也就是说，企业的和谐管理包括企业内部员工的人态和谐、企业内部的管理人员和企业员工的人态和谐，以及企业与社会、外部环境的生态和谐①。

企业和谐管理的内涵包括以下要点：它的管理理念是追求和谐，要求企业管理者以和谐理念统领企业的发展；它的目标是追求企业经济效益、社会效益和生态效益的共同提高，实现企业可持续发展；它的内容包括企业内部由出资者、经营者、生产者共同治理的和谐管理和企业外部与其利益相关者、社会、自然全面协调的和谐管理；它主要解决的问题是正确处理企业内部人自身、人与人以及企业外部人与社会、人与自然的关系；它的运作过程是一个"不和谐—和谐—新的不和谐—新的和谐"的动态平衡过程，由于"不和谐"存在的客观必然性，创造和谐成为企业追求的目标。

三、和谐企业

和谐企业，简单地说，应该是那些凝聚力较强、经济效益较好，管理制度科学健全、运作机制合理顺畅，员工工作意愿较高，员工与员工之间、员工与单位之间协调融洽的企业。它主要包括三个方面的和谐。

（一）心态和谐

心态和谐是人自身的和谐，包括生理和谐、心理和谐和身心和谐。要实现心态和谐首先要培养健康人格。人格是人的社会自我的外在表现，是个人在社会化过程中成熟起来的思考方式和行为方式的总和。人格是人的一切品质的总和，包括人的道德品质、思想品质和政治品质。人格健康和心态和谐在本质上是一致的，它们都对人的品德提出了要求。

我们正处在全面建设和谐社会的过程中，企业作为社会系统的子系统，应该把员工培养成有志有为、德才兼备的人。塑造企业员工健康人格，促进员工心态和谐，才能真正为社会进步做出贡献。

员工的心态和谐是企业和谐管理的基础，没有人格健康的员工也就谈不上人态和谐和生态和谐。

---

① 吴波.把握国企特殊性，构建和谐劳动关系[J].人力资源,2021（18）:94-95.

（二）人态和谐

人态和谐的实质是人关系和谐，包括个人与个人的和谐、个人与群体的和谐、群体与群体的和谐。企业是一个复杂的系统，系统中的各种要素结成了各种各样的关系，彼此相互影响、相互作用、相互制约。这些关系的和谐与否决定着企业的效益。企业作为一个整体，它与同一产业内部的其他企业的关系可被视为个人与个人的和谐，这种和谐可通过企业之间的良性合作和竞争来表述，良性的合作和竞争能促进相互发展，实现双赢。同时，企业与它所处的整个产业间的关系可被视为个人与群体的和谐，企业的发展促进产业的发展，产业的发展又会促进企业的发展。此外，企业与消费者之间的关系也属于个人与群体的和谐关系，企业以向消费者提供最优质的产品或服务来获得这种和谐关系。在企业内部，管理人员之间、企业员工之间的和谐关系是个人与个人的和谐，各个管理人员和企业员工与企业之间的和谐属于个人与群体的和谐。企业内部各个团体之间的和谐关系就属于群体与群体的和谐。

企业的人态和谐包括很多个方面和层次。在这些关系中企业内部的和谐关系是首要的，如果不建立这种和谐关系或这种和谐关系没有处理好，那么企业将会是一盘散沙，也不能称之为整体。只有建立和拥有这种和谐关系，企业才能作为一个整体来应对外部影响。

（三）生态和谐

企业在为社会创造财富、提供产品和服务的同时，也会带来负效应，给社会造成负面影响。

企业的生产经营活动都是在自然环境中进行的，也就不可避免地与自然环境有着重要的联系。企业的生产经营需要消耗自然资源，排放废气、废渣和废水，破坏生态等。和谐企业要尽量减少自己对生态的破坏，做到生态和谐。生态和谐强调的是人类环境的和谐①。人类通过实践可以改变生态环境，其实践结果可能是正面的，也可能是消极的和负面的。人类只有在尊重生态规律的基础上，才可能实现人类和环境的协调发展。

---

① 郝婧华.构建和谐企业党建和工会建设的策略[J].现代企业,2021（7）:114-115.

第二节　和谐企业的影响因素分析

一、企业制度——影响企业和谐的硬约束

新制度经济学认为，企业在根本上是一个合约集。这些合约规定了股东、经理、职工等之间的关系，划分了物质资本和人力资本在企业中的作用边界，维持企业正常运转。企业要和谐运转首先就要保证这些合约适合企业的发展，而这些合约就是我们所强调的制度。制度是企业运作的根本依据，企业正是通过条理有序的制度维持其正常运转，制度的合理与否直接关系着企业的和谐状态。制度不仅划分了企业财产归谁所有，而且安排了生产如何进行、收益如何分配等一系列的问题，这些问题直接关系企业内部各方的利益及企业其他方面一系列关系的和谐。在企业的众多制度中，对企业和谐影响最重大的制度至少包括以下三个方面。

（一）产权制度

企业产权是指不同利益主体对企业一定财产的占有、支配、收益的权利。产权制度是影响企业和谐的主要因素。合理的产权制度能够有效激励利益各方，不断促进企业的和谐成长；不合理的产权制度往往导致利益各方缺乏有效的约束，致使企业不和谐现象不断产生。

当前，我国的很多企业借鉴西方的管理思想建立了公司制、股份制等形式的企业，一定程度上解决了我国企业的产权问题。特别是股份公司在我国的建立，明确了股东是企业的产权主体。很多股份公司都建立了以股东大会、董事会、监事会为代表的"新三会"，股东通过董事会参与企业重大问题的决策，聘请经理经营企业，分享企业收益。这种产权制度一定程度上理顺了企业内部的关系，促进了企业的和谐发展。但是西方的管理理念并不是包治百病的灵丹妙药，产权问题在我国依然十分突出。在一些企业只有一个或几个股东，这种情况下股东会十分关注企业的生产经营活动，股东强烈的所有者意识推动着企业的发展[1]。但是当企业存在数量众多的股东时，如我国很多的上市公司，中小股东所有者意识就非常淡薄，他们只关心股票的价格，却忘记了自己产权主

---

① 李伟.和谐企业构建研究[M].武汉：武汉大学出版社，2017：5-18.

体的角色，公司实际成为大股东和经营者的舞台。大批中小产权主体的缺位，使得很多公司出现做假账欺骗中小股东、经营者侵吞公司资产为个人所有等一系列不和谐现象。因此，建立和谐企业、完善产权制度仍然是企业主要的任务之一。

（二）激励制度

合理的激励制度对和谐企业的构建具有很重要的作用，它可以使企业内部各主体积极投身于企业的具体活动中，从而克服效率低下、人浮于事等不和谐现象。目前，国内很多企业现有的激励体系中，资本激励的成分太重，在一定程度上忽略了人本激励和知本激励，这种不和谐的激励体系使得激励效果有限。以员工心理需求、发展需求以及价值实现需求为导向完善激励体系是构建和谐企业中重要的一环。

（三）管理制度

任何一个企业要实现和谐，在其背后必须有规范性和创新性的管理制度支持[①]。管理制度是企业员工在企业生产经营中，共同遵守的规定和准则的总称，它具体表现为企业组织结构设计、职能部门划分及职能分工、岗位工作说明、专业管理制度、工作流程、管理表单等。在构建和谐企业的过程中，管理制度起着重要的支撑作用。企业制度本质上讲是一种规范，它要求员工在职务活动中按照企业相应的规范和规则采取有效行为。正是这种规范性，使得企业正常和谐运转有了保证。

随着知识经济的发展，企业的管理制度越来越趋向于软化，越来越有利于企业实现和谐。工业经济初期的管理制度更多的是一种强制性制度，严格规定着员工在日常工作中应该做什么、不应该做什么，甚至对员工完成某项工作的动作都有苛刻的要求。在理论界，传统的人性假设——"X 理论"（"经济人"假设）认为人天生是偷懒的，没有责任心，所以强制性的管理制度是这一时期的特点。但这种管理制度极易引起人们的不满和抵抗，因此不适应和谐企业的要求。随着时代的发展，人们逐渐抛弃了"经济人"的认识，开始在企业内把职工看作"社会人"，"人际关系理论"等理论相继出现，推动企业不断改善员工的工作条件、缩短工作时间、更加尊重员工等，管理制度逐渐软化，人本理念得到了不断的体现。这种变化越来越适应和谐企业的发展要求。

---

① 吕玉红.丰富完善民主管理制度，助推企业和谐发展 [J].建材发展导向,2017,15（12）:38-39.

二、企业文化——影响企业和谐的软约束

企业要实现和谐，不仅需要制度这样的硬约束，还需要文化这样的软约束。文化是一个企业的灵魂，也是企业实现内外部和谐的有力武器。企业文化是企业所形成的具有自身个性的经营宗旨、价值观念和道德行为准则的综合。它不仅仅是企业的宣传口号，更重要的是渗透在企业生产经营的实践当中，引导着企业不断发展。企业文化对企业和谐发展有着重要的影响。

首先，企业文化可以提升产品的竞争力，促进内外部关系的和谐。企业在生产中加入文化元素，将会提升产品的竞争力和发展潜力，如餐饮企业若能吸收当地的文化元素，将会提升整个就餐环境的品位；服装企业若能吸收流行的文化元素，则生产出的服装的档次就会得到很大的提高。所以有人讲，三流企业靠技术，二流企业靠管理，一流企业靠文化。文化将会提升整个产品档次，产品档次质量的提高一方面有利于企业被消费者认可、被投资者青睐，为企业开创一个和谐的外部发展环境；另一方面，产品竞争力的提高带来了企业整体利润的增加，"蛋糕"做大了，有利于实现利润在股东、经理、职工等利益相关者之间进行比较满意的分割。特别是当利润足够丰厚时，股东、经理、职工可以达到较高的生活水平，企业的和谐在物质上才有坚实的基础。

其次，企业文化具有很强的导向作用，可以提高企业内部的和谐度。企业要不断发展就需要有一种能够被大多数员工接受的共同价值观和行为模式，企业文化的本质作用就在于此。优秀的企业文化能够引导员工形成共同的价值观和理想追求，将员工的思想和行为统一到企业的发展目标上来，促使员工自然而然地与组织所要求的行为和思想保持一致。同时优秀的企业文化能激发员工的工作热情、积极性和创造性，促使员工对企业的目标和任务形成强烈的使命感和持久的驱动力[①]。这种员工与企业目标的高度协同，为企业的和谐奠定了基础。而员工之间在共同的价值理念指导下更加容易实现和睦共融，共同推动企业的发展。

最后，企业文化如同润滑剂，有利于避免在制度引导下的企业运作产生生硬的冲突。企业内外部存在着众多的利益相关者，他们之间往往会由于利益关系或其他因素导致摩擦，合理的制度虽然对此有一定的规范作用，但制度是一种带有刚性的规则，即使现代的企业制度逐渐在软化，刚性也还是存在的。这种条件下要协调利益各方共同协作，文化就起了一个很好的润滑作用。企业文

---

① 刘理.企业文化在和谐企业建设中的作用[J].中国盐业,2021（5）:28-29.

化的存在使得企业各主体之间容易形成文化认同感和集体荣誉感，从而可以一定程度上缓解企业内部员工之间、管理者与员工之间、管理者与管理者之间的不和谐，也有利于实现企业与外部消费者等形成文化认同，从而形成良好的外部环境。

企业文化对企业的和谐虽然有着重要的作用，但是现实中的企业文化对企业和谐的促进作用还有待进一步挖掘。当前，我国优秀的企业文化还是非常缺乏，很多企业的文化建设还处在低层次水平上。一方面，很多企业上级缺乏企业文化建设意识，对企业文化的认识还不充分，认为企业是强调实干的组织，从而忽视了企业文化的作用。也有一部分上级对企业文化的认识停留在搞文化娱乐活动的层面上，没有企业文化建设的战略眼光。还有部分企业的文化建设只是一种赶时髦、作秀，并没有把握住企业文化的真谛。另一方面，很多企业的文化缺乏自身特色，不能很好地起到导向、凝聚作用。一些企业照抄或者模仿国内外企业的文化，而不从自身的产品特色、发展前景等入手①。这样的企业文化仅仅是一种摆设，完全起不到增强文化氛围、塑造企业形象、凝聚员工工作热情等作用。所以，在当前构建和谐企业，就需要改变这些不合理的方式，重新塑造良好的企业文化。

三、企业战略——影响企业和谐的深层因素

战略是企业根据内外环境及可获取资源的情况，为求得生存和长期稳定的发展，对企业发展目标、达到目标的途径和手段的总体谋划，它是企业经营思想的集中体现，是一系列战略决策的结果。战略对企业的和谐发展有着重要的影响。美国著名未来学家托夫勒曾这样描述战略的重要性："对没有战略的企业来说，就像在险恶的气候中飞行的飞机，始终在气流中颠簸，在暴雨中穿行，最后很可能迷失方向。"所以，企业要实现和谐，就需要有合理的战略做牵引。

一方面，企业战略直接关系着企业的竞争优势，进而影响着企业的和谐。正如国际咨询业巨子——摩立特集团创始人之一、首席执行官福中博士所说："战略是给你建立起一个非常独特的竞争力的定位。"企业战略的实质就是企业经营活动的确定，即企业应该完成什么活动以及如何完成这些活动。合理的战略可以帮助企业确定自身的发展定位，并从宏观上指出企业各部分如何来协

---

① 刘燕.做精做强主业,实现战略发展,担责任重组织,全力塑造和谐企业新形象[J].东方企业文化,2016（9）:59-61.

调完成企业的目标。企业的不可模仿性使企业建立了长久的竞争力，拥有了其他企业所不具有的竞争优势，为企业赢得了发展的空间，进而也就为企业内外部关系的和谐奠定了基础。

另一方面，企业战略关系着企业内部人、财、物等资源的有效配置，影响着各子系统的协调运作。战略虽然多带有宏观指导的色彩，但是它直接影响着企业内部的微观运行机制，战略方向的确定带动了内部人、财、物等资源的整合。好的战略不仅会为企业的发展创造良好的空间，而且可以从可行性的角度指导资源的和谐配置及企业内部运作的和谐性。

在我国现阶段，企业的诸多不和谐因素与企业战略方面的不足有着重要的关系。首先，我国部分企业的战略过大过空，严重影响了企业的和谐发展。企业战略诚然是件"大事"，但是如果过分强调宏伟目标和远大理想，而忽视了企业的具体情况，就如同"空中楼阁"，表面浮华却毫无意义。其次，也有部分企业的战略演化成为个别上级的主观愿望，企业战略的制订缺少普通管理者和员工的参与[①]。企业战略最终是要转化为管理层和员工的具体活动，它应该吸取基层管理者和员工的意见。只有充分调动员工的积极性，充分让员工了解、理解企业战略的内容，才能促使企业成员形成对战略的认同，这样的企业战略实施起来才能真正发挥效应。再次，还有一些企业的战略缺乏对自己企业的细致分析和深刻认识，把其他企业的战略直接拿来，或者把曾经的旧战略拿来稍做修改，"以不变应万变"。这样的企业战略与企业实际相脱节，以这样的战略做主导不仅毫无用处，还会对企业的正常活动造成冲击。最后，也有一些公司的企业战略制订得完美无瑕，却被当作花瓶高高放起，缺乏执行力使得这些企业的战略只是用来装点门面。企业战略对企业的和谐发展有着重要的促进作用，但是正是由于这些原因，在实际的企业实践中，很多企业战略不仅没有有效促进企业的和谐，反而有些战略本身成为企业不和谐的根源。

四、人员素质——影响企业和谐的直接因素

在和谐企业的构建中，人的因素有着很重要的作用。人与人之间的和谐不仅是企业内部和谐的重要内容，也直接关系着企业生产活动的和谐和有效运转，直接影响着企业整体和谐的实现。高素质的员工是企业和谐的重要支撑力量，高素质的企业家更能进一步推进企业的和谐发展。

---

① 陈庆丰，谢飞.践行金融服务战略转型，创建"四个一流"和谐企业[J].钢铁文化,2012（9）:31-33.

（一）企业员工是和谐企业建设的重要主体

和谐企业的理念最终要靠员工的实际行动去完成，这不仅依赖于员工健康的身心，也强调员工的业务素质和知识水平。员工的身心和谐有利于个人能力的发挥、企业内部和谐人际关系的形成及团队合作的成效，关系着企业内部和睦融洽的工作氛围的形成。员工的业务素质和知识水平则直接影响着员工的工作绩效及企业的发展。正如通用汽车公司前总裁史龙·亚佛德所说："你可以拿走我全部的资产，但是只要你把我的企业人员留下来给我，五年内我就能够把所有失去的资产赚回来。"所以，员工素质是企业和谐发展的重要基础，关系着和谐企业实现的速度和程度。

（二）企业家是构建和谐企业的重要力量

企业的发展离不开企业家的作用。在工业化的早期，企业家是整个生产活动的指挥者，企业家的才能直接关系着企业的生死存亡。今天企业家仍然具有不可替代的作用，他们具有创新精神和工作热情，是企业发展的中流砥柱，是整个企业的灵魂人物，引领着企业的发展。他们的创新精神、敬业精神、合作精神是企业适应外部动态复杂环境的重要保证，是企业实现内部和谐及外部和谐的重要动力。哈耶克就曾指出企业家是"人类合作的扩展秩序"的代表，他们具有使大家合作工作的精神感召力。熊彼特也认为企业家精神，即"经济首创精神"是实现"新组合"的原动力，是为建立以自己的家族为核心的私人企业王国而发挥出来的创造力与坚强的意志[1]。企业家在企业中的重要位置，决定了他们是企业和谐的重要力量。企业家对企业和谐的理解和执行直接影响着企业整体的和谐状况。虽然人的因素直接影响着企业的和谐境况，但是不能过分夸大人的主观因素，把和谐企业的构建重心放在一个好的上级、好的队伍上，而是应该从多角度出发，特别是从制度的角度去激励人、引导人，促进企业的和谐发展。如果能实现健全的制度和高素质的从业人员并举，企业的和谐将会得到有力的推动。

五、外部环境——影响企业和谐的间接因素

企业要从外部环境获取资源，同时企业最终产品要在市场中实现价值，所以外部环境是企业实现整体和谐的重要组成部分。良好的外部环境是企业和谐发展的前提和保证[2]。一般企业外部环境包括对企业产生直接或间接影响的政

---

① 黄辉.政工人员素质提升与和谐企业构建[J].中外企业家,2014（22）:181-182.

② 崔毅,洪燕婵.基于企业生命周期构建和谐企业[J].当代经济,2006（10）:60-61.

治、经济、社会、文化、技术、产业结构、产业竞争状况等因素，以及这些因素的相互关系。我们通过表1-1进一步说明企业外部环境的影响因素。

表1-1 企业外部环境影响因素分析表

一般环境	宏观经济政策环境	国家的经济政策对产业的扶持与限制会影响企业的发展；有利于企业发展的政策必然促进企业的经济增长和利润的增加，有利于企业内部各方面关系的改善
	经济环境	国民经济有强劲的发展势头会给企业带来持续的增长机会；而萧条的经济环境则会限制现有企业的发展
	社会文化环境	社会文化对企业的经营理念、生产方式的选择、员工的思维方式等方面有着潜移默化的作用
	技术环境	技术改变企业的生产方式和经济效益，它是企业获取竞争优势的重要保证；一国技术环境影响着本国企业能否在全球化的竞争中获胜，获得与国际市场环境的协调一致、和谐发展
	法律环境	国家的有关法律法规如企业用人制度、对假冒伪劣产品的惩治等影响企业的内外和谐
	自然环境	企业所在区域自然资源禀赋越丰富，越有利于企业的发展，有利于企业整体和谐的实现
具体环境	市场容量	市场容量反映市场的规模和大小；市场容量越大，企业间的竞争就越弱，和谐性就越好
	市场结构	市场结构是指市场的竞争程度；市场竞争越激烈，企业与外部竞争者之间的和谐性就越差

第三节　构建和谐企业的基本原则

一、以人为本原则

"企"字无人则止，员工既是和谐企业的主体，又是和谐企业的创造者，只有企业与职工的关系和谐了，和谐企业的构建才有了根基和依托。胡锦涛同志在党的十七大报告中强调指出："科学发展观的第一要义是发展，核心是以人为本，要做到发展为了人民、发展依靠人民、发展成果由人民共享。"作为企业，充分发挥人才作用是建设和谐企业的直接动力源泉。必须坚持以人为本，树立人才资源是第一资源的理念、人才投入是效益最大投入的理念，按照尊重劳动、尊重知识、尊重人才、尊重创造的要求，充分重视员工最关心、最直接、最现实的利益问题，正确处理好企业与员工、员工与员工的关系，发展为了员工，发展依靠员工，发展成果由员工共享，形成全体员工各尽其能、各得其所而又和谐相处的局面，为构建和谐企业提供良好的基础和环境。

二、依法治企原则

民主法治是社会主义和谐社会的首要特征，和谐社会的构建必须依靠法律制度来推动。依法治企是一种法律至上，严格依法经营、依法管理的治企原则和方式。它要求管理、治理企业要遵循法律制度规定，而不是靠上级或经营者的个人思想、权威和特权，更不是靠亲情。因此，依法治企是企业调整摆脱偶然性、任意性和特权，形成高度稳定有序的经营秩序与管理状态的必然要求。在构建和谐企业的过程中，企业和员工个人都要树立强烈的法律意识，增强靠法律、制度、规定规范行为的观念，形成制度化、规范化的行为准则和办事方式，逐步树立起"对内讲制度、守规章，依法管理；对外讲信用、守合同，依法经营"的企业良好形象。

三、公平公正原则

公平公正，是社会中的人们均衡、合理地处理人与人、人与社会以及人与自然之间关系的一种态度和方式。对于和谐企业而言，它具有对内公正和对外公平两层含义。对内公正，就是要求企业处理内部各项事务，如员工薪酬待遇、提拔任用、职称评聘、奖励惩罚及员工与员工之间的关系，都要严格按制度规定办事，做到按制度管权、按制度管事、按制度管人，实现公平正义，在企业内部创造一个企业与员工、员工与员工和谐共处的良好工作氛围；对外公平，就是要求企业与合作者、客户及消费者之间要真诚相待，互惠互利，合作共赢，不弄虚作假，不哄抬物价，不以次充好，不欺行霸市，始终为企业保持一个良好的外部经营环境。

四、服务社会原则

企业最直接的责任是发展生产力，为社会创造财富和价值，生产各种产品满足国家建设、社会发展和人们生活的需要。而在这些基础功能之外，企业还承担着维护社会稳定、保证经济秩序、扶持弱势群体、保护生态环境的社会责任。服务社会，不是企业自愿或不自愿的行为，而是企业应尽的义务和必须履行的重要责任。实践证明，单纯追求利润最大化的行为是有悖于市场经济发展规律的，一个没有社会责任感的企业是不会长期繁荣、和谐发展的。例如南京冠生园使用过期月饼馅、上海光明乳业使用变质牛奶，以及上市公司中"蓝田系""德隆系"的违规造假行为，不仅严重破坏了社会经济秩序，对广大人民造成了极大损失，也使企业付出了惨重的代价。而对社会负责、对人民负责的企业，必然会得到社会的公认和赞誉，其影响力和公信力会不断提升，对企业的持续发展是大有益处的①。

第四节　构建和谐企业的现实意义

一、社会主义和谐社会的提出

社会主义和谐社会不是偶然提出来的，而是有历史根据和现实根据的。在我国，关于和谐社会的理想和主张源远流长，一直有着优秀的"和合"文化传统，经过数千年的积淀和发展，它们已经深深融入中华民族的血脉之中，成为中华文明的基本特征和重要价值取向。中国传统文化中有各种和谐社会理想，最具有代表性的就是从古至今延续了两千五百多年的"小康社会"和"大同社会"。从古至今，中国人民都在进行着建设和谐社会的积极探索，中国共产党在改革开放的历史进程中，自觉开始构建社会主义和谐社会的实践。经过40多年的快速发展，我国的经济社会面貌已经发生了巨大的变化，但是其中也出现了一些不和谐的状况。在这种情况下，必须要进行和谐社会的建设。

和谐社会，主要是指相对于经济、政治、文化而言的社会层面，讲的是人与人的关系、人与社会的关系、人与自身的关系等人的社会关系，以及人与自然的关系。主要包括以下六个方面：

第一，民主法治，就是社会主义民主得到充分发扬，依法治国基本方略得到切实落实，各方面积极因素得到广泛调动。

第二，公平正义，就是社会各方面的利益关系得到妥善协调，人民内部矛盾和其他社会矛盾得到正确处理，社会公平和正义得到切实维护和实现。

第三，诚信友爱，就是全社会互帮互助、诚实守信，全体人民平等友爱、融洽相处。

---

① 王树春.浅谈构建和谐企业的基本原则[J].中国煤炭,2009,35（5）:110-111.

第四，充满活力，就是能够使一切有利于社会进步的创造愿望得到尊重、创造活动得到支持、创造才能得到发挥、创造成果得到肯定。

第五，安定有序，就是社会组织机制健全，社会管理完善，社会秩序良好，人民群众安居乐业，社会保持安定团结。

第六，人与自然和谐相处，就是构建社会主义和谐社会必须努力促进人与自然和谐发展。

只有在对和谐社会的内涵有一个清楚的认识的前提下才能够很好地构建和谐企业。企业是社会的一个组成部分，它不能脱离社会而存在，只有紧跟和谐社会的步伐，才能有成效地建设和谐企业。

二、和谐企业与和谐社会的关系

在构建社会主义和谐社会的过程中，需要构建社会主义和谐企业。企业是社会的重要组成部分，构建和谐企业显得尤为重要。企业是构成社会的经济细胞，是社会结构的重要组成部分、社会财富和国民收入的主要来源，也是经济增长的动力、税收的源泉和就业的重要渠道。因此，和谐企业是我们所要构建的和谐社会的一个有机组成部分。和谐企业是在心态、人态和生态这三个方面都达到和谐的组织，它与和谐社会是有机统一的。具体表现为以下五方面。

（一）构建和谐企业是企业肩负的社会责任

企业是国民经济的主体，它的运行质量和效益直接影响宏观经济的质量和效益。只有企业的运行质量和效益不断提高，生产不断发展，才能不断满足本企业员工和广大人民日益增长的物质文化需要，才能增强国家经济实力。企业的经营活动与社会息息相关，社会赋予了企业以生存的土壤，为企业提供了各种资源，离开了社会环境，企业就成为无源之水。企业只有履行好自己的社会责任，才能与社会之间形成一种和谐的关系，才能获得可持续发展的更大空间。同时，离开和谐企业的建设，构建和谐社会就会丧失物质基础。

（二）构建和谐企业是落实科学发展观的重要方面

这些年来，我国经济获得了前所未有的持续高速增长。但是，由于资源开发的迅速扩大和能源消耗的迅猛增长，我国的生态破坏和环境污染已经达到了十分严重的程度。经济增长的方式相当粗放，还是高投入、高消耗、高污染、低效益的发展模式。虽然我国已经作出了经济结构战略性调整的决策，但迄今仍未实现真正的结构转变。中国人均资源占有率大大低于世界平均水平，从资源的使用消耗看，我们和发达国家差距很大。

（三）企业是维护社会稳定的基本载体

尽可能地实现充分就业，最大限度地降低失业率，使得具备劳动能力的劳动者找得到工作，有收入保障，是维护社会稳定进而建设和谐社会的重要环节。社会劳动力主要通过企业来就业。企业是解决社会就业问题的根本渠道，尽力为社会提供尽可能多的就业岗位，有效地维护社会稳定，促进和谐社会的发展。

（四）企业是员工安居乐业的基本载体

企业是社会的重要组成部分，是员工赖以生存与生活的重要载体，企业的发展状况和盈利能力决定了员工的生活水平和生活质量。企业是员工相互交往的主要活动空间，企业的工作氛围和文化氛围影响着员工的身心健康。因此，企业和谐稳定，员工就能安居乐业。

（五）企业是人与自然和谐发展的基本载体

实现人与自然和谐发展，是构建和谐社会的重要内容。人与自然和谐发展，关键是要实现企业与自然和谐发展。企业在为社会创造财富的同时，也在不断地消耗着自然资源。我们在生产的过程中要减少资源消耗，做到企业与自然和谐发展，只有这样才能实现企业的可持续发展，也才能最终实现人与自然的和谐发展。

三、构建和谐企业的现实意义

构建和谐企业作为建设社会主义和谐社会的重要组成部分，具有很重要的现实意义。建设和谐企业不但符合企业的根本利益，而且有助于企业解决发展中出现的问题，实现更快更好的发展。

（一）构建和谐企业是企业发展的迫切需求

当前，在经济全球化和我国加入世界贸易组织（WTO）的大背景下，我国企业面临着国内和国外竞争的双重压力，市场竞争异常激烈。企业要实现既定战略目标，就必须提升竞争力，而这种竞争力的提升在很大程度上取决于企业是否和谐。企业只有在内部实现人态和谐和心态和谐，才能调动广大员工的积极性、主动性和创造性，使企业得到好的发展。也只有充满活力的企业，才能实现更好的经济效益，并服务社会，实现企业的可持续发展。

（二）构建和谐企业是新型的治企理念

构建和谐企业就是要在企业中实现心态、人态和生态的和谐。在建设这三方面和谐的过程中，要把和谐的理念贯彻到企业的各项制度中，使之成为制订制度的灵魂和出发点，实现决策、执行、控制、监督的优化选择，从而使企业可以实现企业资源的合理科学分配、建立有效的制约机制和激励机制、实行人本管理、建设和谐的企业文化等。

（三）构建和谐企业是目标和过程的统一

一个好的有发展前景的企业，对自身必须有准确的定位，有属于自己的战略目标。树立科学发展观，实现企业和谐的可持续发展，是企业战略目标必须具有的内容。企业的和谐发展，必须坚持效益和员工的全面协调发展相结合；必须坚持以人为本，促进人的全面发展；必须保护环境和合理利用资源，实现人与自然的和谐相处[①]。这些要求，既是企业追求的目标，同时也表现为企业管理的全过程。

（四）构建和谐企业是社会责任和竞争优势的统一

和谐社会需要企业不断提高竞争力，为社会提供更多的物质财富，推动整个社会经济发展。企业是经济组织，是社会财富的主要创造者，利润最大化是其追求。但是随着经济的不断发展和社会的不断进步，企业还必须承担起相应的社会责任。承担社会责任有利于企业在公众中建立良好的形象，从而提高品牌竞争力。只有获得社会高度认可的企业才能获得持久的竞争力。

---

① 张建军.论构建和谐企业的重要意义及关键环节 [J].大庆社会科学,2015（1）:93-96.

第二章　员工关系历史发展与理论

第一节　员工关系的历史进程

一、早期工业化时代

18 世纪后半期，以蒸汽机的发明为标志的第一次工业革命从英国开始，并从欧洲发展到美洲，从而使全球进入一个新的时代——资本主义工业化时代。这一时期，经济制度发生了本质的变化，机器取代了手工工具，机械化大生产取代了手工业作坊，工业新发明使得当时的富裕业主可以把他们的钱投到高效率的机器上。对于完成同样的工作，机器的效率远远高于人的手工操作。一方面，新技术的使用和生产规模的扩大提高了劳动生产力，极大地推动了生产的发展和社会的进步；另一方面，工业社会带来的最大变化，就是工业生产逐渐取代了农业生产而占据了经济发展的主导地位，市场经济取代了小农经济，社会结构日益复杂化。

资本主义早期，资本主义处于原始积累阶段，对内表现为对本国劳动者的剥削，对外表现为对殖民地的掠夺。大批劳动者被迫离开土地，不得不依靠出卖劳动力谋生。于是，这些劳动者具备了成为工人阶级的两个基本条件：一是人身自由；二是他们除了自身外一无所有。资本与劳动相结合，新型的雇佣关系就这样产生和发展起来了。在这一时期，不断形成了这种现代意义上的雇佣关系，而且雇员的人数逐渐增多，成为社会阶层结构中的主体。

在早期工业化进程中，工人的生活状况并没有随着经济的发展而改善。相反，雇主为了获得更多的剩余价值，往往采用延长工时、增加劳动强度等更多的方法来剥削工人。由于过度竞争、商品和货币对劳动者的异化，工人的劳动条件和生活状况更加恶化。这一时期，各国政府普遍信奉古典主义"自由竞争"的理论，认为市场是有效率的。政府不干预劳资关系，完全交给劳动力市场自动调节，因此，资方在劳动关系中占有优势，而劳动者在缺乏制度保证时处于绝对的劣势。关于劳动保障方面的法规在当时还很少，1802 年英国通过的《学徒健康与道德法》，被视为第一个具有现代意义的劳动法规。

18 世纪末 19 世纪初，西欧各国爆发了各种工人反抗斗争，他们通过破坏机器厂房、停工怠工、罢工游行等形式，要求雇主改善劳动条件和提高工资待遇。这些斗争通常是自发的、分散的，没有周密的计划，因此往往以失败而告终。正是从这些失败中，工人们认识到，只有联合起来，才可能与雇主相抗衡，达到工人运动的目的。因此，在一些行业中开始出现最初的工人组织，即早期的工会。

对于早期的工人组织，雇主进行了激烈的抵制，政府也采取了法律上不承认或严格限制的态度。当时各国的立法都禁止工人结社、罢工和示威。英国1799 年颁布的《结社法》和法国 1791 年颁布的《夏勃里埃法》就是这类法律的典型代表。

这一时期劳动关系的表现形式是激烈的对抗，劳动关系处于不稳定和直接对立之中。一方面，雇主或资方通过压低工资、延长工时，以及对恶劣的劳动条件漠不关心来获取更多的利润；另一方面，工人或劳动者在争取工资、工时、劳动条件改善上进行了不懈的斗争，但是，这种无组织的分散的工人运动作用甚微，虽然产生了工会，但当时还很不完善。因此，在这一时期的劳动关系中，资方占有绝对的优势地位。政府表面上采取自由放任的态度，对劳资纠纷不予干涉，实际上，政府的立法仍然倾向于雇主一方。

二、科学化管理时代

19 世纪中期到 20 世纪初期，资本主义经济开始从自由竞争向垄断过渡。这一时期经济发展的基础是第二次科技革命。科学技术的巨大进步、工业生产的迅速发展，使企业的规模越来越大，财富逐步集中到少数资本家手中。生产和资本的高度集中，为少数大资本家的联合和垄断创造了条件。垄断组织在各个部门陆续建立，并发展为工业资本与银行资本结合的金融资本的统治。

新技术革命也带来了生产组织的变革。过去由于动力和传动装置限制而将同种机器并列的工艺组织，已被按产品加工工艺组成的流水线所替代。这一时期，贫富差距不断扩大，社会矛盾日趋尖锐。受到多次世界经济危机的影响，资本主义国家的生产急剧下降，资本主义制度的问题越来越突出，并遭到社会有识之士的不断抨击。政府为了稳固政权，不得不要求雇主一方作出一定让步，同时也加强了对劳动者的工作保障等方面的管理。

工人运动在这一时期有了进一步的发展。1886年12月，美国劳动工人联合会成立，它是一个以熟练工人为主的在不同职业的基础上组织起来的全国性的总工会，目的是为工人谋取更多的利益。1905年，在美国芝加哥，世界产业工会诞生。

雇主在工人运动不断发展的情况下，开始作出让步，从早期对工人的直接剥削和压迫改为通过改进管理，增加在工作中科学的分析和对工人的激励来实现追求最大利润的目标。

劳资矛盾的目标没有变化，仍然是争取更好的工作和生活条件，但是激烈程度有所弱化，表现形式呈现多元化趋势，集体谈判制度得到了确认。

各国政府改变在早期工业化时期的自由放任政策，开始对改善工人状况进行国家干预，力图建立稳定的劳资关系[①]。干预政策首先体现在立法上。各国相继通过了有关妇女和儿童就业、减少工时，以及以社会援助的形式发放各种津贴和失业补助的一些法律和条款。

三、行为科学时代

20世纪上半期，世界经历了两次世界大战和历史上最严重的经济危机。战争期间，资本主义国家的经济与政治处于动荡之中，生产和贸易遭到严重破坏，民族矛盾突出，劳资矛盾退居次要地位。20世纪二三十年代的经济危机中，大量企业破产和工人失业，又使劳资关系重新紧张起来。受俄国社会主义革命和经济危机的影响，各主要资本主义国家相继爆发了以政治要求为目标的较大规模的罢工。例如，英国的罢工在1919年达到1352次，法国在1919年的罢工次数多达2026次。1938年，美国产业工会联合会（CIO，简称"产联"）成立，形成了与美国劳动工人联合会（AFL，简称"劳联"）竞争的局面。

面对劳资关系的再度紧张，政府不得不直接干预经济。一方面，劳动部门的就业管理职能得到扩大和加强，政府开始对市场进行宏观调控。其中以美国的"罗斯福新政"为主要代表，为了减少经济危机所造成的行业危机，缓和劳资矛盾，罗斯福政府颁布了《全国产业复兴法》。该法律规定，工人有组织工会、参加自己选择的任何工会和通过自己的代表同资方签订集体合同的权利。该法律还规定了最低工资和最高工时等。政府还通过执行公共工程计划，吸收

---

① 沈文玮.西方企业员工参与的历史演进及启示[J].经济研究参考,2015（13）:58-64.

失业者就业。1935 年通过的《国家劳动关系法》（又名《瓦格纳法》）进一步确认了工会的权力。另一方面，各国都进一步发展了社会保障制度，提高了社会保障水平。1935 年，罗斯福当政的美国政府通过了《社会保障法》，标志着现代社会保障制度从社会保险制度向综合性社会保障制度的转变。

在两次世界大战期间，劳动关系有了进一步的发展。世界大战和经济危机影响了各国政治经济的稳定，加快了各国政府干预劳动关系的步伐，各国从初期的干预向制度化、法制化过渡。

受到战争及经济危机的影响，劳资矛盾曾一度非常尖锐，同时引发了很多社会问题。为了缓解这些矛盾，促进经济复苏，各国根据新的行为科学管理理念，开展了"产业合理化"运动。该运动是以工人参与企业管理为主要内容的产业民主化运动。

在这一时期，三方性原则开始出现。最初的形式是，由政府的劳动部门安排雇主和工人代表或工会代表参加会议，共同讨论一些双方都关心的问题。经过逐步发展，已经变成政府在制订产业政策时，主动征求双方的意见，政府参与调整双方关系，使双方的矛盾能够维持在一定的范围内。

同时，企业的管理方也更加关注员工的社会性特征，如士气、满意度等，客观上缓和了劳动关系的紧张状态。

四、现代成熟化时代

第二次世界大战结束后至 20 世纪八九十年代，已经形成了成熟的劳动关系。在这一时期，世界经济出现了许多新变化：科学知识技术的蓬勃发展，计算机的发明和应用，自动化控制领域的突飞猛进。在科技快速发展的情况下，世界各国经济快速增长，企业的资本密度不断增加，对工人的技术水平要求也在提高，企业规模不断扩大，这些都对企业管理提出了新的要求。

随着第二次世界大战后全球经济的快速发展，出现了像英国、瑞典这样的福利国家，他们以社会保障制度完善、社会保障水平高而著称。在其他西方国家，社会保障制度也有了不同程度的完善。现代社会保障制度于 20 世纪四五十年代进入了成熟阶段，这对于改善劳动关系具有相当重要的意义。

这一时期，政府对员工关系影响的方式从不干涉、直接干预到通过立法规范间接干预。经过前几个时期员工关系的发展，政府不断认识到员工关系管理的重要性，而且管理手段也已经相当完备，许多西方国家都在这一时期形成了一整套规范化、制度化的法律体系和调整机制。

1947 年，美国通过了《劳资关系法》，对工会的权力进行了规范和限制，

1955 年的劳联和产联合二为一，结束了两大工作力量长期竞争的局面。在政府立法和服务体系的干预下，管理方与员工方都愿意通过相对缓和的方式来解决冲突。因此，从总体来看，冲突的激烈程度在不断下降，合作成为员工关系的主流。

经过长期的发展，"三方格局"形成，员工参与管理的产业民主制度、集体谈判制度等都已相当完善，解决劳资矛盾、劳资争端的途径趋于制度化和法制化。

第二节　员工关系的价值取向

一、一元论与多元论

关于管理者和工会、管理者和雇员关系的基础，有两种基本观点：一元论和多元论。

一元论观点强调资方的管理权威，要求雇员忠诚于企业的价值观。一元论强调权威和忠诚的单一核心价值取向，认为每一个工作场所都是一个完整、和谐的整体，不同的员工为了共同的目的走到一起，作为一个团队工作，以实现管理方制订的组织目标。无论是在劳动者、所有者还是管理者之间，也无论是在提供技术、知识还是经验的工人之间，都没有利益冲突。管理方和被管理方都是整个"团队"的一部分，管理者制定目标，其他人执行目标。在此环境下，企业将成功实现其目标，雇员也将成功地保留其工作和收入。就业组织被视为一个相互合作的利益共同体。一般而言，管理者普遍持一元论观点，他们将自己的作用视为指导并控制工人来达到经济增长的目的。他们相信自己拥有制订规章的权力，赞美团队精神，主张每个人都应竭尽全力发挥其最大能力，并为共同目标而一起努力。人力资源管理哲学强调奉献和相互依存，其基础是雇员关系的一元论观点。

一元论观点面临的争论之一是，组织内部利益群体间的任何形式的冲突或争议，都被认为会对组织产生本质性的危害，管理方的决策和意志绝不能受到挑战和质疑。如果确实产生了冲突，持这一价值观的管理者会发现很难理解冲

突产生的原因 ①。这时只能有两种解释：一是沟通失败，即组织没有清晰地向员工传达其目的，或者没有充分解释作出调整、变化的原因；二是因为某些人的煽动、蛊惑或者企业在招聘阶段选人不当。如果是沟通失败，则可以通过增进交流加以解决；如果是后者，则要通过解雇或终止其劳动关系来解决。偶尔组织也会把管理上的困境归于员工的不满。这种观点认为，工会的存在会分散雇员对企业的忠诚感，所以应尽量消除或避免成立工会，以防止或制止任何冲突的产生。

相反，多元论观点则承认冲突，甚至认为在工作场所冲突的存在是不可避免的，因为在任何工作环境中都存在着不同利益和信念的群体。因此，组织必须要在不同利益群体之间寻求持续的妥协，组织面对的是"一个关系复杂、紧张，必须对不同要求和主张进行控制的联合体"。多元论将工业组织视为一个多元社会，其中包含了许多相互关联但又相互独立的利益和目标，而这些利益和目标必须保持在某种均衡的状态。工会是法律承认的在工作场所代表劳动者利益的合法组织，工会不仅是劳资冲突的发起者，而且也被视为争议的调整者，对调整雇员与雇主之间因工资产生的争议，以及在就业合同的谈判中发挥着重要作用。共同确立的程序性规则可以使劳资冲突制度化，促使双方互相让步，达成协议，从而降低潜在冲突可能引发的破坏性。集体谈判被认为是规范和调整劳资之间利益关系的最好形式。

雇员关系多元观意味着不同利益的团体必须有某种程度的妥协。在工会被承认或存在工会组织的企业内，利益的妥协可以通过正式的协议形成，没有正式协议，说明管理者采取的是一元观的观点。但人们仍希望，即使在这样的组织内，管理者也可以通过采取员工持股形式，增进相互关系以及雇员的责任感，在如何最大限度地满足组织及其成员的共同利益上征求雇员意见。

二、价值观的适用范围和特点

一元论和多元论这两种截然不同的观点和价值观，在不同组织中得到了不同程度的认可，甚至在同一组织的不同场合、不同阶段，其适用程度也不同。珀塞尔和西森进一步阐明了两种价值观具体适用的范围和特点。

（一）传统型企业

这类组织将劳动者视为影响生产力的直接因素，认为雇佣和解雇应完全根

---

① 袁庆林 . 人力资源管理新探——组织和主管支持感与员工忠诚度互动影响关系 [M]. 北京：中国时代经济出版社，2019：76-93.

据生产需要，把劳动力看成一种成本，因而应尽可能将这一成本降低至最低程度，主张劳动者要服从资方的管理和指挥，剥削的存在是不可避免的，禁止雇员参加和组织工会，因为工会的存在会对管理权威构成潜在的挑战和威胁。这一传统型的劳动关系管理类型强调一元观，主张用强有力的管理反对工会。

（二）家长型企业

与同行业其他企业相比，这类组织能够给雇员提供优惠的就业条件和待遇。这样做的目的是"购买"劳动者对组织的忠诚感，避免员工转而加入企业之外的工会。为了给雇员提供抱怨、申诉渠道，主张在企业内部建立能够代替工会的相应机构（英国通常称之为"职工协会"）。精明的"家长型企业"并不理所当然地认为雇员会自动忠诚于组织，因而他们也会投入大量资源用于招募、甄选和培训，以确保尽可能使招聘进来的员工有"正确的态度"，否则他们将很快被解雇，并通过持续的培训不断调整，使员工融入企业。

（三）现代型企业

就这类组织接受工会和集体谈判作为协商确定就业条件和待遇的方式而言，他们是坚定的多元论者。由工会代表雇员所签订的集体协议，确认了管理方的权威和特权。集体协议内容广泛，包括了规范和调整劳动关系的实体规则和程序性规则，规定了雇主和工会所享有的合法权利和义务[1]。因此，这类组织通常会积极鼓励工人加入工会，从而使通过工会达成的协议能够覆盖所有雇员。管理方和工会都倾向于支持劳动关系得到长期的战略性发展。

（四）标准现代型企业

这类组织承认工会，也接受集体谈判，但劳资关系的发展建立在不断变化的机会主义基础之上，因而表现得更为实用。当劳动力市场或者产品市场状况显示雇员群体力量强大时，管理方会勉强与工会谈判；但当工会处于弱势、低潮时，管理方又会试图恢复其管理控制特权。这一模式是目前最典型的一种劳动关系管理类型，其特征是实用主义或机会主义。

总之，不同层次的管理者，对于提高劳动条件和待遇的态度是不同的，随着时间的推移也会不断调整和改变。一般而言，高层管理者更倾向于一元论观点，而职位较低的管理者由于更接近产品的生产和服务，可能更倾向于多元论观点。

---

[1]　刘善仕，翁赛珠．不同团体中员工价值取向与分配偏好的关系 [J]．华南理工大学学报（自然科学版），2004（12）：89-93．

第三节　劳动关系的调整模式

劳动条件的确定和劳动关系的调整，究竟是由劳资双方协约自治、国家主导干预，还是由资方单独决定呢？这是整个劳动法制理念的大前提。这一前提决定着劳动法制的体系，以及劳动关系调整的模式。世界各国由于历史、法律、文化的不同，所采用的处理劳动关系的制度模式也各不相同。中国台湾学者黄越钦在其《劳动法新论》中，将劳动关系的主要调整模式归纳为四类。

一、斗争模式

斗争模式以某种特定的意识形态为指导，认为劳资关系是建立在生产资料私有制基础上的具有阶级斗争性质的关系，其表现形式是雇佣劳动和剩余价值的生产，其本质是剥削与被剥削的关系，因而在劳资之间存在着不可调和的阶级矛盾。无产阶级夺取政权之后，要将工厂、土地及一切生产资料收归公有，同时要消灭资产阶级，以斗争模式解决劳动问题。随着社会的变迁和进步，工业革命以来曾经被认为是劳资间互动基础的阶级"斗争"正逐渐消失，而以"合作"为本质的劳资关系体制则逐渐形成，因而以阶级斗争模式解决劳动问题的主张已成为历史。

二、多元放任模式

美国的劳资关系体制与大部分欧洲国家不同，美国是全世界最大的移民国家，人种复杂，劳动者缺乏团结性，欠缺中央级的工会组织，工会又倾向于以短期利益换取长期利益，政府对劳动关系的干预较小，因而可归为多元放任模式。这一模式秉承新古典主义学派劳动关系理论，认为市场是决定就业状况的至关重要的因素，工会或工会运动对市场机制的运行和发展具有副作用或负面影响，主张减少政府对劳动关系的干预。

三、协约自治模式

协约自治模式具体分为两种模式：劳资抗衡模式和劳资制衡模式。

（一）劳资抗衡模式

这一模式以劳资对立抗衡为主轴，完全排除国家干预。劳资双方通过行使争议权，进行周期性的抗争，缔结集体协议，在抗争中取得均衡与和谐，以法国、意大利等西欧国家为代表。这一模式认为雇主联盟与受雇人联盟之间订立的集体协议，对其成员均具有规范效力，主张以协约自治原则处理劳资事务。早期的协约效力，只规定缔约双方负有义务，令其成员遵守协议，但这种义务强制效力非常有限，因为单独的雇主或受雇人，只要不参加联盟，联盟间的集体协议对他就无约束力。为使联盟间的协约具有广泛的概括拘束力，国家立法规定集体协议经国家认可后，在法源体系中由契约规范的地位上升至法律规范的地位，成为独立的法源。因此，集体协议一经签订，对缔约双方成员都具有法律约束力，使集体协议成为规范劳资关系的基础。

（二）劳资制衡模式

这一模式是对劳资抗衡模式的修正与超越，是劳动者以劳工的身份参与企业经营，并与企业形成相互制衡机制，其形式包括参与决定、共同经营等。这种工会与企业内利益代表并存的二元架构为德国、奥地利所特有。

四、统合模式

美国著名劳动关系学者邓洛普最早以统合模式对劳、资、政三者之间的关系加以分析。他在《产业关系体系》一书中分析了三者之间的经济和政治关系，但并没有对彼此间的互动加以说明。随后学界对统合模式纷纷进行研究，并区分为国家统合和社会统合，20世纪90年代又增加了经营者的统合模式。因此，统合模式具体分为社会统合、经营者统合和国家统合三类。

（一）社会统合模式

社会统合模式的特征：劳资双方的关系以整个社会为背景，工会在跨企业的团结权方面具有很强大的力量，集体意识与阶级认同存在于社会阶层，劳工对其他劳动阶层的忠诚度高于本身的产业。著名的瑞典模式是社会统合模式的代表。瑞典自20世纪30年代始至90年代加入欧盟为止，其劳资事务处理的原则为社会统合模式，内容如下：

第一，工会联盟与雇主联盟力量均十分庞大，并共同构成强大的劳动市场组织。在瑞典，劳动者参加工会的比例为世界之冠，无论蓝领劳动者还是白领劳动者都建立了强大的组织，而且彼此非常团结，几乎所有职工都分属于三个主要劳工组织。同时，瑞典资方联盟下级各组织的百分比也很高，工会组织与雇主组织的中央机构力量强大，实行中央集权制。

第二，劳资双方都愿意保持工业和平，都明确反对国家干预，认为劳资纠纷应以劳动市场上的供需情况为基础求得解决。劳资双方有能力面对社会制度产生的弊端，采取预防措施，不需要国家立法干预。

第三，设立争议处理机构。根据 1938 年瑞典劳资双方的基本协议，由工会联盟和雇主联合会的代表组成"劳动力市场理事会"，为全国性协商机构，任何劳资争端在提交法院审理之前，应先在理事会内部调解。

第四，劳资双方组织的影响扩大。20 世纪 70 年代以后，工会采取主动措施，促使生产过程规范化，并参加政府的各种调查委员会，参与咨询或决策活动。

第五，成为集团利益组织，插足政界，发表政见，左右舆论。总之，劳资双方已超出以协约自治处理劳资关系的范围，成为统合经济、政治活动的当事人。

（二）经营者统合模式

经营者统合模式的特征：劳资关系主要发生在企业层级，工会在跨企业的团结权方面不具有强大的力量，集体意识与阶级认同只存在于产业阶层，劳动者对本产业的忠诚度高于对其他劳动阶层。经营者统合模式以日本最为典型。第二次世界大战之后日本制订了劳动基准法保障劳动者权益，提升劳动力素质。日本模式建立在以劳动基准法为核心的三项"制度"之上，即终身雇佣制、年功序列制和企业工会制。经营者在统合各方面力量之后，通过政府将其决策表达在劳动基准法中，要求各阶层予以服从。不过日本虽以经营者统合为原则，但协约自治则仍维持某种程度的存在。

（三）国家统合模式

国家统合模式是指企业与劳工组织在一个社会结构中所扮演的角色由国家决定。国家通过立法对企业的功能与活动范围予以界定、限制、命令或禁止。国家统合模式的特点如下：

第一，国家对劳资双方采取强而有力的控制手段，对劳动契约采取干预态度，对集体劳动关系予以压缩。在工会方面，实行强制入会制、单一工会制，禁止或限制特定当事人组织工会，在实务上政党力量介入较深，工会的自主性非常有限。在雇主团体方面，政府也采取相应的干预手段，对产业的控制极强。政党与产业界的关系密切，产业界对政府的影响力量也很大，但劳资双方团体却壁垒分明而互不干涉，没有固定的合作机制。

第二，以劳动基准法为核心，国家公权力对劳资双方的劳动契约直接介入、干预和管制。

第三，在劳动安全卫生与劳动监督检查方面，采取官僚本位主义，缺乏工会与劳动者的参与。

第四，劳动力市场政策主要是为配合国家经济发展计划，而较少从劳动者的立场进行规划，体现劳动者利益。

第四节　员工关系的学术派别

西方学者从不同立场、理念和对现象的认识出发，对员工关系进行研究，得出了互不相同的结论，形成了比较有代表性的五大理论学派，按照政治趋向上从保守到激进的顺序排列为新保守派、管理主义学派、正统多元论学派、自由改革主义学派、激进派。这些学派观点的相似之处在于，都承认劳动关系双方之间存在目标和利益差异。它们的主要区别体现在：第一，对雇员和管理方之间的目标和利益差异的重要程度，认识各不相同；第二，在市场经济中，对这些差异带来的问题提出了不同的解决方案；第三，对双方的力量分布和冲突的作用持不同看法，尤其是在冲突在劳动关系中的重要程度，以及雇员内在力量相对于管理方是否存在明显劣势这两个问题上存在明显分歧；第四，在工会的作用，以及当前体系所需的改进等方面各执一词。

为便于研究，表2-1从六个方面比较、归纳了各学派的观点和看法：一是主要关注的问题；二是主要分析研究的领域；三是对双方力量差异的重要程度的认识；四是所设想的内部冲突的严重程度；五是对工会在集体谈判中的影响的评价；六是为改进雇员与管理方之间关系所开的"处方"。

表 2-1 各学派对员工关系的不同看法

比较方面	特征学派				
	新保守派	管理主义学派	正统多元论学派	自由改革主义学派	激进派
主要关注问题	效率最大化	雇员忠诚度的最大化	均衡效率和公平	减少不公平、不公正	减少体系内的力量不均衡
主要研究领域	劳动力市场	管理政策和实践	工会、劳动法和集体谈判	雇员的社会问题	冲突和控制

续 表

比较方面	特征学派				
	新保守派	管理主义学派	正统多元论学派	自由改革主义学派	激进派
双方力量差异的重要性	不重要；由市场力量救济	若管理方接受一进步的管理方法就不很重要	一般重要	相当重要；不公平的主要来源	非常重要；体系内"劳动"和"资本"之间力量不均衡
内部冲突的严重程度	根本没有；由市场力量弥补	若管理方接受进一步实践，就很少	一般；受到以公众利益为中心的局限	依情况而定；在"核心"低，在"周边"高	尽管依雇员力量而变化，却是基础性的
对集体谈判中的工会评估	对经济和社会产生负面影响	矛盾心理；取决于双方合作的愿望	正向的"社会"效应；中性或正向经济效应	在"周边"无效；在"核心"有有限效用	在资本主义社会，其效率具有内在局限性
解决办法	减少工会和政府对市场的干预	推进进步的管理实践，增强劳资双方的合作	保护工人集体谈判权利；最低劳动标准立法	增加政府干预和增强劳动法改革	激进的制度变化；员工所有和员工自治

一、新保守派

新保守派也称新自由派或新古典学派，基本由保守主义经济学家组成。这一学派主要关注经济效率的最大化，主要研究、分析市场力量的作用，认为市场力量不仅能使企业追求效率最大化，而且也能确保雇员得到公平合理的待遇。

新保守派一般认为，劳动关系是具有经济理性的劳资双方之间的自由、平等的交换关系，双方具有不同的目标和利益。从长期看，供求双方是趋于均衡的，供给和需求的力量保证了任何一方都不会相对处于劣势。雇员根据其技术、能力、努力程度，获得与其最终劳动成果相适应的工作条件和待遇，而且在某些企业，雇员还可能获得超过其他雇主所能提供的工资福利水平。雇主之所以提供高于市场水平的工资，是因为较高的工资能促使雇员更加努力工作、提高效率。雇主也可以采取诸如激励性的奖金分配等方法，达到同样结果。因此，假若市场运行和管理方的策略不受任何其他因素干扰，那么劳资双方都会各自履行自己的权利和义务，从而实现管理效率和生产效率的最大化。资方获得高利润，雇员获得高工资、福利和工作保障，形成"双赢"格局。

由于劳动力市场机制可以保证劳资双方利益的实现，所以劳资双方的冲突就显得微不足道，研究双方的力量对比，也就没有什么意义。若雇员不满，可以自由地辞职和寻找新工作；若资方不满，也可以自由地替换雇员。所以，工会的作用就不大了，工会开展集体谈判只会对经济和社会起到负面作用，因为工会实际形成的垄断制度，干扰了管理方与雇员个人之间的直接联系，阻碍了本来可以自由流动的劳动力市场关系，破坏了市场力量的平衡，也使管理方处于劣势地位。由于工会人为地抬高工资，进而抬高了产品的价格，干涉了管理方的权力，最终会伤害雇主在市场上的竞争地位，也会削弱对雇员工作保障的能力。因此，要将市场"规律"引入工资和福利的决定过程，采用额外支付计划，使雇员的收入和绩效联系得更紧密。应该赋予管理方更大的管理弹性，减少限制管理权力的法律和法规，尤其是减少劳动法对管理方的限制。理想的劳动法应该使工人难以组织工会，或者即使有工会，其权力也很小。这样，劳动和资源的配置才会更加灵活，也才能提高劳动生产率。

在奉行新保守派思想的国家中，以美国模式最为典型，加拿大和爱尔兰的主流思想也是新保守主义。在发达国家中，美国的劳动法律体系虽然比较完整，但功能较弱。雇员也相信、遵从"意思自治、选择自由"的理念，只要雇主不违反国家制订的反歧视法或劳动法，就可以在任何时候、以任何理由合法地解雇工人，而无须提前通知，也无须支付解雇补偿费。因而许多人认为，美国正走向"后契约"式的就业模式。在这种模式下，雇主与雇员的利益一致性很弱，雇主很少向雇员提供培训机会，工作保障程度较低。雇员对雇主也没有归属感，仅仅是对经济激励做出反应。美国工会的组建率较低（2001年约为10%），工人享有的权利和工作保护较少。另外，美国的罢工发生率也低于加拿大等其他国家。一些学者认为，这反映了美国的低工会密度和低罢工力量，认为低罢工率反映的不是相互满意的关系，而是被压抑的劳动关系。事实上，美国雇佣关系是发达经济国家中最为对立的，其主要原因是美国劳动法体系作用较弱，雇主很容易隔离和瓦解一个已经成立的工会，因而造成雇主和雇员对立的环境。所以，即使罢工率并不高，但仍能说明美国雇佣关系的对立。

二、管理主义学派

管理主义学派多由组织行为学者和人力资源管理专家组成。该学派更关注就业关系中员工的动机，以及员工对企业的高度认同、忠诚度问题，主要研究企业对员工的管理政策、策略和实践。

该学派认为，员工与企业的利益基本是一致的，劳资之间存在冲突的原因在于，雇员认为自己始终处于被管理的从属地位，管理与服从的关系是员工产生不满的根源。如果企业能够采用高绩效模式下的"进步的"或"高认同感的"管理策略，就可以避免冲突，并且会使双方保持和谐的关系。这种高绩效管理模式的内容包括高工资、高福利、保证员工得到公平合理的待遇、各种岗位轮换制度和工作设计等。若这些管理政策得到切实实施，那么生产效率就会提高，员工辞职率和缺勤率就会降低，工作中存在的其他问题也会迎刃而解。

该学派对工会的态度是模糊的。一方面，由于工会的存在威胁到资方的管理权力，并给劳动关系带来不确定性，甚至是破坏性的影响，所以应尽量避免建立工会；但另一方面，该学派也相信，已经建立工会的企业，管理方应该将工会的存在当作既定的事实，同工会上级建立合作关系，并不断强调，传统的、起"破坏作用的"工会主义已经过时，只有那些愿意与管理方合作的工会才有可能在未来生存。同样，该学派对集体谈判制度的态度也是灵活的。

与新保守派相比，管理主义学派对"纯市场"经济的局限性认识要更多一些。在劳动关系和人力资源管理方面，管理主义学派主张采用新的、更加弹性化的工作组织形式，更强调员工与管理方之间的相互信任和合作，尤其赞赏高绩效模式中的"高度认同"的内涵，包括工作设计改革、雇员参与改革，以及积极的雇佣政策。该学派认为，工会只有以一种更为认同的"伙伴角色"，来代替传统的"对立角色"，才能更好地发挥作用。

自20世纪70年代后期起，日本劳动关系模式成为该学派主张的典范，直到20世纪90年代中期日本经济遇到困难，这一模式的影响力才开始转弱。近年来，英国劳动关系的改革也在向该学派方向发展。"终身雇佣""年功序列""企业工会"是日本劳动关系的突出特点。日本模式的产生，与它的社会文化传统和价值观念、信仰有关。在日本，企业更像"家族"，雇员被当成企业终身的成员，雇主愿意对其进行投资，并提供长期的就业和工作保障。工会以企业为基础，具有明显的"企业工会主义"特征，在企业中发挥着高度合作的作用。在每年3月举行的"春季劳动攻势"中，谈判双方相互之间也没有那么直接对立，而且也不太容易引起罢工。管理主义学派认为，这种和谐劳动关系产生的原因是，管理者自身也处于与雇员同样的薪酬支付体系之中，相对而言，他们不那么容易压低员工工资。此外，因为雇员被认为是企业的成员，更有义务维持企业的长期发展，因此他们也愿意接受相对比较低的工资增长率。

与管理主义学派主张比较接近的还有英国模式。英国在 20 世纪 80 年代和 90 年代推行了强硬的新保守派政策，但 1997 年，随着托尼·布莱尔上级的新工党的当选，政策开始发生变化，其中比较著名的改革是 1999 年对《劳动法》的修改。这一改革规定了工会要取得集体谈判资格，不仅要在谈判单位中获得多数支持，还要遵循法律上的"承认"程序。而且，新法律对集体谈判的内容也作了限制性规定，仅限于对工资、福利和休假进行谈判，在罢工持续 8 周以上时，雇主可以依法雇佣永久性替代工人。同时规定，雇员个人也可以在集体谈判协议的基础上同雇主进行个别协商，签订劳动合同。英国劳动法的改革，是建立在管理主义"效率和公平完全和谐"的假设基础之上的，其宗旨是在工作场所建立一种新型伙伴关系，鼓励劳资双方进行合作。新法律规定雇主必须在每 6 个月内至少同工会官员会见一次，商讨有关培训等事宜，如果雇主没有按期举行这样的会议，将被处以高额罚款。

三、正统多元论学派

正统多元论学派由传统上采用制度主义方法的经济学家和劳动关系学者组成。该学派的观点是第二次世界大战以来发达市场经济国家一直奉行的传统理念的延续。该学派主要关注经济体系中对效率的需求与雇佣关系中对公平的需求之间的平衡，主要研究劳动法律、工会、集体谈判制度。

该学派认为，雇员对公平和公正待遇的关心，同管理方对经济效率和组织效率的关心是相互冲突的。同时也认为，这种冲突仅仅限于诸如收入和工作保障等这些具体问题，而且这些具体利益上的冲突，是可以通过双方之间存在的共同的根本利益加以解决的。相对于雇主，雇员个人往往要面对劳动力市场的"机会稀缺"——能够选择的工作种类少，如果辞职，很难再有选择机会——在劳动力市场上雇员大多处于相对不利的地位。而工会和集体谈判制度则有助于弥补这种不平衡，使雇员能够与雇主处于平等地位，并形成"工业民主"的氛围。这不仅可以维护雇员的利益，确保更广泛的公平，而且对于鼓舞员工士气、降低流动率、提高生产效率具有重要意义。这些制度产生的经济效益，足以抵消高工资、高福利给雇主带来的成本，所以工会和集体谈判是有积极作用的。

正统多元论学派的核心假设是，通过劳动法和集体谈判确保公平与效率的和谐发展是建立最有效的劳动关系的途径。这是第二次世界大战后许多国家所奉行的劳动关系制度。该学派强调弱势群体的工会化，强调更为集中的、在产业层次上的集体谈判，反对因任何偏见替代罢工工人，提出用工人代表制度等形式来保证劳动标准的推行，如建立工人与管理方共同组成的委员会，在公司董事会中要有工人代表，建立"工作委员会"，工人代表可以分享企业信息、参与协商以及联合决策等。对该学派持批评态度者认为，这一模式的缺点是，工会的覆盖面具有局限性，工会与管理方过于对立，以及在存在工会的情况下工人仍缺乏参与权。

德国是实施正统多元论学派政策最典型的国家，德国模式也是该学派最为推崇的现实模式。德国模式的特色是强势劳动法，雇员参与制度，工作委员会制度，政府为工会提供信息、咨询服务和共同决策权等制度。集体谈判主要在产业级别上进行，雇主可以自愿地通过雇主协会同工会在产业层面上谈判，冲突的协商也不在工作岗位层面上进行。工会在产业层面上的集体谈判和协商，要比工作委员会在企业层面上更能发挥作用。而且，通过谈判达成的协议即使在覆盖绝大多数工人的情况下，也不要求工人必须参加工会和缴纳会费，因而，德国工会在产业层面上，具有相当大的调整劳动关系的能力。集体谈判的覆盖率很高，10个工人中有8个被集体谈判签订的协议所覆盖，德国罢工活动非常少，反映了德国的工会已经整合到德国的体制中，成为社会经济结构的一部分。集中化的集体谈判结构、工作委员会及工人代表参与管理委员会制度，为冲突的显性化提供了另外的道路，从而避免了冲突的加剧。所以，与罢工率同样很低的美国相比，德国的低罢工率非但不是一个不良表现，反而是一个制度运行良好的信号。

四、自由改革主义学派

自由改革主义学派更具有批判精神，积极主张变革。该学派十分关注如何减少或消灭工人受到的不平等和不公正待遇。该学派的观点在五学派中内容最松散，它包括了对歧视、不公平、裁员和关闭工厂、拖欠工资福利、危险工作环境以及劳动法和集体谈判体系中的缺陷等问题的分析。该学派认为，劳动关系是一种不均衡的关系，管理方凭借其特殊权力处于主导地位。从双方地位差异这个角度看，该学派与正统多元学派、管理主义学派并没有很大的分歧。但它认为，现存的劳动法和就业法不能为工人提供足够的权利保护，因为公正、平等地对待工人，往往不符合管理方的利益，也不是管理方凭借其自身能力所能实现的。因此为了确保工人获得公正平等的待遇，必须要加大政府对经济的干预。

　　自由改革主义学派的最大特点是提出了"结构不公平"理论。该理论将经济部门划分成核心和周边两个部门。"核心"部门是指规模较大、资本密集且在市场上居于主导地位的厂商；而"周边"部门则是规模较小、劳动密集且处于竞争性更强的市场上的厂商。该学派认为，核心部门由于经济实力强，更能消化和转移附加成本，并且在核心部门工作的雇员具有更多的关系力量。所以，与周边部门相比，核心部门能够为雇员提供更优厚的劳动条件，采用更进步的管理方式；而周边部门的工作岗位相对"不稳定"，甚至是临时性的、非全日制的，容易受到裁员政策的影响。近年来，该学派将"核心"和"周边"部门的划分进一步扩展到了单个的雇主或产业的分析上。

　　对结构不公平的研究说明，工会的存在和集体谈判的开展是非常必要的。但自由改革主义学派同时又经常严厉地批判当前的劳动关系体系，甚至对工会表示不满，认为在当前体系下，那些在周边部门工作的雇员，是最需要工会帮助的，但恰恰在周边部门，工会又是最无效的，因为周边部门的工人，其罢工力量很小，管理方迫于市场竞争压力也不可能作出实质性让步。工会和管理方之间的尖锐对立，使工会无法为其成员争取更多的利益。另外，即使在规模较大、在市场上颇具影响力的企业中，工会作用的发挥也是有限的。工会难以战胜拥有强大权力的资方，就无法为其成员提供切实有效的保护，甚至在工会受到严重影响时，也无法有效地保全自己。近年来，在经济全球化趋势影响下，当雇主对工资福利的支出和绩效水平的提高不满时，相继采取了关闭工厂等手段，或者纷纷向海外人工成本较低的地区转移，这一现象引起了该学派的特别关注。自由改革主义学派支持强有力的劳动法和各种形式的工人代表制度，关注更广泛的经济社会政策，反对市场化，尤其是自由贸易协议，主张某势工会，认为工会应该比以往更加关心更为广泛的社会问题和事务。

　　瑞典模式是自由改革主义学派观点最具代表性的实例。瑞典是世界上最著名的社会福利国家之一，在传统上遵循"积极的劳动力市场"政策，临时解雇的工人享有不错的失业福利（相当于失业前收入的80%），主要用于再培训计划，以及再培训之后寻找新工作的补助。瑞典工会在国家政策和管理方面的影响力很大，它与福利社会有密切的联系，对失业保险体系的管理负有主要责任。在集体谈判方面，瑞典在20世纪90年代早期结束了传统的集中化的集体谈判模式。如今，集体谈判很大程度上是在产业层面上进行的，允许有更大的变更，谈判在各部门之间显示出了高度的协调性。另外，在瑞典任何工人团体都可以自由组成工会，其协议自动覆盖该工会所在的产业，工会的这些权利无须像北美那样，要获得法定的"承认"程序或要求。

五、激进派

激进派具有比其他学派更加深刻的思想内涵，主要由西方马克思主义者组成。激进派所关注的问题同自由改革主义学派有许多是相同的，但它更关注劳动关系中双方的冲突以及对冲突过程的控制。该学派认为，自由改革主义学派所指出的问题是资本主义经济体系本身所固有的问题，因而其提出的政策主张的作用十分有限。激进派认为，在经济中代表工人的"劳动"的利益与代表企业所有者和管理者的"资本"的利益是完全对立的。"资本"希望用尽可能少的成本获得尽可能多的收益，而工人由于机会有限而处于一种内在的劣势地位，由此，这种对立关系在劳动关系中比在其他地方都表现得更明显。冲突不仅表现为双方在工作场所的工资收入、工作保障等具体问题的分歧，而且还扩展到"劳动"和"资本"之间在宏观经济中的冲突。

激进派认为，其他学派提出的"和谐的劳动关系"只是一种假象。这是因为：第一，管理方通过精心设计安排工作职位，减少对工人技术和判断力的要求，来实现降低劳动成本、增加产出的目的。这种剥削方法使企业在产品、服务内容和技术水平一定的情况下，可以获得更多的利润。第二，管理方通过监督和强迫相结合的办法控制工人的行为，从这个角度讲，所谓的"进步"政策和方法，只是一种与传统的权威相比，更圆滑的策略而已。这些策略对于不可调和的冲突来说，从来也没有完全发挥过作用。第三，管理学派的策略和方法实际上是为管理方服务的，但媒体和教育体系把它宣传为一种"双赢"的策略，而将冲突仅仅描述为就业组织内部的矛盾。它通过舆论导向使工人相信既定的制度安排是合理的，以此制造资本主义劳动关系"和谐"的假象，防范那些威胁到现有体制的事情的恶化和传播。

激进派认为，只要资本主义经济体系不发生变化，工会的作用就非常有限。尽管工会可能会使工人的待遇得到某些改善，但这些改善是微不足道的。在企业，工会所争取到的让步会受到更多的竞争约束的限制。大企业虽然受到的约束限制较少，但通常会采用诸如关闭工厂、重新进行组织设计等措施对付工会。在技术变革和国际竞争不断加剧的今天，工会显得越来越力不从心。因为国际竞争总是更多地依赖人均劳动成本的优势，而非人均劳动生产率的优势。所以，要使工会真正发挥作用，必须提高工人对自身劳动权和报酬索取权的认识，了解劳动关系对立的本质，进而开展广泛与资本"斗争"的运动，向资本的主导权挑战。

在实践模式上，激进派面临的主要问题是，用何种社会制度来代替资本主义制度，以及如何完善这种新制度的问题，该学派的主要倾向是建立雇员集体所有制。南斯拉夫建立的工人自治制度，瑞典的梅得尔计划（Meidner Plan），以及至今仍很成功的西班牙巴斯克地区的孟作根体系（Mondragon System），曾受到该学派的特别关注。

西方劳动关系学派的理论和观点，反映了不同群体和个人对劳动关系和集体谈判的评判，以及其根深蒂固的价值观和理念。以建立雇员所有制为目标的激进派，其思想理念渊源于马克思的资本主义劳动关系理论；追求以市场代表的效率和以工会、劳动法律制度代表的公平之间均衡的正统多元论，以及强调劳动关系和谐与员工忠诚的管理主义学派的观点，可以追溯到埃米尔·迪尔凯姆的工业主义劳动关系理论；强调产业民主和工人自治的自由改革主义学派的理论观点，可以从马克斯·韦伯的工业资本主义劳动关系理论中找到支持；而信奉市场效率的新保守派的理论渊源要更为久远，一般认为始于现代西方经济学鼻祖亚当·斯密1776年发表的《国富论》。

第三章　员工关系管理的基础认知

第一节　员工关系管理的基础内涵

一、员工关系管理的内涵

最早提出员工关系管理概念的一批人是 IT 厂商、企业管理咨询师和学者，因所从事的领域不同，侧重点也不同，但总的看法是一致的，即都认为员工关系是公司与员工之间建立的一种相互有益的关系，并由此把员工关系管理上升到人力资源战略的高度，他们都认为员工关系管理在企业中具有很重要的驱动作用。

员工关系管理（Employee Relationship Management，简称 ERM）有广义和狭义之分。从广义上讲，员工关系管理是通过拟定和实施各项人力资源政策和管理行为，以及其他的管理沟通手段调节企业和员工、员工与员工之间的相互联系和影响，从而实现组织的目标的过程；从狭义上讲，员工关系管理就是企业和员工的沟通管理，这种沟通更多采用柔性的、激励性的、非强制性的手段，从而提高员工满意度，支持组织其他管理目标的实现。

员工关系管理是指以促进企业经营活动的正常开展为前提，以缓和、调整企业内部员工冲突为基础，以实现企业管理者与员工的合作为目的的一系列组织性和综合性的管理措施和手段的总和。

员工关系管理的核心部分是心理契约。20 世纪 70 年代，美国心理学家施恩提出了心理契约的概念。心理契约是根据劳动合同、企业通行惯例以及双方许诺而形成的一种内隐的、不成文的相互责任，其内容相当广泛。它以追求员工满意度为目标，是组织承诺的基础并影响组织公民行为。

心理契约不是有形的，却发挥着有形契约的作用。企业清楚地了解每个员工的需求和发展愿望，并尽量予以满足；而员工也为企业的发展全力奉献，因为他们相信企业能满足他们的需求与愿望。心理契约是由员工需求、企业激励方式、员工自我定位以及相应的工作行为四个方面的循环构建而成的，并且这四个方面有着密切的制约关系。

心理契约给企业员工关系管理带来的思考是，企业在构建心理契约时，要以自身的人力资源和个人需求结构为基础，用一定的激励方法和管理手段来满足、对应和引导员工的心理需求，引导员工以相应的工作行为作为回报，并根据员工的反应在激励上做出适当的调整；员工则依据个人期望和企业的愿景目标，调整自己的心理需求，确定自己对企业的关系定位，结合企业发展目标和自身特点设定自己的职业生涯规划，并因此决定自己的工作绩效和达成与企业的共识：个人成长必须依附企业平台，企业目标的达成也离不开员工个人的奉献。这好比大海与溪水的关系，企业是海，个人是溪水，离开大海，溪水是会干枯的。

二、员工关系管理思想演变与发展

（一）国外员工关系管理的思想及发展历程

国外员工关系管理理论研究经过一百多年的发展，由原则到具体、由重物质激励到重精神激励、由强调制度的作用到强调文化的价值，形成了一个体系较为完整的理论大厦。

1.从劳资关系到员工关系

劳资关系是资本主义制度的产物，马克思和恩格斯在对19世纪中期英国、法国和德国等西方主要资本主义国家劳资冲突的实际进行概括和抽象的基础上，提出了劳资关系的理论。经过一百多年的发展，随着科学技术的进步、生产力发展水平的迅速提高以及社会结构的深刻变化，劳资关系呈现出了新的时代特征，仅仅用马克思的劳资关系理论难以概括新的劳资冲突与协调的实践，员工关系理论就是在这种背景下应运而生的。

2.泰罗的企业员工关系管理思想及其评价

19世纪末20世纪初垄断资本主义形成和确立时期，科学技术的发展使不少工业部门开始出现大型垄断企业，但是由于管理者仍然采用传统的经验管理方法，缺乏科学管理理论的指导，工人在恶劣的生产环境下从事着繁重的劳动，企业的生产效率十分低下，劳资矛盾异常尖锐。在这种背景下，泰罗从实验出发总结概括出了科学管理原理。

（1）泰罗关于企业员工关系管理的思想。泰罗多次强调，科学管理的精髓是劳资合作。泰罗认为，企业中劳资双方之间的矛盾或纠纷都是由盈余分配问题所导致的。因此，科学管理情况下，劳资双方所要进行的思想革命是，不把注意力再放在盈余分配上，而应将注意力转移到盈余数量的增加上，而一旦盈余数量增加到一定的水平，盈余分配所产生的争论就成为多余的了。

在进行工时研究和动作研究的基础上，应使操作方法、生产工具以及作业环境实现标准化，以此作为确定工人的"合理日工作量"以及挑选、训练工人，制订报酬标准的客观基础。

科学地挑选和训练工人。泰罗以工作与工人的匹配状况为依据来判定某一工人是否是"第一流的工人"，而不是像老式管理那样任凭工人自己盲目地去挑选工作。同时还要对工人进行系统的培训，从而使他们能够以最高的速度去干活。

制订合理公正的报酬制度。泰罗主张工时定额、差别计件工资制以及针对人而非职位本身支付工资。一方面，在工时和动作研究的基础之上，制订出一个科学的定额标准；另一方面，实行一种被称为"差别计件制"的激励性工资制度，即根据工人是否完成了定额确定工人适用何种计件工资单价：对未完成工作定额的工人按"低"工资率支付（标准工资率的一定百分比，低于100%）；对超额完成工资定额的工人按"高"工资率（标准工资率的一定百分比，高于100%）支付。由于新的差别计件工资制根据人即工人的能力和表现来支付工资，而非按职位来支付工资，所以，工人就会自觉地关心自己的出勤时间、完成工作的数量和质量。

通过计划职能与执行职能的分离进一步加强资方对工人的监督和控制。泰罗认为，资方与工人均分工作和职责，资方把自己比工人更胜任的那部分工作承揽下来，特别是把计划工作和脑力劳动尽可能地从体力劳动中分开会降低生产成本。他希望工人单纯地按照已经被分解得简单化、标准化从而便于资方监督的方法来操作机器。

纪律必不可少，而惩罚也依然是最为有力的控制和激励手段。泰罗认为惩罚这种控制手段仍然是所有的管理制度都必需的，包括降低工资、长期或短期停职、罚金、给予一系列的"记过"，以及解雇等。

（2）对泰罗的企业员工关系管理思想的总体评价。泰罗第一次把管理问题发展为一种系统性的方法，也第一次将企业的员工关系管理纳入一整套制度框架之中，这种制度化的企业员工关系管理框架大大超越了老式的单一手段管理，使得企业员工关系管理的发展出现了一次质的飞跃。然而，遗憾的是，由于他的这套制度框架是极力使人去适应机器甚至机器化，从而违背了人性解放的要求和工业民主的基本精神，所以除了他的某些技术方面的理论和管理思想被继承下来之外，泰罗制和科学管理运动很快就被其他的管理理论所取代。

3. 康芒斯的员工关系管理思想

康芒斯关于人事管理的第一本著作是他于1919年出版的《工业友善》，他在书中第一次提出了战略性人力资源管理和参与式管理的观点，并且认为"友善是一种竞争优势"。该书是美国第一本在以下三个方面具有开创性贡献的学术著作：第一，确立了员工是组织的一种价值极高的资源的思想，其中包括明确使用"人力资源"这一概念；第二，制订了在各种人力资源管理实践当中进行选择的一种战略选择框架；第三，形成了参与式管理的概念，并且阐明了为什么参与管理可能会改善组织的绩效，同时还说明了参与式管理与什么样的人力资源管理模式能够实现最优的匹配。康芒斯在1925年以后，将注意力转移到了企业如何能够稳定雇佣关系从而为工人提供更大的工作保障方面，因为他认为，这是改善生产效率以及改善雇主和雇员之间关系的最为重要的一个先决条件。

康芒斯成为当时人事管理研究领域的领头人，其合作型员工关系管理思想和泰罗的科学管理原理一样对当时的企业管理实践有着重要的指导作用。

4. 人力资源管理理论下的员工关系管理思想

20世纪50年代以来，随着"人力资本理论"的正式提出、行为科学的不断发展，以及人力资源会计学科的出现，"人力资源管理"这一名词逐渐流行起来。

人力资源管理的概念产生于20世纪60年代，然而，它在80年代以后才受到企业的普遍重视。人力资源管理的出现标志着人事管理职能发展到了一个新的阶段。现代人力资源管理与传统人事管理的最大区别就在于，过去的人事管理是以工作为中心的，即让人去适应工作，而现代人力资源管理则是以人为中心的，它总是力图根据人的特点和特长来组织工作，从而使得人力资源的能量得到最大限度的发挥。

20世纪80年代以后，战略性人力资源管理理论开始盛行。战略性人力资源管理是指有计划的人力资源使用模式以及旨在使组织能够实现其目标的各种活动。战略性人力资源管理通常需要满足两个方面的基本要求：其一，能够推动组织总体经营战略的实现；其二，包括一整套相互补充并且具有内部一致性的各种人力资源管理实践，包括工作分析与工作设计、招募与甄选、雇员培训与开发、绩效管理、薪资结构、奖金与福利、劳工关系与员工关系等。

5. 企业文化理论与员工关系管理思想

企业文化是与企业相伴而生的客观现象。在企业这一经济组织形态诞生之时，就存在企业文化。但人们对这一文化现象的认识和研究，则始于 20 世纪 80 年代初期。首先提出并倡导企业文化理论的是美国的管理学者。

从"二战"后开始，随着信息论、控制论、系统论的产生，电子计算机及通信设备的飞速发展，人类社会进入了信息时代，在行为科学理论和管理科学理论的指导下，美国的企业取得了令人瞩目的发展，劳动生产率大大提高，新的技术发明不断涌现，企业的规模越来越大，美国成为名副其实的世界头号经济强国。在 20 世纪 70 年代初石油危机的冲击下，美国企业的竞争力大大削弱，而日本的经济却得到了长足的发展，速度十分惊人。到 20 世纪 80 年代初，日本在很多方面都超过了美国，对其经济活动形成了强大的威胁，这引起了美国各界人士的普遍关注。为此，在整个 20 世纪 80 年代，许多美国专家到日本企业考察，探寻日本企业成功的秘密。经过研究，一个重要的谜底揭开。原来在日本的企业管理中，不是单纯地就管理理论进行管理，而是从企业经营哲学的高度来研究企业管理，将企业作为一个文化实体来实施管理。这些专家、学者把日本的成功经验与美国的管理现状做了深刻的比较，认为其根本差异表现在，美国企业多注重管理的硬件方面，强调理性的科学管理，而日本企业则重视全体职工共有的价值观念，注重强化职工对本企业的向心力，注重企业中的人际关系。比较的结果使美国学者认识到，文化是企业管理中不可忽视的重要因素，对于企业的成功与否具有深刻的影响作用。为此，一批管理学家提出要向日本学习，许多学者著书立说，探索企业文化的有关理论与模式。美国关于企业文化的研究引起日本企业界和理论界的强烈反响，并相继波及其他国家，由此兴起了一股世界范围的企业文化研究热潮。其中影响较大的著作有沃格尔的《日本名列第一——对美国的教训》、巴斯克和艾索斯的《日本的管理艺术》、彼德斯和沃特曼的《追求卓越》、迪尔和肯尼迪的《公司文化》等。这些著作对企业文化理论做了系统的概括和总结，从而使管理理论揭开了新的一页，即过渡到"企业文化"阶段。20 世纪 80 年代，企业管理哲学和管理艺术的研究，是企业文化发展的主要部分。由此诞生了一个崭新的员工关系管理理论——企业文化管理理论，并迅速风靡于世界。

6.新经济环境下的心理契约理论

心理契约的概念最早出现在 20 世纪 60 年代阿奇利斯的《理解组织行为》一书中，书中强调了在组织和员工的相互关系中，除了正式的经济契约规定的内容外，还存在着隐含的、非正式的相互理解和预期。随后，施恩正式将心理契约定义为"在组织中，每个成员和管理者，及其他人之间，在任何时候都存在的一系列未书面化的期望"。所谓"新经济"，主要是以美国经济为代表的发达国家经济为基础所产生的概念，即持续高增长、低通胀、科技进步快、经济效率高、全球化配置资源的一种经济状态。新经济环境下的心理契约存在广义和狭义两种理解。广义的心理契约是雇佣双方基于各种形式的（书面的、口头的、组织制度和组织惯例约定的）承诺对交换关系中彼此义务的主观理解；狭义的心理契约是雇员出于对组织政策、实践和文化的理解和各级组织管理者做出的各种承诺的感知而产生的，对其与组织之间的、并不一定被组织各级管理者所感知到的相互义务的一系列信念。最早，麦柯涅尔提出关系—交易型联合体（relational—transactional）的概念。其中关系型指时间长、任务不明确的雇佣关系，其特征为雇佣双方相互支持，员工信任与忠诚度高；交易型则与之相反，任务明确，雇佣时间短。D.M. 卢梭对之加以细分，形成了所谓的 2×2 模型。他依据雇佣期限与任务需求两大相关因素，两两相配得出了心理契约的四种类型，即过渡型、平稳型、交易型、关系型。其中过渡型心理契约经常出现在组织发生重大变化时，如兼并重组时，此时员工信任度低，不确定性高，忠诚度差，流动率高；而平稳型则实际介于传统的交互型及关系型之间。按照心理契约的归类，组织都希望员工处于平稳型，对组织忠诚并有强烈的归属感，长期为组织服务并创造价值，当然这同时对组织也提出了较高的要求：雇主方必须提供明确而具体的雇佣条件，这些条件对员工必须具有足够的吸引力，有长期的雇佣期限，才能起到留住人才的作用。平稳型是理想化的心理契约，在实际操作中往往很难达成。

（二）国内对员工关系管理的认识及其发展

1.改革开放以前的员工关系管理

我国企业在新中国成立以来相当长一段时期内是作为计划经济的附属工具而存在的。在计划经济体制下，我国企业生产的产品品种、数量、技术，产品的使用方式以及企业职工的劳动报酬都是由国家计划部门规定好的，企业没有任何的自主权。劳动者去哪一家企业工作，劳动者在企业中所得到的一切利益包括各种待遇都是由国家分配与决定的，企业只不过扮演了一个中转代发的角色。在这种体制下，企业的党组织、共青团、工会和妇联等社团组织主要通过政治动员、政治压力、精神鼓励、思想教育、政治与行政处罚等超经济手段来协调各种矛盾、鼓舞职工干劲，没有任何与员工自身利益挂钩的激励方式。职工个人的努力程度与收入之间几乎没有任何联系，所以造成在职工心目中"干多干少一个样，干好干坏一个样，干与不干一个样"。

在计划经济体制下，人才的流动受到了严格的政策限制，人力资源的优势完全被忽略，企业用人年功制，竞争选拔凭资历，工资分配搞平均。员工的积极性、主动性完全没有发挥出来。员工关系管理主要体现在员工人事档案管理，招工录用，劳动纪律，考勤，职称评定，离职退休，计发工资等方面。这个时候的人事部基本上是一个象征，完全服务于国家的政策，配合有关国家政策完成工作。

2. 改革开放以后我国对企业员工关系管理的认识及其发展

（1）实行按劳分配，重视绩效管理。20 世纪 90 年代中期以前，随着国有企业经营机制的改制，国有企业的所有权与经营权开始适当分离，进一步扩大了企业在生产、销售、定价、资金使用、机构设置、工资分配等方面的权力。与转换企业经营机制工作同时进行的还有股份制改造的试点工作。1993 年 11 月党的十四大通过了《中共中央关于建立社会主义市场经济体制若干问题的决定》，使得股份制的推行更加迅速。股份制的推行，意味着中国开始了建立市场经济体制下的企业制度、较为彻底地转换企业经营方式的新探索。

由于国有企业自主经营权与自主分配权以及用人权的扩大，国有企业开始考虑如何提高企业的生产效率，把企业的绩效管理提到企业的发展规划当中。要实行有效的绩效管理，首先就要真正实现按劳分配、奖勤罚懒以及留勤辞懒。因此，改革之初对传统体制下的企业制度所提出的最强烈批评之一就是"大锅饭"和"铁饭碗"所造成的严重低效率。以"打破大锅饭""砸烂铁饭碗"为口号的企业分配制度和雇佣制度改革成为国有企业改革中研究的一个重要主题。在国有企业里，除了实行按劳分配、多劳多得制度以外，企业还采取奖金等经济手段来激励员工，让员工意识到企业经营绩效的提高会给自己带来切实的利益，因此，员工工作的积极性大大提高，企业的劳动效率与组织效率开始出现提升。这个时期，中国的私营经济开始复苏，并迅速发展，在私营企业或个体户的生产经营过程中，追求绩效成为其管理的主要目标。

（2）人力资源管理下的员工关系管理发展。20 世纪 90 年代中期以来，随着市场经济的迅速发展，人才流动的限制被打破，人才的市场化趋势日趋明显，求才择业开始双向选择，人才作为一种资源开始受到越来越多的关注，越来越得到国家政策的支持和企业管理者的认同。同时，人才政策的开放带动了企业间人才流动速度的加快，企业的管理遇到了挑战，开始注意人才的动向，如何留住企业的人才成为企业关注的一个焦点。企业的管理层特别是高级管理层纷纷研究对策，督促人事管理部门研究解决留人这个难题。许多企业开始改头换面，将人事部的门牌换成了人力资源管理，企业的人事管理开始向人力资源管理转型，以前以人事档案管理为主的工作开始转向以关注人才为重心。

随着从人事经理到人力资源经理的角色转换，人力资源经理开始注重人力资源管理理论的学习研究，开始研究有关企业人力资源管理的理论书籍，参加有关人力资源管理的研讨会、培训班，咨询公司也顺势得到了快速的发展。通过系统地学习和研究，人力资源经理初步形成了相对完善的理论体系，对人力资源的观念也有了深刻的认识，并在企业中初步建立了以招聘管理、培训管理、薪酬体系管理等为框架的员工关系管理构架。随着人力资源经理对人力资源管理研究的深入，企业的人力资源管理开始逐步成熟，从追求数量转换到追求质量。人力资源经理逐渐将工作重心转移到员工的绩效管理、建立现代化的薪酬体系，开始考虑整合企业人力资源：通过岗位分析和人才盘点，更加合理配置企业人力资源；通过加大培训力度，提高员工的工作技能和绩效能力；通过改革薪酬管理体系，优化薪酬的分配作用，使之更加具有激励性。通过这样一系列的手段，人力资源经理不但强化了人力资源管理的理念，提高了管理技能，更在企业里培养了重视人才、开发人才、激励人才的企业用人观，带动了企业管理层和员工的人才观念发展，使得企业人力资源管理更趋成熟和发展。随着企业竞争的加剧，未来的不可预知性加强，企业间对人才的争夺战也愈演愈烈，人才竞争成为企业竞争的核心。谁掌握了人才，谁就掌握了人力资源的核心竞争力，谁就掌握了竞争制胜的法宝。如何战略地看待人力资源，如何战略地管理，如何使人力资源战略更好地配合企业整体战略，服务于企业战略，成为人力资源管理必须考虑的问题。

（3）提倡合作双赢的员工关系。目前我国很多企业在处理双边关系时，经常听到一个词叫"双赢"，这比过去那种简单的"你死我活""你赢我输"要高明得多。但是，双赢并非意味着双方赢得一样，事实上也不可能赢得一样。双赢的意义在于求同存异、各取所需。

合作双赢是企业员工的需要。在我国的市场经济以及劳动力市场刚刚开始发育的时候，工资报酬或者物质利益是企业员工普遍最为关心的问题，许多企业的职工在经历了一段追求高收入的职业选择之后，当初的那种较强的物质利益需要得到一定的满足。随着市场经济的深入发展、人们生活水平的提高，以及企业员工素质的不断提升，我国企业的职工对于归属感、受尊重感以及自我价值实现的要求越来越高，更重视工作场所中的人际关系与工作氛围。越来越多的证据表明，我国的各类企业职工，特别是高层次的人才，他们所追求的并非单纯的经济利益，良好的企业文化、工作的使命感和自豪感、人际关系和谐、个人能力的发挥以及有机会参与企业的相关管理决策等才是他们真正想在企业"赢"得的东西。

合作双赢是企业的需要。我国的企业，特别是私营企业与三资企业在市场经济确立之初，主要是利用我国的廉价劳动力使其从事初级的制造业和加工业，劳动力流动性很强。但随着中国加入世界贸易组织（WTO），以及全球市场的形成，我国的很多企业与日本和欧美强国所面临的都是同样一个需求多变的国际大市场，面临着越来越多的大跨国公司进入中国，抢占国内市场份额。外资企业、国有企业，还有一些档次比较高的私营企业，开始希望自己能够拥有一支知识水平高、稳定程度也比较高、工作努力的员工队伍，并用一种积极合作的姿态来适时地调整自己的员工关系管理政策和实践，让企业的员工确信企业很愿意并努力和员工之间建立比较和谐与稳定的雇佣关系，从而调动员工的工作积极性，提高企业在市场的竞争能力，达到双赢的目的。

（4）"以人为本"向"能本管理"发展的员工关系管理。"以人为本"起初是西方社会（包括企业组织）的基本价值观，是人们行为的基本准则。随着我国改革开放的不断深入，外资企业进入我国，其以人为本的用人制度直接影响到我国管理理念的变革。为此，我国也在 2004 年提出"以人为本"的基本国策，于 2005 年又提出"创造和谐社会"的理念。在我国企业管理实践中，人们也逐步认识到树立以人为本的管理理念的重要性。尊重人与关心人、改善人的生活成为企业永恒的追求。优秀的企业都十分重视人在组织中的作用，以人为本是所有企业都应追求的一种理念，尽管其实现的方法和途径是多种多样的，但这一点已成为大多数现代企业家的共识。

随着社会主义市场经济、知识经济、信息经济的快速发展，当代以人为本的管理工作过程中，正在逐步形成一种崭新的管理思想和管理思路，这就是以人的知识、智力、技能和实践创新能力为核心内容的"能本管理"。"能本管理"的理念是以人的能力为本，是人本管理发展的新阶段。"以人为本"是现代管理的一个基本原则和理念，它强调的是人在组织中的主体地位和主导作用，进而强调要围绕人的积极性、主动性和创造性实行管理活动。以人的能力为本是更高层次和意义上的以人为本，"能本管理"也是更高阶段、更高层次和更高意义上的人本管理，是人本管理的新发展。

三、员工关系管理的特征

（一）认同企业愿景和价值观是管理起点

共同的企业愿景和价值观是员工关系管理的基础。企业所有利益相关者的利益都是通过共同愿景的实现来达成的。员工关系管理的起点是员工认同企业的愿景和价值观，没有共同的愿景，缺乏共同的信念，就没有利益相关的前提。但凡优秀的企业，都是通过确立共同的愿景，来整合包括人力资源在内的各类资源，促进整个组织的不断发展和壮大，引导员工通过组织目标的实现，实现个体的目标。企业的价值观是企业的伦理基准，是企业员工对事物共同的判定标准和共同的行为准则，是组织规范的基础。有了共同的价值观，组织成员就能够站在组织的立场对某种行为或结果作出一致的评价。这种一致的价值观既是组织的特色，也是区分不同组织成员思想和行为的重要标志。因此，认同共同的企业愿景和价值观，是建设和完善企业员工关系管理体系的前提和基础。

（二）利益关系是员工关系管理的根本

企业要满足多种不同利益群体的需求，但企业创立和存在的核心目标在于追求经济利益，而不是为了单纯满足员工个体的利益需求。进一步说，市场竞争的约束使得满足员工个体利益需求成为企业抵御市场竞争、达成其核心目标的手段，因此企业的目标和其所处的竞争环境是处理员工关系的根本出发点。研究表明，虽然现代企业在某些方面体现了共同利益体的某些特征，并在管理实践中广泛采用了构建共同体的许多手段，但现代企业组织的根本性质并没有改变，经济利益关系仍然是企业与员工最根本的关系，利益关系是企业处理员工关系的最大约束。

（三）心理契约是员工关系管理的核心内容

心理契约可以描述为这样一种状态：企业成长与员工发展的满足条件没有通过一纸契约载明，而且因为是动态变动的也不可能加以载明，但企业与员工却依然能找到决策的各自"焦点"，如同一纸契约加以规范。虽然心理契约不是有形的，但发挥着有形契约的作用。企业应清楚地了解每个员工的需求和发展愿望，并尽量予以满足，而员工也会为企业的发展全力奉献，因为他们相信企业能满足他们的需求与愿望。心理契约的内涵与意义在于员工心理状态与其相应行为之间的决定关系，而员工的行为质量直接决定了其工作绩效。

　　心理契约由员工需求、企业激励方式、员工自我定位以及相应的工作行为四个方面的循环构建而成，并且这四个方面有着理性的决定关系。人们在选择外部条件来满足自己的需求时，是有权衡与选择的，特别是在衡量心理需求满足与需要付出的代价时，并不是所有人都会去追求高层次需求的满足。内部人力资源本身也存在着结构问题，企业不可能满足所有员工需求。所以企业在构建心理契约时，要以自身的人力资源和需求结构为基础，用一定的激励方法和管理手段来满足对应的员工需求，促使员工以相应的工作行为作为回报，并根据员工的反映在激励上做出适当的调整；员工则依据个人期望和需求的满足程度，来确定自己对企业的关系定位，并以此决定自己的工作绩效。沿着这种决定关系轨迹，就形成了心理契约的构建方式。这就是现代人力资源管理的心理契约循环过程，也是企业员工关系管理的核心部分。与其他管理领域一样，心理契约管理也需要通过制度性的规定、企业文化塑造、管理人员的工作技巧等来完成。

四、员工关系管理的必要性

　　长期的企业管理实践告诉我们，良好的员工关系管理不仅能够帮助企业赢得人才、留住人才，而且可以使企业管理和业务运作效率大幅提升。因此，员工关系管理对于企业来说是不可或缺的。员工关系管理的必要性体现在以下三个主要方面。

（一）员工关系管理是实现企业目标的前提

　　员工关系在企业的公共关系中占有极其重要的地位，企业内部的一切公共关系工作都必须从员工关系开始，这是因为员工公众是企业内部最重要的公众，是企业最先需要获得理解和支持的内在动力。在现代社会中，员工日益成为具有主导作用的独立群体。作为一种独立群体，员工在利益上虽然与企业具有天然的一致性，但也同企业存在着利益的差异。一方面，员工是企业的细胞和主体力量，对企业的生存和发展具有决定性的作用，企业不得不将其利益与员工的利益协调一致，以形成企业发展的内在根据和动力；另一方面，员工日益分化为独立的利益群体，存在着与企业的利益发生矛盾的一面，成为直接牵动企业、制约企业的一种力量，主导并规定着企业的行为选择。企业之所以要协调好同员工之间的关系，不仅仅由于内在利益一致性的驱使，更为重要的是双方有着不同的利益取向，需要对员工利益和企业利益加以协调。

（二）员工关系管理是塑造企业形象的基础

在很多情况下，外界公众是通过接触企业内部的员工来了解企业的，员工的待人接物、言行举止，乃至气质、风度，都直接或间接地传播着企业的信息。另外，企业的员工最了解本企业产品质量和服务方式，他们不一定是推销员、服务员，但他们可以通过家庭、亲友将本企业的产品、服务方式和服务质量的信息扩散给外部公众，这样会增加宣传的可信度，使本企业产品更容易为外界所接受。同时，企业的员工又是产品的消费者和服务方式的选择者，如果他们能率先购买本企业的产品、选择本企业的服务，这种现身说法的渗透和宣传比一般广告更能影响消费公众。

（三）员工关系管理是企业成功的根本条件

员工关系对于企业的生存与发展有着举足轻重的作用，员工关系管理是企业获得成功的根本条件。员工关系管理必然在企业中产生巨大的内聚力。只要关系融洽，员工就会心情舒畅、团结一致、齐心协力地发挥巨大的潜能，创造企业的业绩和财富。员工是企业赖以生存和发展的细胞，与企业的目标和利益最为密切。企业的一切目标、利益、计划、政策、措施和活动都要通过员工的行为来加以实现和推进。所以，员工又是企业最宝贵的财富，离开员工就没有企业存在的基础。显而易见，企业与员工之间是唇齿相依、血肉相连的关系，因此要将员工关系视为根本与神圣的关系，将员工关系作为最重要的第一关系来对待。只有员工关系协调，才能发挥员工作为企业细胞的内在动力和潜能。

第二节　员工关系管理的主要内容

员工关系管理的最高目标，应该是做到"让员工除了把所有精力放在工作上之外，没有其他后顾之忧"。在这一目标之下，有很多具体工作可以展开。从人力资源部门的管理职能来看，员工关系管理主要包括劳动关系管理、员工沟通管理、员工心理契约与满意度管理、员工参与管理、员工纪律管理、冲突和危机管理、员工异动管理、员工压力与心理健康管理、员工离职管理和劳动争议处理10项内容。本书对这10项内容仅作简单介绍，具体内容会在后面的各章中进行详细介绍。

一、劳动关系管理

劳动关系管理就是指以促进组织经营活动的正常开展为前提，以缓和、协调组织劳动关系的冲突为基础，以实现劳动关系的合作为目的的一系列组织性和综合性的措施和手段。劳动关系管理的基本原则：兼顾各方利益原则、协商解决争议原则、以法律为准绳的原则、劳动争议以预防为主的原则。劳动关系管理的内容主要有新员工入职管理、劳动合同管理和集体合同管理3个部分。

二、员工沟通管理

沟通是人与人之间通过语言、文字、符号或者其他的表达形式，进行信息传递和交换的过程。在组织中，沟通是管理者通过发出信息到接收信息再到反馈的行动过程，来完成计划、组织、领导等目标性工作。在员工关系中，按照沟通的方向可以分为上行沟通、下行沟通以及平行沟通；按照沟通的形式则可以分为正式沟通和非正式沟通。

沟通管理就是组织针对不同的对象群体定制相关的信息，通过各种媒介加以传递和强化。沟通主要围绕薪酬、绩效反馈、职业目标与发展、业务运作及个人努力程度、对企业成功作出的贡献等进行讨论。良好的沟通管理不仅有利于解决生产经营过程中的诸多问题，同时能够帮助不同群体在组织内部和外部相互了解，在企业生存、发展过程中，共同面对复杂的外部环境，提升对组织战略和企业文化的认同感。

员工沟通管理可以分为入职前沟通、岗前培训沟通、试用期间沟通、转正沟通、工作异动沟通、定期考核沟通、离职面谈和离职后沟通管理等方面的内容。一个完整的员工沟通管理体系，可以改善和提升员工关系管理水平，并且为公司上级经营管理决策提供重要参考信息。

三、员工心理契约与满意度管理

心理契约是个体与组织之间隐含的、没有明文规定的双方各自的责任以及对对方的期望，包括员工期望组织为自己提供什么，即组织对员工的信任，以及组织对员工的期望，即员工对组织的信任。它虽然不是一种有形的契约，但确实发挥着一种有形契约的作用，是形成组织凝聚力和团队氛围的一种无形的手段。与制度契约相比，心理契约以较低的成本促进了企业管理效率与经营效率的提高，同时降低了制度契约的成本。

心理契约的主体是员工在企业中的心理状态，而用于衡量员工在企业中心理状态的三个基本概念是工作满意度、工作参与和组织承诺，其中以工作满意度最为基本和重要，它在一定程度上对另外两个因素有决定作用。特别是在企业这样的以经济活动为主的组织中，员工的工作满意度是企业心理契约管理的重点和关键，心理契约管理的目的就是提升员工的工作满意度，并进而实现员工对组织强烈归属感和对工作的高度投入。

员工满意度是指员工对在组织中所扮演的角色的感受或情感体验，是员工对其工作或工作经历进行评估的一种态度的反映，它与工作卷入程度、组织承诺和工作动机等有密切关系。员工对工作是否满意，是否认为在组织内部有发展机会，这种心理感受会直接影响员工工作时的情绪。人的情绪与工作效率有很大关系，低水平的员工满意度会导致员工情绪的低落或过分紧张，不利于工作效率的提高。提高员工满意度，可以提高员工的工作热情，降低人才流失率。

员工工作满意度可以从几个指标来测量，也就是工作满意度的维度，这些指标为工作类型；同事关系；福利情况；受尊重与公平待遇；工作安全感；提出建议的机会；报酬；工作绩效的认可；晋升的机会等。

四、员工参与管理

员工参与是依据企业管理过程中的"分享管理"和"机会均等"原则发展而来的，其核心是员工有权参与涉及他们自身利益问题的决策和管理，一般是指名义上不具有管理职权的员工参与企业经营决策或管理实践活动。员工参与的目的在于增进员工的独立创造性和思考能力，使所有雇员对企业及其成功有强烈的责任心；提供员工自我训练的机会，为所有员工提供参与可能影响他们利益的决策的机会；协助管理者集思广益，做出明智决策，帮助企业提高绩效和生产力，采纳新的工作方法来适应新技术的发展，利用所有雇员的知识和实际技能；促进劳资关系的沟通，使企业更好地满足顾客的需要，更好地适应市场的需求，并使企业前景以及为之工作的人获得最好的发展；提高员工忠诚度，提高员工对工作的满意度。

员工参与管理则是指由管理者发起，鼓励员工参与与其工作有关的决策，以发挥员工的潜能、提高员工工作质量和效率的一种参与过程。员工参与管理是工业化运动的核心和结果。参与式管理强调通过员工参与组织的管理决策，改善人际关系，最直接或最有效的结果是增强员工对企业的忠诚度，提高员工工作的热情，发挥员工的聪明才智，使员工充分实现自我价值，同时达到提高组织效率、增加组织效益的目标。企业的成功离不开员工的积极参与，采取合适的参与管理形式是员工参与管理能够成功的关键，也是提高员工参与管理有效性的强力保证。

员工参与管理有多种形式，最主要的是分享决策权、代表参与、质量圈、员工持股计划、职工代表大会和建议方案这几种形式。分享决策权是指下级在很大程度上分享其直接监管者的决策权；代表参与是指部分工人代表参与决策，常用的两种形式是工作委员会代表和董事会代表；质量圈也叫质量改善小组，是指从事相关工作的志愿人员组成的小组，在训练有素的人员领导下定时聚会讨论和提出改善工作方法或安排；员工持股计划是指员工拥有公司一定数额的股份，使得员工将自己的利益与公司的利益联系在一起；职工代表大会是由经过职工民主选举所产生的职工代表组成的，并代表全体职工行使民主管理权利的机构；建议方案则是指企业有专门的人员负责处理建议方案，将员工的建议提交到有关部门或个人进行评审。不同的员工参与形式有不同的适用范围，要依据企业、组织的具体情况，选择最适合于本企业的参与形式。

五、员工纪律管理

纪律是企业员工的自我控制及有秩序的行为。员工纪律管理则是指维持组织内部良好秩序的过程，即凭借奖励和惩罚措施来纠正、塑造以及强化员工行为的过程，或者说是将组织成员的行为纳入法律的环境，对守法者给予保障，对违法者予以适当惩罚的过程。根据其功能和作用，纪律管理分为预防性和矫正性两类。预防性的纪律管理强调采用积极有效的激励方法，鼓励员工遵守劳动标准和规则，以预防违规行为的发生，其基本目的是鼓励员工自律、努力向上；矫正性的纪律管理是指当出现违规行为时，为了阻止违规行为继续发生、使员工未来的行为符合标准规范而采取的管理措施。矫正性纪律管理偏重惩戒方面，典型的矫正性措施是采取某种形式的处罚，如警告、降职或暂停付薪等，其目的是改造违规者，防止类似行为的发生。

纪律管理的程序，主要包括确立纪律目标、拟订工作和行为规范、沟通目标与规范、行为评估、修正所期望的行为，其目的在于防范问题员工，协助员工成功，从积极方面促使员工自我约束。

六、冲突和危机管理

企业组织中的成员在交往中产生意见分歧，出现争论、对抗，导致彼此间关系紧张，该状态称为冲突。在处理员工关系的过程中不可避免地会产生冲突，这些冲突既有有效冲突，也有有害冲突。有效冲突的形式是大家集思广益，把这些意见全部拿出来，能够使内部的分歧与对抗形成一个各部门相互支持的体系，增加内部凝聚力；而有害冲突则是组织中具有损害性的、阻碍目标实现的冲突。

企业中存在的冲突主要类型有部门之间的冲突、上下级之间的冲突、员工之间的冲突和个人工作与生活的冲突。产生冲突的原因是多方面的，如目标的差异、组织分工背景不同、工作性质差异、缺乏沟通、争夺资源、时间差异、团体意识和地缘差异等。

当冲突发生时，首先要辨别冲突的类型，对不利的冲突必须加以解决。解决冲突的方法有协商法、上级仲裁法、拖延法、和平共处法、转移目标法、教育法。这些方法都有各自的适用范围。例如，当冲突双方势均力敌，并且理由合理时，适合采用协商法；当冲突双方敌视情况严重，并且冲突的一方明显不合情理时，可采用上级仲裁法；如果双方的冲突不是很严重，并且是基于基本认识的冲突，对于工作没有太大的影响，则采取拖延法效果比较好。

员工关系是影响员工行为态度、工作效率和执行能力的关键因素，员工关系危机事件时有发生。对员工关系忽视和处理不当，可引发员工骚乱和罢工，甚至发展到与员工对簿公堂的地步，也有些员工离职的原因正是与管理者关系不和。如何正确处理员工关系危机是企业管理者和人力资源管理者必须高度关注和重视的问题。

组织应对员工关系危机的对策，包括组织准备、日常监控和危机管理三个阶段。组织准备为危机管理提供保障和组织环境，包括对危机管理过程制订安全计划、安全制度和安全规范；日常监控就是对员工关系风险源进行监控和管理，主要任务是日常对策和危机模拟；危机管理则是当日常监控无法控制员工关系风险转向劣行发展趋势时采取的管理活动，通过小组的计划、领导、协调和控制，及社会相关咨询机构的介入，对危机进行及时处理。

七、员工异动管理

员工异动，即人事调动，就是员工职位等级和工作的调整。为建立健全企业正常的人才流动秩序、保持员工相对稳定性，企业都会建立员工异动管理制度。一般来讲，员工的晋升、降职、内部调动、调薪等，均涵盖在员工异动的管理范围之内。

八、员工压力与心理健康管理

压力是当人们去适应由周围环境引起的刺激时，身体或者精神上的反应，它可能对人们心理和生理健康状况产生积极或者消极的影响。适当的压力可以使员工产生工作的动力，但过大的压力则会让员工精神颓废、无所适从。企业实施适当的压力管理能有效地减轻员工过重的心理压力，保持适度的、最佳的压力可使员工提高工作效率，进而提高整个组织的绩效，增加利润。

压力管理首先要对员工的工作压力进行诊断，通常采用特定的员工压力测试表进行测试和诊断，对每位不同个性员工和压力来源做具体而全面的分析。压力的控制是压力管理的一个重要方面，可以分为宣泄、咨询、引导三种方式。企业管理者和人力资源管理部门应充分关心、关注、调查和分析员工的压力源及其类型，从组织层面拟定并实施各种压力减轻计划，有效减轻员工压力。具体措施包括改善组织的工作环境和条件，减轻或消除因工作条件恶劣给员工带来的压力；从企业文化氛围上鼓励并帮助员工提高心理保健能力，学会缓解压力、自我放松；从组织制度、程序上帮助员工减轻压力，加强过程管理，从招聘录用到员工培训再到职业生涯规划各个过程，都注重帮助员工提高缓解紧张的能力，提升其沟通的技巧。员工帮助计划（Employee Assistance Program，简称EAP）是缓解员工压力问题的最有效、最全面的方法之一。

员工压力带来的直接影响就是危害员工的心理健康。员工心理健康，就是企业员工有一种高效而满意的、持续的心理状态，主要体现在职业压力感、职业倦怠感、职业方向感、组织归属感、人际亲和感都是积极均衡的。员工心理健康管理就是要了解员工心理健康状况，透视职场"病症"，发现职业状态背后深层的心理原因，通过一些缓解和治疗的手段，帮助员工从职业心理焦虑中解脱出来，缓解压力带来的心理伤害，保持其职业心理健康。当前日益激烈的社会竞争，工作压力，工作环境，人际关系，职位变迁，福利、薪水的差异，家庭的情况等，都会直接影响员工的心理健康状况。企业对员工心理健康进行管理，从员工个人的角度讲，有利于促进员工心理健康，保持积极向上不断进步的工作态度；从组织的角度讲，有利于降低管理成本、提升组织文化、提高企业绩效。因此，企业要时刻关注员工的心理健康，把心理健康管理作为企业员工关系管理的重要内容，并积极为员工心理健康创造良好的环境。员工心理健康管理的内容包括排除或缓解压力源、防止心理性疾病和精神障碍性疾病的发生、心理疾病的防治、精神障碍性疾病的防治、注意防范有害物质的侵害、关注遗传因素，以及其他防治措施。

九、员工离职管理

员工离职是指在职员工（含试用期员工）与公司脱离劳动关系。员工离开原公司的行为包括辞职、辞退等。员工离职是员工流动的一种重要方式，员工流动对企业人力资源的合理配置具有重要作用，但过高的员工离职率会影响企业的持续发展，有效的员工离职管理则能够降低离职成本，减少员工离职对企业的不利影响。

员工离职在性质上可以分为自愿离职和非自愿离职。自愿离职包括员工辞职和退休；非自愿离职包括辞退员工和集体性裁员。企业需要真正关注的是对员工辞职的管理。辞职也可以分为两种情况：一种是企业认为不符合企业文化或企业内竞争的要求、在企业内部绩效评定中被列入淘汰行列的员工，企业往往通过较低的加薪、缓慢的升迁等制度或方式暗示员工主动辞职，从而规避给付员工经济赔偿金；另一种是真正意义上的企业内部人才流失，即有利于企业运营和成长、属于企业留才范围中的那部分员工的离职。

员工离职管理的目的在于规范离职员工的结算活动、交接工作，以利于工作的延续性。另外，离职程序的正规完整也可保护员工与公司的合法权益，避免离职纠纷。员工离职管理主要可以分为对员工主动离职的管理、对员工辞退的管理和裁员管理。

十、劳动争议处理

劳动争议，也称劳资争议，是指劳资关系当事人之间因为对薪酬、工作时间、福利、解雇及其他待遇等工作条件的主张不一致而产生的纠纷。在我国，具体是指劳动者与用人单位之间，因适用国家法律、法规，订立、履行、变更、终止和解除劳动合同，以及其他与劳动关系相联系的问题而引起的纠纷。

劳动争议处理要遵循的原则：着重调解、及时处理原则；在查清事实的基础上，依法处理原则，即合法原则；当事人在适用法律上一律平等原则，即公平公正原则。

劳动争议处理的方法，分为一般调整方法和紧急调整方法。一般调整方法又可以分为协商、斡旋、调解、仲裁和审判。

第三节　员工关系管理的目标与意义

一、员工关系管理的目标

员工关系在不同时期、不同的企业有其不同的特点，但劳资双方在利益上的对立统一关系是永恒存在的。以加强和巩固伙伴关系为原则、以双赢为目标，可使员工关系向良性方向发展。员工关系管理的主要目标有以下几点。

（一）协调和改善企业内部人际关系

企业的总目标能否实现，关键在于企业与个人目标是否一致、企业内部各类员工的人际关系是否融洽。员工关系管理就是要畅通企业内部信息交流渠道，消除误会和隔阂，联络感情，在企业内部形成相互交流、相互配合、相互支持、相互协作的人际关系，而这种人际关系一旦形成，就标志着创造了一种良好的企业心理气氛，从而使其成为提高工作效率、推动企业发展的强大动力。

（二）树立员工的团体价值

企业的价值观念是企业内部绝大多数人认同并持有的共同信念和判断是非的标准，是调整企业员工行为和人际关系的持久动力，它是企业精神的表现。员工的团体价值是决定企业兴衰成败的根本问题，对于塑造企业形象和企业生存发展具有重要的作用。企业的价值观念是经过长期的培养逐步形成的，因此，通过员工关系管理可逐步地精心培育全体员工认同的价值观念，从而影响企业的经营决策、领导风格及全体员工的工作态度和作风，引导全体员工把个人的目标和理想凝聚在同一目标和信念上，形成一股强大的凝聚力。

（三）增强企业对员工的凝聚力

企业通过员工关系管理，使每一个员工都从内心真正把自己归属于企业之中，处处为企业的荣誉和利益着想，把自己的命运和企业的兴衰联系在一起，为自己是该企业的一员而自豪，使企业内部上下左右各方面"心往一处想，劲往一处使"，使企业成为一个协调和谐、配合默契、具有强大凝聚力的集体，这是企业内部员工关系管理的又一重要目标。

二、员工关系管理的意义

从组织发展的角度来看，员工关系管理是实现人与事的最佳配合、保证组织目标顺利完成的重要手段，同时也是一个组织照顾员工各方面的合理需求、留住并激励优秀人才、鞭策或淘汰不合格员工的重要手段。从员工个人发展来看，员工关系管理是帮助员工实现其自我职业规划的必要措施。

第一，良好的员工关系管理是实现人与事的最佳配合的重要手段。为了实行员工关系管理，必须进行合理的组织设计，为员工提供发展的平台。组织设计是指根据企业目标和业务特点，确定各部门或岗位的工作任务，所应承担的职责、权限，与其他职位间的工作联系、管理关系和方式，以及承担这些工作对员工的能力素质要求、任职资格要求等。组织设计明确了员工应该做什么和如何做才能达到要求，有利于实现人与事的最佳配合。

第二，良好的员工关系管理所形成的企业文化是激励优秀、鞭策后进的重要手段。良好的员工关系管理能促进企业形成积极向上的企业文化，这样的文化往往蕴含着进取、诚信、合作、创新等因素，这些理念能教化人的心灵，使争先创优成为所有员工的共同目标。

第三，良好的员工关系管理有利于建立畅通的沟通机制。知识经济时代，员工追求尊重和平等，畅通的沟通机制有助于员工和管理层及时交流信息、沟通思想，员工可以自由地表达自己的见解和情绪，表达自己的需要，满足员工社交的需要。同时，沟通有利于知识的共享，员工可以在这样的群体中相互学习，共同提高。摩托罗拉公司的内部沟通在业界是一个范本，值得所有的企业认真学习。摩托罗拉的每位员工都有一个塑料的小卡片，穿孔后可以挂在钥匙上随身携带，这个小卡片真正的独特之处在于它正反两面的内容：卡片正面是公司所有重要部门的联系电话和地址；背面印有一些可以促进员工内部沟通的具有代表性的提醒性问题，它的作用在于时时督促员工改进自身，实现与他人的良好沟通，并且能够有效促进员工内部的凝聚力，宣传了积极向上而且富有竞争意味的企业文化。

第四，良好的员工关系管理是帮助员工实现其自我职业规划的必要措施。吸引员工留在企业的一个非常重要的因素，是员工在企业中能够感觉到职业在不断发展和提升，这种发展和提升只有和企业的发展相一致时才能实现。根据调查，影响人才流动的各项因素中，公平的晋升机会居第一位，占比是21.2%，从中可以看出，职业发展是员工关注的第一要素。通过员工关系管理，企业能帮助员工寻找到个人发展与企业发展的结合点，帮助员工进行职业生涯的规划，并为实现这些规划而有目的地安排相应的培训，帮助员工尽快实现其个人发展目标，进而促进企业的长足发展。

第四节　员工关系管理的内、外部环境因素

一、员工关系管理的内部环境因素

企业内部环境一般是指企业经营管理边界内的，由硬件设施和软件因素共同组成的企业经营场所和管理运行系统等。相对硬件场所和环境，企业管理的软件系统对员工关系管理的影响更大，一般包括组织结构、工作环境、企业生产经营战略、管理者和管理方式、企业文化等。

企业内部环境之所以与员工关系管理更为直接和密切，主要是因为，一方面，企业员工关系管理系统本身就是企业运营管理的子系统之一，两者之间有相互依存和相互作用的关系；另一方面，员工关系渗透在企业管理的各个环节，每个管理子系统都会直接和间接地影响员工关系管理的运行效果，员工关系管理也以保障企业内其他管理环节的运行为起点和归宿。

（一）组织结构

组织结构是指对于人员和工作任务进行分工、协调与合作的制度性安排。不同类型的组织结构决定了不同的员工关系管理模式和管理特点。

1. 官僚结构的组织

官僚结构组织的主要特征是标准化和等级森严，强调效率、经理决策和信息自上而下的传播。与该类组织结构相配合的员工关系管理模式一般具有形式比较单一、限制员工参与程度、沟通和上下级之间的传达以指示为主、纪律规则严明、尽量避免可能的劳动争议发生、争议发生后采取依职权快速处理等特点。官僚组织结构下，员工话语权弱、参与率低，因此需要工会具有完备的职能和权力代表性。

2. 扁平化结构的组织

扁平化的组织结构主要是指通过减少组织层次来提高组织效率，这种结构具有更强的适应性，提倡员工更多地参与企业事务。大中型高科技企业、新兴产业多采取这种组织结构。与该类组织结构相匹配的员工关系管理模式的特征为，员工参与程度高、具有快速便捷的员工沟通渠道、在劳动争议中员工更有

发言权等。扁平化组织结构下，由于员工的民主权利相对较大，工会的作用相对弱化。

3.工作团队式的组织结构

工作团队是一种新型的组织形式，它主要是通过成员的合作产生积极的协同效应。中小型项目导向型企业、研发单位和咨询公司多采取这种组织结构。这种结构的组织一般人数少、规模小，所有工作问题都可在团队内部解决；团队上级被赋予更多的职责和权力；注重成员之间的协调与沟通，团队成员有较充分的发言权和参与机会。

（二）工作环境

工作环境可分为物理或硬件环境和人文或软件环境，它们都可对员工关系管理产生影响。

1.工作场所硬件环境的影响

以办公布局为例，一些企业在部门间实行互通开放型的办公布局，有利于部门或团队之间的员工交流和沟通，但发生矛盾和争议的可能性也会相应增加；反之，在部门或团队之间采用相对封闭的办公布局，不利于员工多元化的沟通和参与，但便于部门或团队内部的管理。

2.工作场所软件环境的影响

工作场所的软件环境也称人文环境，包括人员结构、规章制度、非正式组织等，这些因素都可能影响员工关系管理体系的构建及其运行效果。

（三）企业生产经营战略

近年来，各国劳资关系呈现多样化趋势，即使在同一时期的同一行业中，不同企业的劳资关系也可能截然不同。这说明，企业劳资关系的性质在很大程度上与企业所选择的生产经营战略相关。例如，美国学者波特将企业的经营战略划分为低成本战略、差异化战略和专一化战略等。低成本战略以少品种、大规模生产的规模经济为主导战略，主要通过将生产过程划分为一个个范围相对较窄的特定工作任务单元取得劳动力成本优势；差异化战略的主导思想是用灵活的生产技术生产小批量、多样化的优质产品；专一化战略则是主攻某个特殊的顾客群、某产品的一个细分区段或某一地区市场。不同的生产经营战略很容易形成不同的劳资关系，并影响企业的员工关系管理类型。例如，在低成本战略下，企业必然要寻找有效降低成本，特别是削减人工成本的管理方式。与此相关联，企业很可能采取一种以监督、控制和刚性为特征的管理方式，极力降低对员工的物质激励，并约束员工的自主性和自由度。而在差异化战略下，企业需要培养员工的创新意识和奉献精神，为此，需要强化员工的参与、自我管理和分享意识，并加大对员工的激励力度给予更多的赋权或分权等。专一化战略整体围绕很好地为一特殊目标服务这一中心，它所开发推行的每一项职能化方针都要考虑这一中心思想。

企业生产经营战略并非是决定企业员工关系管理的唯一和长期的决定因素，一方面它需要与人力资源管理相结合；另一方面，它自身也会随着外部环境的变化而变化。

（四）管理者和管理方式

广义的管理者包括企业各个层次的管理人员，他们既是企业生产经营的决策者，也是管理方式的制订和执行者。管理者的管理方式会直接或间接对员工关系产生重大影响，它关系到员工与企业之间的合作关系、员工参与管理的程度和方式、员工对企业的信任和忠诚以及企业对员工的支持等，而这些反过来又会影响员工的工作能力、态度和行为等。

珀塞尔和格里（1986）把与员工关系相关的管理风格定义为：组织更倾向于采用与雇员单独或是集体打交道的方式，并将其划分为四种类型，包括传统主义者管理风格、复杂的专制主义者管理风格、复杂的现代人（包括立宪主义者管理风格和协商者）管理风格、标准的现代人管理风格。上述不同的管理风格决定了员工关系及其管理模式的特征。

1.传统主义者管理风格

在传统主义者的模式下，雇主与雇员及工会之间通常是一种敌对关系，雇主对员工的剥削明显，把员工看成可榨取超额利润的工具，以达到成本最小化的目标，给员工支付低于平均水平的工资，提供更少的培训投入、较差的工作条件和缺乏工作安全保障等。

2.复杂的专制主义者管理风格

这种管理风格相对仁慈，雇主通常会为员工提供高于平均水平的工资和良好的工作条件，实施内部提升政策，为员工提供职业发展机会。然而，复杂的专制主义者风格对工会不认可，拒绝与工会集体谈判，有去工会化倾向，但主张实施激发员工对组织的承诺、热情以及忠诚的人力资源管理政策。

3.复杂的现代人管理风格

该模式与传统主义者、复杂的专制主义者模式的最大区别在于认可工会，但也分成两类：以北美为典型的立宪主义者管理风格和以欧洲为代表的协商者管理风格。二者的主要区别是协商者模式对工会的态度更为积极。

4.标准的现代人管理风格

主要特征是，对员工关系问题采取随机和应变的策略，没有明显的员工关系战略，管理方法多为临时性和实用主义的，即在同一组织内部，管理风格亦随时间和场所的变化而变化。这种风格下的管理者有长期工会化的传统，在有并购和多元化发展经历的大型企业集团中比较典型。

（五）企业文化

企业文化的内涵可以指企业在长期经营管理实践中形成并通过企业的各种活动表现出来的共同理想、价值观念和行为准则等。也可以认为，企业文化是作为特定群体的企业组织认识问题、解决问题和调节矛盾的典型和特有方式。

与一般文化的内涵相似，企业文化也分级和分层，其中最高级别的国家和地域文化会直接和间接地融合与体现在企业文化中。企业文化的结构可分为表层文化、中层文化和深层（隐性）文化等。表层文化是指一些可视的客观形式和表象；中层文化可理解为企业的规范与共有价值观，它与企业的正式组织和管理制度相辅相成，是对正式制度的补充、强化和贯彻；企业的深层或隐性文化则主要体现在企业成员的共有价值观和行为规范之中。

企业文化并非抽象和独立存在，它与企业管理政策和管理实践紧密相连，特别是企业的特定群体文化会受到企业内部因素的深刻影响。同时，企业文化也势必影响员工关系的管理，包括一些深层次的管理理念、方式、行为及评价标准等。

二、员工关系管理的外部环境因素

（一）政治环境和政策环境

政治环境是指规范员工关系双方行为的法律、政策和规则。这些规则明确了双方的权利义务，具有相对稳定性。政府通过制订一系列正式和非正式的规则，对涉及公平和公正、权力和职权、个人而非集体权利的主观价值判断设定基本标准，制约雇佣关系的运行规则，它包括国家的一些法律制度和各种政策方针。立法规范雇佣关系，是政府调整劳动关系的最基本形式。例如，《中华人民共和国劳动法》规定了集体谈判中双方的权利义务、最低工资、健康和安全保护等；《中华人民共和国劳动合同法》规定了试用期期限、试用期次数、试用期报酬、试用期间解除劳动合同的条件等，避免了很多用人单位通过设定较长时间的试用期来规避用人单位的法律责任和义务。

政策环境是指政府的各种政策方针，包括关于就业的政策、货币政策和财政政策、教育和培训的政策以及其他政策。在诸多政策环境中，就业政策对于劳动力市场以及就业组织中的员工关系的影响最为直接。它往往通过供求状况的调整来改变双方劳动力市场的力量，以经济激励和惩罚措施来改变双方在就业组织内部的关系。例如，促进残疾人就业的政策，对残疾人的比例达到一定标准的就业组织给予税收、费率等方面的优惠，这些政策有利于促进企业雇佣更多残疾人。其他政策如货币政策和财政政策也会通过宏观经济环境来影响各营利组织的劳动关系。这两种政策还可以通过影响资本的价格、改变资本和劳动的价格比率来影响企业的雇佣决策和企业劳动关系。

（二）经济环境

所谓经济环境，一般包括宏观经济状况，如全球化、经济增长速度和失业率；也包括更多的微观经济状况，如在某一特定产品市场上企业所要面对的竞争程度。经济全球化使得资本有可能更容易流向工资、雇用条件较低的国家和地区，各国有可能竞相降低成本以至于达到一种员工不可接受的最低水平，从而影响雇佣关系的和谐。同时，全球化带来的直接投资也给东道国的管理程序和员工关系实践带来了新的理念和挑战。比如，在英国，就出现了诸如单一工会、公司对所有员工一视同仁以及无工会主义等新的理念，企业也面临采用"最佳实践"的管理方式的压力。经济环境影响员工关系的例子很多。比如，作为经济外部环境因素的失业率如果很高，就会减少劳动者凭其技术和能力获得工作的力量，即减弱他们的劳动力市场力量，从而影响其对工作的预期。再比如，在同行业工资普遍上升的情况下，企业可能就会面临更大的员工要求增加工资的压力。

经济环境能够改变员工关系主体双方的力量的对比：一方面，经济环境可能来自劳动力市场的变化，直接影响双方的劳动力市场力量的消长；另一方面，经济环境也可能来自厂商所要面对的要素市场，那么，要素市场的变化通过影响雇主的生产函数和员工的消费函数来改变双方的成本收益，从而带来各种关系的力量的变化。同样，偶发的经济冲击，以及有规律的经济周期都影响就业组织内部的劳动关系调整机制。经济冲击往往会造成产量的骤减，不同的企业会因为对未来预期的不同而制订不同的人力资源政策。在经济周期的影响下，就业组织内部的调整也会随着经济的起落而变化。一般来说，经济处于繁荣阶段，员工的力量就会强些，管理方会做更多的让步；而经济处于低谷阶段，管理方让步的空间很小，员工的力量相对较弱，在谈判和冲突中处于更为不利的地位。经济环境往往会首先影响员工的工资福利水平、就业、工作转换，以及工人运动和工会的发展，其次会影响产品的生产、工作岗位的设计、工作程序等，最后可能会间接影响劳动关系的整体状况。

（三）技术环境

技术环境的内容包括产品生产的工序和方式，以及采用这些工序和方式所必需的资本密度（人均资本投资量）的程度、产品和工序是否容易受到新技术的影响、工作是否复杂和需要高水平的知识和技能。如果企业的产品易受新技术影响（如 IT 产业）或者企业是资本密集型的（如轿车生产商），那么员工不服从管理会给管理方带来更高的成本，因而员工岗位的力量就会增强；相反，那些不易受新技术影响（如民族手工编织业）或者低资本密集度的行业（如餐饮业），员工岗位的力量就弱些。技术环境的变化也会改变劳动力市场上不同技术种类工人的供求状况。例如，近年来随着我国 IT 产业的兴起，计算机、网络方面的人才需求量成倍增加，这类人才在劳动力市场的力量上升，因而在员工关系中的优势更大些。同样，技术对管理者的工作环境和工作性质也造成了冲击，调查显示，越来越多的管理者把计算机、电子邮件和移动电话作为工作必备物，而不需要在办公室有个人工作空间。对于基层员工来说，新技术也改变了他们的工作性质，以前那些相互分离的任务，如起草一份文件然后再打印出来，现在变成了一项工作，传统的工作边界已经被打破。远程通信技术使组织增加了在任何地点进行工作的自由。新技术对各种工作和职位性质的影响是千差万别的，一些新职位出现了，而一些以前存在的职位消失了或者被合并了。新技术的应用使一些知识工作者，如大学教师，获得了更大的自我管理权。而对另外一些工作者来说，如客户服务中心的操作者，技术的发展使他们获得了更大的控制权。这些变化，都直接或间接影响着企业与员工之间的员工关系的发展。

（四）社会文化环境

社会文化环境由各国、各地区甚至各工种的主流传统习惯、态度、价值观、信仰等组成。态度和价值观是构建社会的基石，通常是政治、经济和技术环境形成和变化的动力。如果社会环境表现为笃信工会的重要性和积极作用，那么，政府和企业就会通过制订政策，提高工会的密度，扩大工会的影响力。社会文化环境对员工关系影响深远，如随着日本终身雇佣制的社会观念日益改变，日本企业中的灵活用工形式日益增多，对企业与员工之间关系的影响非常大。又如，随着妇女就业人口的增多，企业在处理员工关系时需要更多考虑女性员工的具体需求，实施包括工作—家庭平衡之类的管理策略。社会文化的影响虽然是潜在的、不易察觉的，但它通过社会舆论和媒介对企业和员工产生的影响却是不可低估的。

多元管理篇

第四章　员工劳动合同管理

第一节　劳动合同的基础阐释

一、劳动合同的概念

劳动合同是劳动者与用人单位确立劳动关系、明确双方权利和义务的协议。订立和变更劳动合同，应当遵循平等自愿、协商一致的原则，不得违反法律、行政法规的规定。劳动合同依法订立即具有法律约束力，当事人必须履行劳动合同规定的义务。根据劳动合同，劳动者加入企业、个体经济组织、事业组织、国家机关、社会团体等用人单位，成为该单位的一员，承担一定的工种、岗位或职务工作，并遵守所在单位的内部劳动规则和其他规章制度；用人单位应及时安排被录用的劳动者工作，按照劳动者提供劳动的数量和质量支付劳动报酬，并且根据劳动法律、法规规定和劳动合同的约定提供必要的劳动条件，保证劳动者享有劳动保护及社会保险、福利等权利和待遇。

二、劳动合同的特征

《中华人民共和国劳动合同法》（简称《劳动合同法》）对劳动合同的特征进行了详细的规定。劳动合同属于合同的一种类型，所以它具有合同的一般特征，除此之外，劳动合同还具有一系列的自身基本特征。

（一）劳动合同的主体具有特定性

劳动合同主体一方为劳动者，包括具有劳动权利能力和劳动行为能力的劳动者；另一方为具有法人资格的用人单位或能独立承担民事责任的经济组织和个人，包括中国境内的企业、个体经济组织、民办非企业单位等组织。

（二）劳动合同主体意志具有限定性

虽然劳动合同的内容取决于双方当事人的协商一致，但具体合同条款必须受到国家法律和集体协议的约束，要以国家相关法律法规为底线。劳动合同也是保障社会利益的途径之一，例如，用人单位与劳动者约定在合同期内劳动者不能结婚，虽然劳动合同上有双方的签字，是双方的"合意"，但是此条款严重侵犯了劳动者的婚姻自由权，因此不具有法律效力。

（三）劳动合同履行过程具有隶属性

在劳动合同履行过程中，劳动者必须到用人单位中去，成为该单位的员工，并承担一定的工作，接受用人单位的领导和指挥，遵守劳动纪律和内部劳动规则，并取得相应的劳动报酬，体现出劳动合同的身份性质。劳动合同主体之间具有管理上的依从与隶属关系。

（四）劳动合同具备有偿性

有偿性是劳动合同的本质特征。劳动合同是以劳动换取报酬的协议，当事人一方享有收益，须向对方当事人支付相应代价。并且，劳动合同往往涉及第三人的物质利益，由于劳动力本身需要经过再生产的过程，所以劳动合同内容普遍会与劳动者供养的亲属的入学、统筹、疾病保险等问题相关联。

三、劳动合同的类型

根据《劳动合同法》第十二条规定："劳动合同分为固定期限劳动合同、无固定期限劳动合同和以完成一定工作任务为期限的劳动合同。"劳动合同期限是指劳动合同的有效时间，是劳动关系当事人双方享有权利和履行义务的时间。劳动合同期限一般始于劳动合同的生效之日，终于劳动合同的终止之时。

（一）固定期限劳动合同

固定期限劳动合同，是指用人单位与劳动者约定合同终止时间的劳动合同。用人单位与劳动者协商一致，可以订立固定期限劳动合同。固定期限劳动合同的双方当事人在劳动合同中明确规定了合同效力的起始和终止时间。劳动合同期限届满，劳动关系即告终止。固定期限劳动合同可以是较短时间的，如一年、两年，也可以是较长时间的，如五年、十年等。

（二）无固定期限劳动合同

无固定期限劳动合同，是指用人单位与劳动者约定无确定终止时间的劳动合同。无确定终止时间是指劳动合同没有一个确切的终止时间，劳动合同的期限长短不能确定，但并不是没有终止时间。只要没有出现法定解除情形或者双方协商一致解除的，双方当事人就要继续履行劳动合同。如果出现了法定情形或双方协商一致解除的，无固定期限劳动合同就能够解除。

（三）以完成一定工作任务为期限的劳动合同

以完成一定工作任务为期限的劳动合同，是指用人单位与劳动者约定以某项工作的完成为合同期限的劳动合同。用人单位与劳动者协商一致，可以订立以完成一定工作任务为期限的劳动合同。例如，某项工程开始之日即为合同开始之时，此项工程完毕，合同即告终止。从严格意义上讲，此种类型的劳动合同属于固定期限合同，只是表现形式不同而已。

四、劳动合同的内容

劳动合同的内容是指劳动者与用人单位之间设定劳动权利义务的具体规定。根据条款内容是否为一个劳动合同所必需，可以将劳动合同的内容分为必备条款和协商条款。必备条款又称法定条款，是劳动合同必须具备的内容，欠缺了必备条款，提供劳动合同文本的用人单位应负法律责任；协商条款又称任意条款、补充条款，是双方当事人自行协商后约定的条款内容。

（一）劳动合同的必备条款

根据《劳动合同法》的规定，劳动合同的必备条款包括以下几个方面。

1. 双方当事人条款

双方当事人条款包括用人单位的名称、住所和法定代表人或者主要负责人，劳动者的姓名、住址和居民身份证或者其他有效身份证件号码。

2. 劳动合同期限

劳动合同期限是指劳动合同的有效时间，起于合同生效之时，终于合同终止或解除之日。

劳动合同的期限可以分为固定期限、无固定期限和以完成一定工作为期限三种。

固定期限劳动合同是指用人单位与劳动者约定合同终止时间的劳动合同。

无固定期限劳动合同是指用人单位与劳动者约定无确定终止时间的劳动合同。《劳动合同法》第十四条规定，有下列情形之一，劳动者提出或者同意续订、订立劳动合同的，除劳动者提出订立固定期限劳动合同外，应当订立无固定期限劳动合同：①劳动者在该用人单位连续工作满十年的；②用人单位初次实行劳动合同制度或者国有企业改制重新订立劳动合同时，劳动者在该用人单位连续工作满十年且距法定退休年龄不足十年的；③连续订立二次固定期限劳动合同，且劳动者没有本法第三十九条和第四十条第一项、第二项规定的情形，续订劳动合同的。用人单位自用工之日起满一年不与劳动者订立书面劳动合同的，视为用人单位与劳动者已订立无固定期限劳动合同。

以完成一定工作任务为期限的劳动合同，是指用人单位与劳动者约定以某项工作的完成为合同期限的劳动合同。

3. 工作内容和工作地点

工作内容主要是指劳动者为用人单位提供的劳动，这是劳动者应履行的主要义务。劳动者被录用后应担任何种工作或职务，工作上应达到什么要求等，应在劳动合同中加以明确。劳动或工作的时间、地点、方法和范围等，法律有统一规定的，依照法律执行；没有统一规定的，可由双方协商，但是不能违背法律的基本原则。

4. 工作时间和休息休假

职工工作时间可划分为标准工时制度和特殊工时制度。标准工时制度是指每日工作八小时、每周工作四十小时的工时制度，适用于一般工种或者工作岗位。特殊工时制度包括缩短工时制、综合计算工时制、不定时工作制以及延长工时制。缩短工时制是指因为工作性质或者生产特点的限制，少于标准工作日长度的一种工时制度；综合计算工时制是针对工作性质特殊、需要连续作业或者受季节及自然条件限制的企业，采用的是以周、月、季、年等周期综合计算工作时间的一种工时制度；不定时工作制是指工作日的起点、终点及连续性不做固定的工时制度；延长工时制是指超过标准工作时间的一种工时制度。用人单位应当根据本企业的实际情况在劳动合同中约定劳动者的工作时间。

休息休假权利是劳动者的基本权利之一。按照《中华人民共和国劳动法》（简称《劳动法》）的规定，实行标准工时制的企业每周休息两天；因工作性质和生产特点不能实行标准工时制的，应保证职工每周至少休息一天；实行特殊工时制的企业，根据本企业的实际情况安排休息时间。法定节假日是国家规定全体公民及部分公民享有的休息日。除此以外，劳动者还享有带薪年休假、探亲假、婚假、丧假、女职工的产假等休假权利。

休息期间给劳动者安排工作的，用人单位应该支付加班工资。根据《劳动合同法》的规定，用人单位安排劳动者延长工作日时间的，支付不低于工资的 150% 的工资报酬；休息日安排劳动者工作又不能安排补休的，支付不低于工资的 200% 的工资报酬；法定节假日安排劳动者工作的，支付不低于工资的 300% 的工资报酬。

5. 劳动报酬

用人单位应向劳动者支付劳动报酬，劳动报酬专指劳动法所调整的劳动者基于劳动关系而取得的各种劳动收入，主要包括各种形式的工资（计时工资、计件工资、岗位工资、职务工资、技能工资等）、奖金、津贴、补贴、延长工作时间及特殊情况下支付的属于劳动报酬性的劳动收入，但不包括用人单位按照规定负担的各项社会保险费、住房公积金、劳动保障和安全生产监察行政部门规定的劳动保护费用，按照规定标准支付的丧葬费、抚恤金等国家规定的福利费用和属于非劳动报酬性的收入（如伙食补助、交通补助、住房补贴等）。用人单位在劳动合同中应明确劳动报酬的数额、支付方法、支付时间以及支付条件（涉及提成、绩效奖金、年终奖等特殊劳动报酬）等。

6. 社会保险

《劳动合同法》突出了社会保险条款，规定在劳动合同中应当具备社会保险的内容。社会保险主要包括养老保险、医疗保险、失业保险、工伤保险和生育保险。

社会保险实行社会统筹和个人账户相结合的模式，企业养老保险缴费率是职工工资总额的 20%，职工个人缴费率确定为本人工资的 8%。

基本医疗保险费由企业和职工共同缴纳，企业缴费率控制在职工工资总额的 6% 左右，职工缴费率一般为本人工资收入的 2%。企业缴纳的基本医疗保险费分为两个部分，一部分建立统筹基金，一部分划入个人账户。划入个人账户的比例是企业缴费的 30% 左右。

失业保险是城镇企业事业单位按照本单位工资总额的 2% 缴纳失业保险费，城镇企业事业单位职工按照本人工资的 1% 缴纳失业保险费。

工伤保险费由统筹地区经办机构根据企业工伤保险费使用、工伤发生率等情况，适用所属行业内相应的费率档次确定单位缴费费率，企业缴纳工伤保险费的数额为本单位职工工资总额乘以单位缴费费率之积，职工个人不缴纳工伤保险费。

生育保险适用于城镇企业及其职工，企业按照工资总额的 1% 缴纳生育保险费，职工个人不缴纳生育保险费。生育保险待遇包括生育医疗费用和生育津贴。

7.劳动保护、劳动条件和职业危害防护

《劳动合同法》将有关劳动保护、劳动条件和职业危害防护的内容作为劳动合同的必备条款，意在通过立法的方式引导用人单位积极创造条件，保证劳动者的劳动安全和切身利益。

（二）劳动合同的协商条款

《劳动合同法》规定：劳动合同除必备条款外，用人单位与劳动者可以约定试用期、培训、保守秘密、补充保险和福利待遇等其他事项。这就是劳动合同的协商条款。

1.试用期的规定

试用期是对新录用的职工进行试用的期限，其目的在于考察职工是否符合录用条件，单位介绍的劳动条件是否符合实际情况。《劳动合同法》对试用期进行了具体的规定：劳动合同期限三个月以上不满一年的，试用期不得超过一个月；劳动合同期限一年以上不满三年的，试用期不得超过二个月；三年以上固定期限和无固定期限劳动合同，试用期不得超过六个月。同一用人单位与同一劳动者只能约定一次试用期。以完成一定工作任务为期限的劳动合同或者劳动合同期限不满三个月的，不得约定试用期。劳动者在试用期的工资不得低于本单位相同岗位最低档工资或者劳动合同约定工资的百分之八十，并不得低于用人单位所在地的最低工资标准。

2.培训和服务期的规定

用人单位为劳动者提供专项培训费用，对其进行专业技术培训的，可以与该劳动者订立协议约定服务期。劳动者违反服务期约定的，应当按照约定向用人单位支付违约金。

3.保守商业秘密和竞业限制的规定

用人单位可以在劳动合同中与劳动者约定保守用人单位商业秘密与知识产权相关的保密事项。对负有保密义务的劳动者，用人单位可以在劳动合同或者保密协议中与劳动者约定竞业限制条款，并约定在解除或者终止劳动合同后，在竞业限制期限内按月给予劳动者经济补偿。劳动者违反竞业限制约定的，应当按照约定向用人单位支付违约金。

第二节　劳动合同的订立与履行

一、劳动合同的订立

（一）劳动合同订立的概念

劳动合同订立是指劳动者和用人单位经过相互选择和平等协商，就劳动合同条款达成协议，从而确立劳动关系和明确相互权利义务的法律行为，一般包括确定合同当事人和确定合同内容两个阶段。在前一阶段，由用人单位与劳动者通过双向选择确定劳动合同的双方当事人，通常由用人单位的招工（招聘）行为和劳动者的应招（应聘）行为构成。在这一过程中，《劳动合同法》严格规范用人单位的招工行为，并明确规定了用人单位和劳动者的知情权及告知义务。

1. 严格规范用人单位的招工行为

用人单位不得扣押劳动者的居民身份证和其他证件（违法扣押者，由劳动行政部门责令限期退还劳动者本人，并依照有关法律规定给予处罚）；不得要求劳动者提供担保或者以其他名义向劳动者收取财物（违法收取者，由劳动行政部门责令限期退还劳动者本人，并以每人 500 元以上 2000 元以下的标准处以罚款，给劳动者造成损害的，应当承担赔偿责任）；不得扣押劳动者的档案或其他物品（用人单位在与劳动者解除或者终止劳动合同时违法扣押，依照前款规定处罚）；不得招用与其他用人单位尚未解除或终止劳动合同的劳动者（应当要求应聘员工提供与原单位解除或终止劳动关系的证明，否则可能面临承担连带赔偿责任的风险）。

2. 用人单位的告知义务

告知内容：用人单位基本情况、招用人数、工作内容、工作条件、工作地点、招录条件、劳动报酬、福利待遇、社会保险、职业危害、安全生产状况等（参见《劳动合同法》第八条）；告知方式：用人单位可以根据自身的情况，采取不同的方式来履行告知义务（如可以采取在宣传材料和招聘广告中列明、对应聘者发基本信息告知函、在公开推介会上介绍等方式）；告知义务的主动性；为避免没有主动履行告知义务或没有保留告知证据而被认定为欺诈的法律风险，用人单位在招聘过程中应设计告知程序，并设计专门文件要求劳动者签字确认，保留可以证明履行告知义务的相关证据。

3.劳动者的告知义务

用人单位有权了解劳动者与劳动合同直接相关的基本情况，劳动者应当如实说明。但劳动者没有向用人单位主动告知其信息的义务，如果用人单位没有主动向劳动者了解情况，劳动者不必主动向用人单位说明。用人单位要行使知情权，必须主动向劳动者了解情况。因此，劳动者的告知义务具有被动性。用人单位可以充分行使自己的知情权，要求应聘者详细填写信息登记表，内容可以包括用人单位想了解的各个方面（但应当与工作有关），同时应当注明信息虚假、遗漏的后果。基本信息登记表应当要求求职者本人亲自填写并签字。

（二）劳动合同订立的原则

劳动合同的订立原则是指劳动合同订立过程中双方当事人应当遵循的法律准则。《劳动合同法》规定，订立劳动合同，应当遵循平等自愿、合法、公平、平等自愿、协商一致、诚实信用的原则。

1.合法原则

劳动合同必须依法订立，不得违反法律、行政法规的规定，不得违反国家强制性、禁止性的规定。合法原则的具体要求如下：一是主体合法。劳动合同的当事人必须具备合法资格：劳动者应是年满16周岁、身体健康、具有劳动能力的我国公民；外国公民也可在我国就业，但其就业年龄须年满18周岁。用人单位应是依法成立或核准登记的企业、个体经济组织、民办非企业单位、国家机关、事业组织、社会团体，依法有使用和管理劳动者的权利。劳动合同的订立主体不合法，有可能会导致劳动合同的全部无效，过错方要承担相应的法律责任。二是内容合法。劳动合同内容必须符合国家劳动法律法规的规定，也不得违反国家法律、行政法规的规定。三是程序与形式合法。劳动合同订立的程序必须符合法律规定，未经双方协商一致、强迫订立的劳动合同无效；劳动合同必须以书面形式订立，采用书面形式订立具有严肃、慎重、明确、有据的特点。

2.公平原则

订立劳动合同时，应公平合理、利益均衡，不得使某一方的利益过于失衡。劳动者与用人单位在订立劳动合同的过程中，彼此在法律上完全处于平等地位，但由于用人单位在组织上、经济上与劳动者存在明显的比较优势（特别是在劳动力市场供大于求的情况下），且双方信息不对称，导致劳动者处于不利地位。所以，劳动合同立法和执法有必要通过制度设计，加强对劳动者利益的保护，消除双方事实上的不平等，以最终实现结果的公平。因此，《劳动合同法》第一条即开宗明义规定"保护劳动者的合法权益"，而没有规定保护"劳动合同双方当事人的合法权益"。

3. 平等自愿原则

平等是指用人单位和劳动者在缔结合同时法律地位上的平等。在订立劳动合同过程中，当事人双方都是以劳动关系主体资格出现的，是平等主体之间的关系。双方都要依法在协商一致的基础上达成协议，用人单位不得以用人主体的身份，借助我国劳动力市场供大于求的现实，在订立劳动合同时对劳动者提出不平等性的附加条件。

自愿是指订立劳动合同完全是出于双方当事人自己的真实意志，劳动合同的订立必须由当事人按照自己的意愿独立地完成意思表示，他人不得强迫对方完成这种意思表示。

平等和自愿的关系是指平等和自愿是辩证统一的关系，平等是自愿的基础和前提，自愿是平等的必然体现，不平等就难以真正实现自愿。

4. 协商一致的原则

协商一致是指劳动合同的内容、条款，在法律、法规允许的范围内，由双方当事人共同讨论、协商，在取得完全一致的意思表示后确定。

5. 诚实信用原则

诚实信用原则就是当事人在订立劳动合同时都要讲诚实守信用，双方都不得有欺诈行为。《劳动合同法》第八条规定，用人单位招用劳动者时，应当如实告知劳动者工作内容、工作条件、工作地点、职业危害、安全生产状况、劳动报酬，以及劳动者要求了解的其他情况；用人单位有权了解劳动者与劳动合同直接相关的基本情况，劳动者应当如实说明。双方都不得隐瞒事实真相。现实中有的用人单位不告诉劳动者职业危害，或者提供的工作条件与约定的不一样等，也有的劳动者提供假文凭等，这些行为都违反了诚实信用原则。此外，现实中还有劳动者与用人单位订立劳动合同后，又找到了别的单位，就对原单位悔约不去工作，这也违反了诚实信用原则。诚实信用既是劳动合同法的一项基本原则，也是一项社会道德原则。

关于劳动合同的形式问题，在实践中一直存在不同的看法。有人认为，劳动合同原则上应当采用书面形式订立，但若采用口头形式订立，双方当事人对他们之间存在的劳动关系也不可否认，也可以认定该合同有效。在实际生活中，如果用人单位没有与劳动者签订规范的劳动合同，则用人单位向录用职工下发的"录用通知书""工作证""职工登记表"等都是证明用人单位与录用职工之间存在劳动关系的书面证据，在处理劳动纠纷时，有关部门可根据上述证据认定双方的劳动关系存在，并依照《劳动法》的规定对当事人予以法律保护。

（三）劳动合同订立的程序

劳动合同的订立程序就是签订劳动合同必须履行的法律手续。按照合同的一般原理，合同订立的程序有要约和承诺两个阶段。劳动合同虽然是一种合同，但其订立程序与一般合同的订立程序有所不同。劳动合同的被要约方在开始时是不确定的，需要首先确定被要约方，即首先确定与用人单位签订劳动合同的劳动者才能完成要约与承诺的全过程。劳动合同的订立程序可以概括为以下两个阶段。

1. 由用人单位提出要约邀请，寻找并确定劳动者

这一阶段包括以下四个步骤：一是公布招工简章或就业规则。公布的内容包括两个方面：招工条件和录用后的权利义务。其涉及招工的工种或岗位、招收的名额、招收对象及条件、招工地区或范围，录用后的工资、福利待遇、劳动保护条件和应遵守的单位规章制度等。从法律角度看，招工简章或就业规则具有要约的法律效力。二是自愿报名。劳动者根据招工条件，结合自身的志愿爱好，自愿报名。根据《劳动法》规定，单位招收职工时必须招收年满16周岁的劳动者，特殊行业招收未满16周岁未成年人时需要经过特殊审批。符合条件的劳动者自愿报名应招，是对公布内容的一种认可，表明愿意在此基础上与用人单位协商订立劳动合同。三是全面考核，用人单位对报名的应招人员可以进行德、智、体全面考核，具体考核内容可以根据生产或工作的性质和需要有所侧重。例如，招收学徒工人，可以侧重文化考核；招收技术工人，可以侧重该工种的技能考核；招收繁重体力劳动者，可以侧重身体素质的考核；招收初级技术工人，考核标准可以稍低；招收高级技术工人，考核标准可以稍高。四是择优录用。用人单位对应招人员进行全面考核后，应严格按照公正、公平的原则进行评判，不得徇私舞弊；对考核结果必须公开张榜，公布择优录用人员，接受群众监督。经过上述四个步骤，用人单位就能够确定受要约人，即愿意接受用人单位条件并与该单位协商订立劳动合同的劳动者，于是进入第二阶段。

2.签订劳动合同，即完成要约和承诺的全过程

经过上一阶段，受要约人确定后，即由用人单位提出劳动合同的草案。劳动者如果完全同意，即视为承诺，劳动合同即告成立；如果劳动者对劳动合同草案提出修改意见或要求增加新的内容，应视为对要约的拒绝。双方继续经过新的要约、再要约，反复协商，直至最终达成一致的协议。劳动合同书应由用人单位的法定代表人或其书面委托代理人与劳动者签字（盖章），并注明签订日期。经双方当事人签字（盖章）的劳动合同书一式两份，用人单位和劳动者各持一份。

此外，对有些劳动合同，国家行政法规和地方性法规要求备案、鉴证的，应当按规定向劳动行政主管部门备案和鉴证，之后劳动合同才能发生法律效力。

二、劳动合同的履行

（一）劳动合同履行的含义

劳动合同的履行是指当事人双方按照劳动合同规定的条件，履行自己所应承担义务的行为。《劳动法》第十七条第二款规定："劳动合同依法订立即具有法律约束力，当事人必须履行劳动合同规定的义务。"劳动合同的履行，并不是当事人一方所能完成的，必须由双方当事人共同完成。只有当事人双方各自履行自己所应承担的义务，才能保证劳动合同履行。

（二）劳动合同履行的原则

根据《劳动法》第十七条第二款规定，结合劳动法律关系的特点，履行劳动合同时应当遵循以下几项原则。

1.亲自履行原则

亲自履行是指劳动合同当事人自觉履行劳动合同规定的义务行为。劳动法律关系是劳动者与用人单位依法形成的权利、义务关系。劳动者提供劳动力、用人单位使用劳动力的特点，决定了劳动合同当事人享有的权利必须亲自享受而不能转让，义务必须亲自履行而不得代行和转移。因此，劳动合同当事人必须亲自履行劳动合同规定的义务。

2.权利、义务统一原则

劳动合同当事人双方互为权利、义务主体，其权利、义务是在劳动过程中实现的。这就决定了当事人的权利、义务具有不可分割的统一性，不能只享受

权利而不履行义务，也不能只尽义务而不享受权利。劳动合同当事人双方互有请求权，以保证劳动合同规定的双方权利、义务得以实现。因此，当事人双方必须按照权利与义务统一原则履行劳动合同。

3. 全面履行原则

劳动合同规定的各项条款有其内在联系，是不能割裂的统一整体，当事人任何一方不得分割履行某些条款规定的义务或者不按合同约定履行。当事人必须按合同约定的时间、地点和方式，全面履行劳动合同规定的各项义务。只有当事人双方按合同全面履行自己的义务，才能保证劳动合同得以全面履行。

4. 协作履行原则

协作履行是指当事人双方相互协作、共同完成劳动合同规定的任务。协作履行原则是根据劳动合同客体特征提出的。劳动法律关系客体是劳动行为，而劳动行为是在运用劳动能力、实现劳动过程中发生的行为，只有当事人双方协作，才能完成劳动合同规定的任务。因此，协作履行是劳动合同履行的必然要求。

（三）劳动合同履行的行为

劳动合同的履行，是指劳动合同在依法订立生效之后，双方当事人按照劳动合同规定的条款，完成劳动合同规定的义务，实现劳动合同规定的权利的活动。按照合同履行程度，劳动合同履行行为分为完全履行、不完全履行或部分履行、不履行、单方不履行四种情况。凡是当事人双方按照劳动合同规定的条件，各自完成自己所应承担的义务的，就称之为劳动合同完全履行；如果当事人双方只完成劳动合同规定的一部分义务，就称之为劳动合同不完全履行或部分履行；劳动合同的不履行是指当事人双方都违反劳动合同的规定，没有履行自己应当承担义务的行为；如果当事人一方履行劳动合同规定自己应当承担的义务，而另一方没有履行劳动合同规定自己应当承担的义务，就称之为劳动合同的单方不履行。当事人不履行或不完全履行劳动合同属于违约行为，应当承担违约责任。

第三节　劳动合同的变更与续订

一、劳动合同的变更

（一）劳动合同变更的含义

劳动合同的变更，是指劳动合同依法订立后，在合同尚未履行或者尚未履行完毕之前，经用人单位和劳动者双方当事人协商同意，依照法律规定的条件和程序，对原劳动合同内容做部分修改、补充或者删减的法律行为。劳动合同的变更是原劳动合同的派生，是双方已存在的劳动权利义务关系的发展。

根据《劳动合同法》第十六条和第三条第二款的规定，劳动合同由用人单位与劳动者协调一致，并经用人单位与劳动者在劳动合同文本上签字或者盖章生效。劳动合同一经依法订立，即具有法律约束力，受法律保护，双方当事人应当严格履行，任何一方不得随意变更劳动合同约定的内容。然而，当事人在订立合同时，有时不可能对涉及合同的所有问题都作出明确的规定；合同订立后，在履行劳动合同的过程中，由于社会生活和市场条件的不断变化，订立劳动合同所依据的客观情况也发生了变化，使得劳动合同难以履行或者难以全面履行，或者是合同的履行可能造成当事人之间权利义务的不平衡。这就需要用人单位和劳动者双方对劳动合同的部分内容进行适当的调整，否则在劳动合同与实际情况相脱节的情况下，若继续履行，有可能会对当事人的正当利益造成损害。因此，允许合同双方当事人在一定条件下，依据有关法律法规的规定，经协商一致，就劳动合同的部分条款进行修改、补充或者删减，重新调整和规定合同当事人双方的权利义务关系，使劳动合同适应变化发展了的新情况，从而保证劳动合同的继续履行。

（二）劳动合同变更的条件

劳动合同变更需要一定条件，首先是订立劳动合同所依据的法律、法规已经修改或者废止。劳动合同的签订和履行必须以不得违反法律、法规的规定为前提。如果合同签订时所依据的法律、法规发生修改或者废止，合同若不变更，就可能出现与法律、法规不相符甚至是违反法律、法规的情况，导致合同因违法而无效。因此，根据法律、法规的变化而变更劳动合同的相关内容是必要而且是必须的。

其次是用人单位经上级主管部门批准或者根据市场变化决定转产、调整生产任务或者生产经营项目等。用人单位的生产经营不是一成不变的，可能会根据上级主管部门批准或者根据市场变化经常调整自己的经营策略和产品结构，这就不可避免地发生转产、调整生产任务或者生产经营项目等情况。在这种情况下，有些工种、产品生产岗位就可能因此而撤销，或者被其他新的工种、岗位所替代，原劳动合同就可能因签订条件的改变而发生变更。

企业变更劳动合同的情况有：一中企业经上级主管部门批准转产，原来的组织仍然存在，原签订的劳动合同也仍然有效，只是由于生产方向的变化，原来订立的劳动合同中的某些条款与发展变化的情况不相适应，需要作出相应的修改。二是上级主管机关决定改变企业的生产任务，致使原来订立的劳动合同中有关产量、质量、生产条件等都发生了一定的变化，需要作出相应的修改，否则原劳动合同无法履行。

（三）劳动合同变更的程序

1.提出变更的要约

用人单位或劳动者提出变更劳动合同的要求，说明变更合同的理由、变更的内容以及变更的条件，请求对方在一定期限内给予答复。

2.承诺

合同另一方接到对方的变更请求后，应当及时进行答复，明确告知对方同意或者不同意变更，不得对对方提出的变更劳动合同的要求置之不理。如果一方同意接受另一方提出的变更建议，承诺生效；如果变更建议不能或不能全部被对方接受，双方需继续协商，直到意见一致。

3.签订书面变更协议

当事人双方就变更劳动合同的内容经过平等协商，取得一致意见后签订书面变更协议，协议载明变更的具体内容，经双方签字、盖章后生效。变更后的劳动合同文本由用人单位和劳动者各执一份。

对于特定的情况，如用人单位名称、法定代表人、主要负责人或者投资人等事项发生变更的，不需要办理劳动合同变更手续，只需向劳动者说明情况即可，劳动关系双方当事人应当继续履行原合同的内容。

二、劳动合同的续订

（一）劳动合同续订的概念

劳动合同续订是指劳动合同双方当事人依法达成协议，使原来订立的即将期满的劳动合同延长有效期限的法律行为。劳动合同续订与劳动合同订立存在一些区别。

第一，劳动合同续订是在劳动合同当事人双方均已确定的前提下进行的，不需要再经过确定当事人阶段。

第二，劳动合同续订是原来订立的劳动合同所确立的劳动关系的延续，而不是在原来劳动关系终止后再次确立的劳动关系。

第三，劳动合同续订以原来订立的劳动合同为基础，当事人双方继续享有和承担与原有效期限届满前一样或基本相同的权利与义务，对劳动者不再实行试用期的试用。

（二）劳动合同续订的条件

劳动合同续订应当具有法定的必备条件。在许多国家的立法中，被列为劳动合同续订条件的主要有下述几项。

1. 可以续订的只限于一定范围内的定期劳动合同

在我国，按现行劳动法的规定，可以续订的劳动合同是有一定范围限制的。临时工劳动合同、已满八年的农民定期轮换工劳动合同、已满五年的外国人劳动合同、以完成一定工作任务为期限的劳动合同等都不得续订，其他的定期劳动合同才可以依法续订。原中华人民共和国劳动部（简称"劳动部"）1995 年 8 月 4 日发布的《关于贯彻执行〈中华人民共和国劳动法〉若干问题的意见》第二十一条规定："用人单位经批准招用农民工，其劳动合同期限可以由用人单位和劳动者协商确定。从事矿山井下以及在其他有害身体健康的工种、岗位工作的农民工，实行定期轮换制度，合同期限最长不超过八年。"1996 年 1 月 22 日原劳动部、公安部、外交部、对外贸易经济合作部颁布的《外国人在中国就业管理规定》（劳部发〔1996〕29 号）第 18 条规定："用人单位与被聘用的外国人应依法订立劳动合同。劳动合同的期限最长不得超过五年。劳动合同期限届满即行终止，但按本规定第十九条的规定履行审批手续后可以续订。"

2.劳动合同续订不能超过一定的次数或期限

有的国家由于对定期劳动合同的最长期限做了规定，因而立法中对其续订的次数和期限也做了限制。例如，法国规定，定期劳动合同只能延期一次，并且不得超过原合同约定的延长期限；如果合同中有允许延期两次的条款，其前提条件是该合同总的延续时间不得超过一年。德国规定，定期劳动合同的期限最长不得超过五年，且只能延长一次。在我国的现行立法中，对农民定期轮换工劳动合同和外国人劳动合同的最长期限（分别为八年、五年）做了规定，因而这两种合同的续订不得超过此期限。

3.劳动合同续订须由当事人双方同意

有的国家要求用人单位和劳动者双方必须将同意续订劳动合同的意思写入第一次所签订的劳动合同才能续订劳动合同。例如，法国规定，有约定允许延期之条款的劳动合同，才可以续订。有的国家仅要求在合同续订前当事人双方同意续订即可，我国就是如此。

（三）劳动合同续订的程序

劳动合同续订和劳动合同的订立一样，都应该遵循合法、公平、平等自愿、协商一致、诚实信用的原则。劳动合同履行期届满前，用人单位应当遵循严格的续订程序，否则可能导致用人单位应当续订而未能续订劳动合同而形成事实劳动关系。

1.评估劳动合同，决定续订

用人单位应当对劳动者的劳动合同进行综合评估后再决定该劳动合同是否续订以及按照什么劳动条件进行续订。

用人单位在评估时应考虑如下因素：劳动者在该用人单位连续工作年限可能即将满十年；用人单位已经与劳动者连续2次签订过固定期限劳动合同。对上述这些因素充分考虑后，如果用人单位决定不再与劳动者续订劳动合同的，用人单位应依据劳动者自2008年《劳动合同法》颁布实施后在单位的连续工作年限支付相应的补偿金。但是，如果用人单位保持或提高劳动条件而劳动者不愿意续订劳动合同的，用人单位则无须向劳动者支付经济补偿金。

2.劳动合同双方当事人以书面方式表示续订意思

用人单位以书面方式征求劳动者意见和劳动者以书面方式对是否续订劳动合同进行意思表示都是十分重要的。用人单位应以书面方式向劳动者发出"劳动合同续订通知书"，劳动者可以以书面方式向用人单位提出劳动合同续订申请。

因此，在劳动合同续订前必须征求劳动者的意愿，如果劳动者在单位提高劳动条件后仍不愿意续订，甚至是劳动者本意就不愿意续订劳动合同的，用人单位就无须向劳动者支付经济补偿金。这样对于不想与劳动者续订劳动合同的用人单位来说，就可以通过征求劳动者意见的方式将不再续订劳动合同的意思表示变成劳动者的单方意思表示。

3. 续订书面劳动合同

用人单位和劳动者都同意续订劳动合同的，应当在原劳动合同届满前完成劳动合同的续订。如果用人单位或劳动者任何一方决定不再续订劳动合同的，务必在原劳动合同期限届满前办妥劳动合同的终止手续。

第四节 劳动合同的解除与终止

一、劳动合同的解除

（一）劳动合同解除的概念

劳动合同的解除，是指当事人双方提前终止劳动合同的法律效力，解除双方的权利义务关系。

（二）劳动合同解除的种类

1. 双方协商一致依法解除

《劳动法》第二十四条规定，经劳动合同当事人协商一致，劳动合同可以解除。

2. 用人单位单方面解除

（1）劳动者过失性解除。《劳动法》第二十五条规定，劳动者有下列情形之一的，用人单位可以解除劳动合同：

①在试用期间被证明不符合录用条件的；

②严重违反劳动纪律或者用人单位规章制度的；

③严重失职、营私舞弊，对用人单位利益造成重大损害的；

④被依法追究刑事责任的。

（2）劳动者无过失性解除。关于劳动者无过失性解除，《劳动合同法》第二十六条规定，有下列情形之一的，用人单位可以解除劳动合同，但是应当提前三十日以书面形式通知劳动者本人：

①劳动者患病或者非因工负伤，医疗期满后，不能从事原工作也不能从事由用人单位另行安排的工作的；

②劳动者不能胜任工作，经过培训或者调整工作岗位，仍不能胜任工作的；

③劳动合同订立时所依据的客观情况发生重大变化，致使劳动合同无法履行，经当事人协商不能就变更劳动合同达成协议的。

（3）《劳动法》第二十九条规定，劳动者有下列情形之一的，用人单位不得依照本法第二十六条、第二十七条的规定解除劳动合同：

①患职业病或者因公负伤并被确认丧失或者部分丧失劳动能力的；

②患病或者负伤，在规定的医疗期内的；

③女职工在孕期、产期、哺乳期内的；

④法律、行政法规规定的其他情形。

3. 劳动者单方解除

（1）提前通知解除。《劳动法》第三十一条规定，劳动者解除劳动合同应当提前三十日以书面形式通知用人单位。

（2）有条件随时通知解除。《劳动法》第三十二条规定，有下列情形之一的，劳动者可以随时通知用人单位解除劳动合同：

①在试用期内的；

②用人单位以暴力、威胁或者非法限制人身自由的手段强迫劳动的；

③用人单位未按照劳动合同约定支付劳动报酬或者提供劳动条件的。

（三）劳动合同解除的赔偿

1. 用人单位需支付辞退赔偿金的情形

（1）用人单位违法解除或者终止劳动合同。

《劳动合同法》规定，劳动者有下列情形之一的，用人单位可以解除劳动合同：

①在试用期间被证明不符合录用条件的；

②严重违反用人单位的规章制度的；

③严重失职，营私舞弊，给用人单位造成重大损害的；

④劳动者同时与其他用人单位建立劳动关系，对完成本单位的工作任务造成严重影响，或者经用人单位提出，拒不改正的；

⑤因本法第二十六条第一款第一项规定的情形致使劳动合同无效的；

⑥被依法追究刑事责任的。

由此可知，当用人单位解除劳动合同时，劳动者不存在以上情形的，属于违法解除劳动合同。

（2）劳动合同到期员工不要求继续履行劳动合同。

（3）劳动合同已经不能继续履行。

2.辞退赔偿金的计算标准

用人单位违反《劳动合同法》规定解除或者终止劳动合同的，依照经济补偿标准的二倍向劳动者支付赔偿金。经济补偿按劳动者在本单位工作的年限，每满一年支付一个月工资的标准向劳动者支付。六个月以上不满一年的，按一年计算；不满六个月的，向劳动者支付半个月工资的辞退补偿。

月工资按劳动者在劳动合同解除或者终止前十二个月的平均工资计算。

另外，若是劳动者月工资高于用人单位所在直辖市、设区的市级人民政府公布的本地区上年度职工月平均工资三倍的，应按职工月平均工资三倍的数额标准向其支付经济补偿，向其支付经济补偿的年限最高不超过十二年。

二、劳动合同的终止

劳动合同的终止，是指劳动合同所确立的劳动关系由于一定法律事实的出现而终结，劳动者与用人单位之间的权利义务关系不复存在，劳动合同的法律效力依法被消灭。

（一）劳动合同终止的事由

根据我国《劳动合同法》第四十四条的规定，劳动合同终止的事由主要包括两个方面：一是劳动合同自然终止，如期限届满；二是劳动合同履行过程中因出现法律规定的客观事实而终止，如劳动者开始依法享受基本养老保险待遇、劳动者死亡、用人单位被依法宣告破产等。

1.劳动合同期满的

劳动合同期满是劳动合同终止的重要形式，适用于固定期限的劳动合同和以完成一定工作任务为期限的劳动合同。除非劳动合同双方当事人续订劳动合同或者依法延期，否则一旦约定的期限届满或工作任务完成，劳动合同即自然终止。

2.劳动者开始依法享受基本养老保险待遇的

只要劳动者依法享受了基本养老保险待遇，劳动合同即终止。根据现行法律法规的规定，我国劳动者依法享受基本养老保险待遇的条件包括劳动者达到法定的退休年龄，以及劳动者个人缴纳社会保险费达到十五年。

3.劳动者死亡、被人民法院宣告死亡或者宣告失踪的

劳动者死亡意味着劳动者主体的灭失，而劳动关系具有人身属性，劳动合同当事人中的一方灭失，便不能继续履行劳动合同，劳动合同也无法存续。劳动者被人民法院宣告死亡或者宣告失踪的也同样使得劳动合同终止。

4.用人单位被依法宣告破产、吊销营业执照、责令关闭、撤销或者用人单位决定提前解散的

用人单位主体的灭失有多种原因，可能会因资不抵债而被人民法院宣告破产解散，也可能被吊销营业执照或者被责令关闭、撤销。另外，根据《中华人民共和国公司法》的规定，因公司章程规定的营业期届满或者公司章程规定的其他解散事由出现、股东会或者股东大会决议解散等原因，用人单位可以提前解散的，用人单位已经没有了法人资格，在劳动合同关系中的主体资格也归于消灭，无法按照劳动合同履行权利和义务，只能终止劳动合同。

5.法律、行政法规规定的其他情形

除了《劳动合同法》的规定外，劳动合同的终止可以由法律、行政法规作出规定。本条也是以开放性的规定来应对将来可能发生的复杂情况。

（二）劳动合同终止的限制

为保护特殊的劳动者权益，法律对终止劳动合同的情形作出了限制性规定。根据《劳动合同法》规定，有下列情形之一的，即使劳动合同期满，劳动合同期限顺延至下列情形消失时终止：从事接触职业病危害作业的劳动者未进行离岗前职业健康检查，或者疑似职业病病人在诊断或者医学观察期间的；在本单位患职业病或者因工负伤被确认丧失或者部分丧失劳动能力的；患病或者非因工负伤，在规定的医疗期内的；女职工在孕期、产期、哺乳期的；在本单位连续工作满十五年，且距法定退休年龄不足五年的；法律、行政法规规定的其他情形。

（三）终止劳动合同经济补偿金

劳动合同终止的经济补偿金与劳动合同解除的经济补偿金在性质上应当是不同的。解除的经济补偿是用人单位因违约或者对劳动者无过错被解约而进行

的补救和补偿，具有惩罚和补偿的双重性质。终止补偿不涉及违约的惩罚性。劳动合同终止的经济补偿金按以下规则支付：

1.劳动合同期满终止的经济补偿金

一般情况下，因有固定期限劳动合同期满而终止时，用人单位应当依法向劳动者支付经济补偿金。用人单位已经向劳动者提出续订劳动合同，且在续订劳动合同的条件维持或者提高原条件情况下劳动者仍不同意续订劳动合同的，可以免除用人单位支付经济补偿金的义务。

2.因法定事由而终止劳动合同的经济补偿金

用人单位在运营中可能出现一系列状况，如被依法宣告破产、吊销营业执照、责令关闭、撤销或者用人单位决定提前解散。当出现上述完全由用人单位的原因而引起的劳动合同终止时，用人单位应当向劳动者支付经济补偿金。劳动者死亡或者被依法宣告死亡、失踪的，或者依法享受基本养老保险的，不产生经济补偿金。

用人单位终止了与劳动者的劳动合同后，应当在终止同时出具终止劳动合同证明，并在十五日内为劳动者办理档案和社会保险关系转移手续。用人单位对于已经终止的劳动合同文本，负有至少保存两年的义务。

情景实例

情景1：劳动者签订无固定期限合同是否必须和用人单位协商一致

案例展示：2017年7月1日，某合资公司一批员工劳动合同到期，人力资源部经理高某向员工薛某发出了续签两年的意向通知书，但薛某却要求与单位签订无固定期限的劳动合同，因为他在合资公司已经工作了十二年。高经理坚持认为，签不签无固定期限合同，要经过双方协商。双方交涉无果，高某向薛某发出了劳动合同终止通知书，薛某当天就申诉到劳动争议仲裁委员会，要求公司依法与自己签订无固定期限的劳动合同。仲裁委员会支持薛某的申诉，但鉴于薛某不便再回到原公司工作，建议其另谋他职，而该合资公司则需在薛某离职时向其支付六个月的工资作为补偿。

分析提示：《劳动法》第二十条第二款规定：劳动者在同一用人单位连续工作满十年以上，当事人双方同意续延劳动合同的，如果劳动者提出订立无固定期限的劳动合同，应当订立无固定期限的劳动合同。据此，劳动者提出续订无固定期限的劳动合同时应当具备三个条件：一是劳动者在该单位已经连续工作满十年（间断累计不包括在内）；二是劳动者和用人单位都愿意续订合同；三是劳动者在续订合同时明确提出续订无固定期限的劳动合同。只要具备了上述三个条件，用人单位就应当与劳动者签订无固定期限的劳动合同。本案中，薛某已经在某合资公司工作十年以上，在薛某的劳动合同即将到期时，公司向其发出续订合同意向通知书，这表明公司愿意与薛某续延劳动合同，因此在薛某同意续延劳动合同并提出签订无固定期限的劳动合同的要求时，尽管原续订意向是两年期合同，单位也应当与其签订无固定期限的劳动合同。合资公司之所以败诉，是因为高经理将一般合同签订的"协商一致"原则，错误运用到了特定合同签订之中。

情景2：劳动合同的履行原则

案例展示：2018年，张某与某软件公司签订了劳动合同，合同期限为三年。在合同履行期间，张某另谋他职，由于合同未到期，违约要付高额违约金。张某就叫他的双胞胎弟弟到某软件公司替他继续履行劳动合同，结果导致公司效益不断下降。公司经调查发现了这个情况，要与张某解除劳动合同并要求其赔偿公司的损失和违约金。张某不服，向当地劳动争议仲裁委员会提出诉讼。请问劳动争议委员会会支持张某吗？他违反了履行劳动合同的哪条原则？

分析提示：劳动关系的履行具有人身属性，具有不可替代性，具有履行主体的唯一性，劳动合同是特定主体间的合同。劳动者选择用人单位，是基于自身经济、个人发展等各方面利益关系的需要；而用人单位之所以选择该劳动者，也是由于其具备用人单位所需要的基本素质和要求。张某让其同胞兄弟代替自己工作的做法本身是违约行为，违反了劳动关系履行主体唯一性的要求。而且《劳动合同法》第三十九条规定：劳动者同时与其他用人单位建立劳动关系，对完成本单位工作任务造成严重影响，或者经用人单位提出拒不改正的，用人单位可以解除劳动合同。本案中，张某的行为导致公司效益下降，对完成本单位的工作任务造成严重影响，因此公司可以与其解除劳动合同。《劳动合同法》第九十条规定：劳动者违反本法规定解除劳动合同，或者违反劳动合同中约定的保密义务或者竞业限制，给用人单位造成损失的，应当承担赔偿责任。本案中张某的行为违反了双方劳动合同的约定，给公司造成了很大损失，导致被解除劳动合同，因此应当赔偿公司的损失费和违约金。

情景3：用人单位是否可以解除劳动合同

案例展示：朱某是某公司的项目经理，在与公司签订的劳动合同中约定，如严重违反劳动纪律或公司规章制度,公司可以立即解除劳动合同。2018年6月12日,朱某接到公司的辞职通知书,理由是朱某违反了公司的规章制度,至少三次对客户不礼貌,严重影响公司声誉;因醉酒擅离职守,致使在客户发生事故时不能及时到位,给公司造成重大的名誉损失;至少一次散布谣言损害同事名誉,以致该同事要求辞职,给公司项目运营造成极大的负面影响。朱某认为,公司辞退他没有正当理由。双方发生争议,朱某向当地劳动争议仲裁委员会提出申请,要求公司支付他解除合同经济补偿金、因没有提前三十日通知解除劳动合同而造成的损失等。

问题:劳动者严重违反用人单位的规章制度,用人单位是否可以解除劳动合同?为什么?

分析提示:公司解除与朱某的劳动合同符合《劳动法》第二十五条的规定。《劳动法》第二十五条规定:劳动者有下列情形之一的,用人单位可以解除劳动合同:①在试用期间被证明不符合录用条件的;②严重违反劳动纪律或者用人单位规章制度的;③严重失职,营私舞弊,对用人单位利益造成重大损害的;④被依法追究刑事责任的。

情景4:劳动合同解除后的经济补偿计算

案例展示:某S公司于2015年3月15日向其员工高某发出于2015年4月15日解除劳动合同的书面通知书。此前,高某于2013年9月1日与S公司签订了为期3年的有固定期限劳动合同,请计算S公司须支付的经济补偿数额。高某2014年4月至2015年3月的收入情况如表4-1所示。

表4-1 高某2014年4月—2015年3月的收入与情况

单位:元

年份	2014年									2015年		
月份	4	5	6	7	8	9	10	11	12	1	2	3
工资额/元	3600	3580	3580	3620	3560	3580	3500	3600	3800	4000	3800	3680

分析提示:高某解除劳动合同前12个月的月平均工资=(3600+3580+…+3680)/12=3658.3元。高某在S公司工作的年限为1年+7.5个月,根据《劳动合同法》有关规定,公司须支付其两个月工资标准的经济补偿。

第五章　员工纪律与惩戒管理

第一节　员工纪律管理

一、员工纪律管理的内涵与功能

（一）纪律及纪律管理的内涵

1.纪律的内涵界定

纪律是企业为了保证正常的工作和经营秩序，而对员工的行为进行规范的一种正式规则。在组织中，一个良好的纪律能够确保全体成员的利益，同时也能够防范某些侵犯他人利益和权利的行为发生。

2.纪律管理的内涵和目的

纪律管理是维持组织内部良好秩序的过程，也是凭借奖励或惩罚等措施来纠正、塑造以及强化员工行为的过程。纪律管理的目的是奖励守规者和守规行为，惩罚违规者和违规行为。

（二）纪律管理的功能和类别

纪律是一种行为规则。纪律问题的产生有多种原因，它常常与员工的不当行为和工作态度、管理者的不当管理方法以及组织不合理的政策和期望联系在一起。根据其功能和作用，纪律管理可以分为预防性管理和矫正性管理两种类型。

1.预防性的纪律管理（事前管理）

该类管理强调鼓励员工遵守劳动标准和规则，并主张采用积极有效的激励方法，预防违规违纪的行为发生。

2.矫正性的纪律管理（事后管理）

矫正性的纪律管理是指当员工出现违规行为时，为了阻止该行为的继续发生，或者防范类似行为的扩散而采取的管理措施。矫正性纪律管理偏重采取某些处罚形式，如警告、降职或暂停付薪等对员工的违规行为进行矫正。

二、员工纪律管理的原则

维持并贯彻工作场所的纪律规则是管理者和员工双方的责任。管理者应按照合法、合情、合理、以教育为主的原则对员工进行纪律管理，员工也应该以遵守和维护纪律为己任，以确保纪律的严肃性、权威性和公正性。

（一）合法原则

任何企业的规章制度都必须符合国家现行的法律和法规。不能认为企业的制度和纪律是企业内部的事务，可以不受法律的约束，更不允许企业在进行员工纪律管理时与国家的法律和法规相抵触。

（二）公平合理原则

纪律管理中的公平有两个基本含义：其一，员工与企业平等互惠的原则。虽然就员工纪律管理而言，企业是管理者，员工是被管理和约束者，但是纪律管理的实质是保障工作的秩序和效率，防范劳动事故和劳动纠纷的发生。对管理者和被管理者来说，责任和义务都是双方的。传统的以劳资对立为基础、以管理者为权威的纪律管理原则是不可取的。其二，一视同仁的原则。制度面前人人平等，"天子犯法与庶民同罪"。在纪律管理中，对管理者的违规行为，特别是其在管理中违规行为的纠正是非常必要的。

（三）人性化和刚柔并济原则

确保纪律执行的规章制度首先是刚性的，否则缺乏效力，但是刚性过强未必效率最大。因此，在纪律管理中也要强调人性化和刚柔并济。这主要体现在以下几点：在纪律制订时要充分民主，让员工参与；在制度执行时要从尊重人、爱护人的角度出发；在对违纪员工进行处理时，要以教育为主，顾及其尊严和给其改正的机会和出路，不要一棒子将违规者"打死"，避免激化矛盾。

（四）热炉原则

在纪律管理中，比较常用的一个处理原则是"热炉原则"（hot stove rule），用它来阐述建立良好纪律和秩序所应遵守的原则和要素。"热炉原则"包括四个方面：即时原则，对违纪员工要即时处理；预警原则，即规章制度要公开透明，让被约束者明白什么是应该做的，什么是不应该做的，如果做了不应该做的，就会被烫；一致性原则，即只要触犯规则，则同样被处罚；以及在炉火面前人人平等的公正性原则。

三、员工纪律管理的程序

员工关系管理的一个重要的相关职能是员工的纪律管理。当员工触犯了公司纪律时，组织的有关部门就要遵照一定的程序对其实施管理，如图 5-1 所示。在实施管理时首先需要明确纪律管理程序的两个要点：第一，在进行处分前一定要向员工明确什么样的情况下会被处罚；第二，管理过程中要将完全不归咎于员工、不由员工控制的责任提取出来。

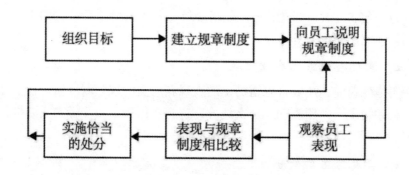

图 5-1 员工纪律管理程序图

在明确了纪律管理程序的两个要点之后，就要了解纪律管理的具体程序。

（一）设立组织目标

组织目标就是组织在当前和未来想要实现的目标，它包括类似公司认可员工什么样的行为、什么样的表现这种当前很具体的目标，也包括公司要往哪方面发展这样的长远目标。

目标是行动的先导，因此，在制订规章制度之前首先要设立符合组织实际、明确清晰的组织目标。

（二）建立规章制度

在建立规章制度之前要让员工了解为什么要建立这样的规章制度，让员工认同这些规章制度。具体的规章制度包括员工手册、员工的行为规范、纪律处罚条例等成文的制度。

（三）向员工说明规章制度

"向员工说明规章制度"这一步骤是纪律处罚程序中最重要的，无论是在新员工培训的时候还是在部门经理会议上，要不断地告知新老员工规章制度的具体内容和要求。只有在大家不断知情、不断被提醒的时候，组织才可以用这些制度去处罚员工。

（四）观察员工的表现

向员工说明了规章制度以后，接下来要做的就是不断观察员工的表现，并且经常给予反馈。主管要告知员工"你这么做是不对的，那么做是对的；这么做可能违反了哪一条规定"，只有在主管不断提醒、不断反馈的情况下，如果员工依然犯错误，才可能对其实施惩罚。这种提醒过程非常重要，中层经理的执行权力中包含这样一条规定——你指导员工并不断给予反馈，如果员工依然做不到你才能惩罚他或辞退他。

（五）表现与规章制度相比较

在实施惩罚前，还要将犯错员工的表现和成文的规章制度做对比，比较二者是否相差很多，差距表现在什么地方，这样可以为下一步骤的实施提供有力的依据。

（六）实施恰当的处分

如果员工的行为背离规章制度很远，就要遵照规章制度对其实施恰当的处分。处分结束并不意味着真正的结束。这个纪律管理程序其实是一个封闭的循环，所以，处分结束后要进行再次说明、再反馈、再对比，如果还是不行只能再处分。

四、纪律管理的实施难度

纪律管理在实际工作中实施起来有很大的难度，许多实施者尤其是中层主管对如何对员工实施管理深感困难，甚至非常害怕用纪律去处分员工。所以，往往能听到这样的话语："给你处分可不是我的提议啊！我告诉你是人事部干的，我替你说过好话"。尤其是对于那些技术人员来说，处罚员工会令他们担心浪费时间和失去友谊。于是，实施者经常采取拖延战术来躲避惩罚员工。

实际上，以上难题可以通过对中层经理的培训来解决。培训的主要内容就是沟通技巧，沟通技巧中最关键的是培训说话的技巧和听话的技巧，因为纪律管理主要涉及的就是说和听；还要培训中层主管的非权威性影响力和说服力，设法让员工心甘情愿地领受处分。

例如，有一个老员工兢兢业业、勤勤恳恳地为公司服务了五年，但是这个人大错不犯、小错不断，比如，他连续两次违反安全制度，第一次公司给了一个书面警告，并且白纸黑字写下"如果犯第二次就马上终止合同"。结果，这位老工人第二次又犯了同样的错误，经理为此很犹豫，不知道应该留着他，还是辞退他。遇到上例中的两难情况时，为了维护公司纪律的权威性，恐怕需要忍痛割爱。因为，当一个优秀员工犯错的时候，会比普通员工受到大家更多的关注，几乎所有的人都在看公司管理层会如何处理这个员工。因此在这种情形下，即使是再优秀的员工，也要按照员工手册中白纸黑字的制度去执行。

如果通过这次事件发现了制度上的不完善，可以从下一次开始采取预防性管理，可以修改制度的某些条款，如规定五年以上的老员工可以警告三次。但是，这种修改是建立在执行完上次的处分之后的，为了维护纪律的严肃性，对犯错误的老员工只能按以前的规定办事。这件事情结束后，经理还要以此为典型案例对其他员工进行预防性警示，这样可以取得很好的效果。

纪律管理是不可或缺的，即使你是最关心下级的上级，也无法避免。因此，在员工关系管理中，主管要明确纪律管理的程序及基本原则和方法。

第二节　员工惩戒管理

一、惩戒的内涵和标准

（一）惩戒的内涵

惩戒有不同的内涵界定，但是从员工管理的角度，惩戒被定义为，针对在绩效、行为和遵守规则等方面没有达到预期标准的员工，管理者按照企业的管理规则采取的一种正式的带有惩罚性质的处理行动。实施惩戒管理是为了在纠正违规员工的同时，保护其他员工免受不公正和不合理的对待，同时也为企业和管理者提供筛选不符合标准员工的机会。

（二）惩戒的标准

企业和组织之所以对员工进行惩戒管理，主要是因为员工没有按照规则和契约履行其义务，或者说没有达到组织的期望，因此管理者要合理和正当地对员工实施惩戒措施。换言之，惩戒的前提是必须规定"什么样的行为会受到惩戒，什么样的行为不应该受到惩罚"。一般而言，员工受到惩戒是因为违背了以下三类规则。

1.一般社会准则

员工的个人行为要受到一般社会准则的约束。作为一个社会公民，员工要遵守社会规则，这些规则不仅约束员工的工作之外的行为，也约束其工作行为。例如，社会准则强制我们在工作之外的生活中不能干扰他人的生命和财产安全，不能侵犯他人的利益等，在工作中也是如此。打架斗殴、偷盗抢劫等通常被看作严重的不当行为，员工在工作场所外或工作场所内发生此类行为都应该受到惩罚。

2.法律规则

国家的法律是对所有公民行为的规范和约束，员工违反了国家法律要受到法律制裁，同时也要受到企业的惩罚。这除了因为要求企业规则的制订要遵守法律之外，还因为许多法律规定，员工在工作中如果发生与职务相关的违法行为，雇主也负有连带责任。例如，员工违反安全健康法等造成严重后果和损失后，员工和雇主都要承担相应的法律责任。

3.组织规则

企业为了保障正常的生产和经营秩序，要制订和实施企业的制度和规则，但是这些规则不能由企业单独制订，还要在依法的前提下有员工或工会的参与。无论是员工还是管理者违反了企业内部的规则，均属于一种违背契约的行为，都要承担相应的违规责任。

（三）受惩戒的行为类别

对受到惩戒行为类别的界定也十分必要，尽管各企业对惩戒行为的规定有所不同，但主要可归纳为以下类别。

1.非直接工作行为

这些行为不与工作相关，但也会对企业或员工管理造成不良的影响，主要为一些与员工个人品质和不良表现相关的行为，如打架、偷盗、吸毒、诈骗等。此外非直接工作行为还包括在工作场所的一些歧视行为，如种族歧视、性骚扰等都属于被惩戒的非直接工作行为。

2.一般工作行为

这些行为直接影响了组织正常的工作秩序和工作氛围，包括旷工、缺勤和怠工等。例如，员工的无故缺勤或旷工，特别是一些持续的、有规律的旷工加大了企业的运行成本；怠工主要表现为员工迟到、早退或"偷懒""磨洋工"等，以及不适宜的穿着、滥用组织的设施和资源等。这些都属于不遵守劳动契约的行为，纵容它们的发生有可能严重影响工作和生产的正常进行。

3.不胜任工作或工作绩效差行为

由于企业越来越重视绩效管理，组织通常会采取一些规则和措施来提升员工的工作绩效，或者约束员工不能完成绩效标准的行为。但是因为员工未达到绩效标准的原因很多，所以对未达标员工的处理需要慎重，如果不是员工违规行为所致，不主张采取硬性的惩戒程序，而应采取其他更为柔性的管理措施，如调岗、培训等。

4.危及安全健康行为

目前法律对企业员工安全健康行为的规范越来越重视，特别是在一些高危行业，不允许员工有任何违反安全健康法律和规则的行为和苗头发生。这些行为不仅危害企业的利益，也伤及员工本人、同事、顾客及其他人员的安全和健康，一些重大的事故甚至会造成严重的社会影响。对员工危及安全健康的行为不仅需要法律规制，还需要企业制订严格的安全健康管理制度，强化安全健康方面的员工关系管理。在我国的《中华人民共和国安全生产法》和《中华人民共和国职业病防治法》及相关法律法规中，都对企业与员工的责任、义务和权利做了法律规定。

5.对企业利益和形象造成伤害行为

这些行为主要包括对企业生产和经营造成损害的泄密、伪造记录、受贿和行贿以及制造一些不符合事实的损害公司形象的言行等。

二、违纪员工惩戒处理原则与程序

（一）违纪员工惩戒处理原则

企业和管理者在对违纪员工进行惩戒处理时，需要遵守以下原则。

第一，在事件调查清楚前不能启动惩戒程序。这一原则的贯彻是为了保障实事求是，防止处理草率和不客观公正。

第二，在整个事件的调查过程中和每一个必要阶段，都必须事先告知员工对事件处理的动机和理由，并给予员工申诉的机会。这一原则是为了保障员工的知情权和越级申诉权。

第三，确保事件处理的非歧视和公平对待。这一原则是为了保证惩戒处理中的公正和公平。

第四，事件处理中严格遵循相关的法律、法规和企业正式规则、程序。这一原则是为了保证处理中的合法性和遵守契约。

第五，对违纪或行为不当员工实施渐进惩罚的原则。这是在处理中体现以教育为主的人性化理念。

（二）违纪员工惩戒处理程序

提倡企业对违纪员工实施渐进惩戒的处理，是指在对违纪员工进行惩戒的过程中，要由轻至重，区分出不同的处理阶段。

1.阶段一：口头警告

对违纪行为较轻或者初犯者，通常会口头警告，并告知原因。在警告阶段，员工有上诉权，也需要管理者做好相关的档案记录。警告期一般为数月至半年。在警告期内，如果员工改正较好，可以取消记录。

2.阶段二：初次书面警告

如果违纪行为较严重或再次发生，员工将被书面警告。书面警告的内容包括惩戒的原因、处理的细节、对其改进的要求以及时限等。如果员工在指定期间内没有令人满意的改进表现，公司还将对其采取接后阶段的处理。违纪员工接受初次书面警告时应被告知有上诉权，但警告文本的副本应存入其个人的档案中。书面警告期比口头警告期要长，一般为 12 个月。书面警告期后，如果员工有较好的行为和绩效改进，将不会启动接后的惩戒措施。

3.阶段三：再次或最后书面警告

如果在初期书面警告之后，员工行为仍没有改进，或违纪行为较为严重，员工通常会受到最后一次书面警告。文本的内容和处理方式、期限等同初次书面警告。

4.阶段四：解雇或停职

如果经历上述惩罚阶段之后，员工的行为和绩效改进仍然不能令人满意，通常就会被解雇。解雇时员工得到书面通知，内容包括解雇原因、雇佣结束的日期，并告知员工对此有上诉权。对于特别严重的行为不当，公司可即时解雇，而不需要事先通知本人或给予经济补偿。

在有些情况下，员工的违纪行为比较严重，有必要进行调查和处理。在待处理期间，可以首先停止员工的职务，并相应地停止发放全额或部分工资。但停职期不应很长，待调查清楚之后，企业需要立即做出相应的处理决定。一般认为停职本身并非一种明确的惩戒行为。

三、违纪员工惩戒处理要点

（一）对低绩效员工的实施能力处理程序

一些企业在惩戒员工的时候，除了以该员工行为不当为理由之外，还可能对低绩效员工进行惩戒。这种惩罚涉及的问题比较复杂，也较为敏感。因为员工绩效低的原因很多，有可能是员工行为不当，如偷懒、怠工，也有可能与管理者的管理行为有关，还有可能是因为员工的能力问题或工作分配不当。因此，在对因员工绩效不佳进行惩戒时，需要转变以处罚为主的处理方式，提倡积极的惩戒。其中对低绩效员工惩戒时加入能力处理程序被认为是一种值得提倡的方式。例如，在一些国家法律中，要求在对低绩效员工进行正式惩戒程序之前，加入一个能力处理的程序，以确定员工低绩效的原因是其本身缺乏能力，还是其态度和行为不当。

能力处理程序是一个双向过程，管理者和员工都有义务支持和参与，并要求员工通过能力处理程序的实施提高绩效。按照该程序的设计和管理假设，员工低绩效的能力问题可能产生于如下几种情况。

首先，员工没有达到绩效协议中特定的标准，是因为员工自身的能力有限，而不是社会和企业没有提供适当的培训、支持或资源。

其次，员工没有通过工作所必需的能力测试。

最后，员工没有提供工作必需的任职资格或执照，但是如果这是员工的有意行为或行为不当的结果，则可能诉诸行为程序。

在启动能力处理程序时需要如下三个步骤。

首先，进行前期调查，该调查将考察：一是绩效协议中的绩效标准；二是绩效的实际水平；三是提供的培训、支持和指导；四是为达到标准而提供的资源；五是没有达到标准的可能原因。

其次，获取的调查结果可能如下：一是不需要采取进一步行动；二是需要在能力程序下采取下一步行动；三是需要在行为程序下采取下一步行动。一般的调查结果中第二种情况最可能发生，即需要采取措施提高员工的能力，或者使员工从事与其能力相匹配的工作。

最后，使员工和管理者之间就绩效标准培训和支持、改进的时限等达成一致，同时也告知员工，如果能力和绩效没有改进，组织将采取正式的惩戒措施。

此外，能力程序还要求在采取正式惩戒措施之前，管理者应该证明已经提供了培训和支持；在正式惩戒措施实施的各阶段，都要给员工提供充分的机会说明自己在工作中遇到的困难，以及管理者是否给予了帮助等。

（二）员工行为纠正与积极惩戒

积极惩戒是国外目前比较提倡的一种惩戒措施，它表明所谓"惩罚相当"的原则已经受到质疑，即管理者依靠惩罚起到纠正效果的愿望在事实中并非如此，因为这种传统的管理方式是建立在劳资对立、以雇主为中心的管理模式之上的。许多管理实践证明员工行为不当与管理者管理行为不当密切相关，一些管理者过多地依赖惩戒措施提高员工绩效，忽视了对员工行为纠正有效手段的实施。为此，一些企业在反思传统惩戒管理的同时，开发了一些积极惩戒的方式。

前文所提到的能力处理程序的使用就属于一种"积极的惩戒"，此外还有一种方式称为"非惩罚性处分"。非惩罚性处分倡导的原则是责任、尊重和信任，通过在行为纠正过程中的激励使得员工明白企业对自己的期望，并调整自己的工作态度和行为。在非惩罚性管理流程中，取消了警告、训斥、停职等一系列的传统惩罚手段，采取了一套新的纠正流程。例如，当员工在工作中出现了违规行为并造成不良后果时，应该采取以下步骤：第一个步骤是"提醒"，用"提醒"而不是"警告"或"训斥"等方式停止员工正在进行的违规行为。提醒包括两件事，一是提醒员工注意现有绩效和期望绩效之间的差距；二是让员工知道有责任立即停止这种不利于组织和团队的行为。第二个步骤是"警告"，即对员工的违规行为进行警告并要求其纠正。告知员工做好本职工作，完成任务是其应尽的责任，也是作为组织和团队的一员应有的表现。第三个步骤是"激励"，鼓励员工正视自己的不足，并对其付出的努力和改进给予及时的鼓励。

尽管积极性的惩罚在实施中有一定的难度，而且需要管理者付出更大的耐心和细致的工作，也并非这些措施对所有的"问题员工"都有效，但是它代表了企业在员工关系改善上的一种姿态和努力，它对协调劳资关系、缓和管理者与员工之间的对立情绪、强化以人为本的企业价值观和企业文化都很有益处。

（三）管理者惩戒管理"缺位"行为与纠正

在违纪员工惩戒管理中一个比较普遍的问题是，一些管理者不愿意或不主动对员工采取处理措施。产生这种现象的原因很多。

一种观点认为，管理者的任务就是保证"工作的完成"，对属于员工一些个人行为之类的问题不愿意过多干涉；一些管理者认为惩戒管理的成本太大，容易使自己陷入麻烦之中；还有一些管理者畏惧员工的报复不敢管理。此外，很多管理者愿意当"老好人"，报喜不报忧，对一些员工的不良行为和绩效，特别是与工作绩效无关的违纪行为，采取了"视而不见"的态度。

管理者对惩戒采取缺位行为不是完全没有理由，但它影响对员工的监督和管理效能。对此，很多企业采取一些手段纠正和改变这种行为，例如：对管理者实施处理惩罚技能的培训，提高管理者的人际沟通能力；通过设计有效的绩效考核体系，将管理者绩效与员工绩效考核结合；等等。但是要纠正这种现象的根本出路在于两个方面：一是创造规范管理的组织制度环境；二是构建和谐的而非对立的员工关系氛围。

第三节　员工冲突管理

一、员工冲突与冲突管理

（一）什么是员工冲突

员工冲突是指组织中的成员在人际互动中产生意见分歧，出现争论、对抗，导致彼此间关系紧张的状态。员工冲突问题是任何一个企业都不可能避免的。员工之间存在价值观差异、工作经验差异、生活环境差异，这些都可能导致员工冲突，如果处理不当，会对员工关系带来不可估量的损害。所以，员工冲突管理应被视为员工关系管理中的一项重要工作。

（二）员工冲突管理的内涵

员工冲突管理是指采用一定的干预手段改变员工冲突的水平和形式，以最大限度地发挥其益处而抑制其害处。在组织情境中，通常从确定适当的冲突管理风格、选择合适的冲突管理策略、采取必要的冲突管理措施三个方面开展或加强冲突管理。

（三）员工冲突管理的风格

1. 协同

双方通过积极地解决问题来寻求互惠和共赢。其特征是双方乐于分享信息，并善于在此基础上发现共同点，找到最佳解决方法。通常，协同是首选的冲突管理方式。但只有在双方没有完全对立的利益，且彼此有足够的信任和开放程度来分享信息时，协同才能有效地发挥作用。

2. 回避

回避方式是一种不武断和不合作的解决冲突的方法。它是一种消极的策略，个体运用这种方式来远离冲突、忽视争执，或者保持中立，对自己和他人的利益都缺乏兴趣。回避方式反映了对紧张和挫折的反感，而且可能包括让冲突自生自灭的决定。由于忽视了重要的问题，而这往往会使他人感到灰心，所以用回避方式常常会导致他人负面的评价。在这种方法中，处理冲突者不考虑个人的利益和对方的利益，形成"输输"局面，结果是双方都输。这是一种最不宜提倡使用的方法，适用于如下几种情境。

（1）当问题很细小或只有短暂的重要性而不值得个体耗费时间和精力去面对它的时候。

（2）个体在当时没有足够的信息来有效地处理它的时候。

（3）个体的权利对其他人而言太小以至于没有机会来形成变革的时候。

（4）其他人可以更加有效地解决这个冲突的时候。

3. 斗争

这是一种高度武断、不合作的解决冲突的方法，又被称为"竞争"。在这种方法中，一方为了自己的利益，牺牲对方的利益。双方都会坚持己见和不合作的行为，力图达到自己的目标，而不关心他人。这种解决策略通常涉及权力和统治这两个因素，冲突的一方有一定的权势，觉得自己必须赢，而对方在不得已时必须输。在冲突双方中明显有一方更有理，而且占有优势时，可以采取这种方法。

（1）反对那些采取不正当竞争行为的人们的时候。

（2）紧急情况下需要采取迅速行动的时候。

（3）为了组织的利益必须采取不受欢迎的、特殊的行为的时候。

（4）个体需要采取行动保护自我和阻止他人利用自己的时候。

（5）涉及严重违反企业规章制度，需要进行严肃处理的时候。

4. 克制

这是一种合作程度很高而武断程度很低的解决冲突方法，它代表了一种利他的行为。这种行为是对他人愿望的一种屈从或者是鼓励他人合作的一项长期政策。这种方式中，一方充分考虑并关注对方的感受与需求，而克制自己的愿望和想法，不关心自己的需求，从而以牺牲自己的利益为代价去满足别人的利益需要。其目标是不激惹冲突中的其他人。之所以采取这种应对策略，可能是因为过于看重组织中的和谐关系。这种方式表示出了对员工冲突的情感方面的关注，但对于冲突的实质问题则没什么兴趣。克制方式仅仅是个体掩饰或者掩盖自己的情感，而对于解决冲突基本上是无效的。

（1）当和谐及稳定相当重要的时候。

（2）使员工从错误中学习以提高今后的工作质量的时候。

（3）当发现自己是错的时候。

（4）当结局对对方比对自己更重要的时候。

（5）要为以后的争端建立社会信誉的时候。

5.折中

试图寻求一个中间位置，使自身的利益得失相当。这种方法比较适合难以共赢的情境。当双方势均力敌，且解决分歧的时间期限比较紧迫时，折中比较有效。但由于忽略了双方共同利益，因此折中往往难以产生非常令人满意的问题解决办法。

二、员工冲突的原因

（一）个人内心冲突原因

1.选择冲突

员工的内心有许多目标，然而鱼和熊掌不可兼得，在选择其中一个目标时，某种程度上意味着要放弃一些目标。对于追求完美的员工来说，他们并不喜欢放弃，这时内心的抉择会使他们产生心理冲突。有时道义也会使员工陷入选择冲突中，如跳槽。虽然员工的跳槽率比较高，但员工内心还是会比较矛盾，因为离开老东家会为企业带来不可避免的损失，重道义的员工在选择时心里会不断地徘徊。有时员工也会陷入家庭与工作的选择冲突中，员工并不是喜欢工作，他们对家庭也有着自己的使命感，但时间有限，家庭与工作冲突是常有的，是为家庭付出多一些还是为工作再投入些成了员工心中难以抉择的问题，心理冲突使他们更加困扰。任务与价值的选择、利益与道义的选择、理性与情感的选择等，都给员工带来很多矛盾。工作、生活上很多的选择都是个人内心冲突产生的导火索，员工的心理负担增加，追求平衡、追求完美的目标无法达到，十分危害他们的身心健康，也会直接影响员工的工作表现和工作绩效。

2.角色冲突

每个人都要在社会、生活中扮演许多个角色，甚至环境相同，人们所扮演的角色也是截然不同的。宇宙中存在无数的交集，工作与生活有交集，人们扮演的角色也是有交集的，正是由于交集的出现，才会产生冲突。罗伯特最早对组织中的角色冲突做了研究。他认为，每个"焦点人物"都具有自身的"角色组"，角色组成员不断施加压力以改变焦点人物的行为，焦点人物往往在扮演的不同角色或者在承受的不同压力或期望之间寻求平衡，这一过程产生的心理冲突将影响人际关系和工作满意度。员工有着要做就做到最好的个性，这种好强的性格促使他们在扮演任何一个角色时都在竭尽所能地达到最好。家庭角色和工作角色的冲突是员工的主要角色冲突，员工喜爱追求工作的成就感和职业感，而对家庭的责任问题使他们有些心有余而力不足，这就更会造成他们内心不安和焦躁的心理冲突。生活中他们扮演着不同的角色，承担着不同的责任。工作中他们扮演的角色也是不同的，有可能和同事是上下级关系。但同时又是朋友关系，每个角色都需要他们用心扮演，可一旦两种或多种角色相冲突时，问题就会不断出现，内心矛盾也不断增加，人际冲突处理不当也会不可避免地出现。一个人肯定不能全心全意地扮演某一个角色，因此由角色引发的内心冲突是不可避免的，只有自己做好平衡才能消除冲突。

3.情感冲突

情感支持对员工来说是重要的精神支柱，无论工作中还是生活中都需要情感的抒发通道和对象。经常表达情感的人是不会得心理疾病的，对压力繁重的员工来说，情感抒发对他们十分重要，这也是减轻压力、消除情感冲突的有效方法。员工的时间大多都用在工作上，对亲情、友情、爱情的投入变得少之又少。家庭中缺少了很多沟通，进而增加了很多的误解与怨气，这样会导致心理增加很重的情感负担；工作中的辛苦，回家得不到缓解，会给员工内心带来很大的伤害。在工作中员工之间也是抒发情感的对象，当情感的抒发无法得到安慰甚至得到误解时，这种情感冲突导致的重大心理压力会令人产生心理疾病。每个人都希望有感情疏通和交流的通道，员工也不例外，但有时这种交流通道会被时间无情地堵住，使员工的情感无处发泄，久而久之会导致员工无心工作、无心生活，心理的障碍越来越大，情感冲突成为员工个人内心冲突的重要原因。理解和宽慰是治疗员工内心冲突的良药，解决情感冲突需要组织和家庭的大力支持。

（二）人际冲突的原因

1.沟通冲突

社会的飞速发展、竞争的日益激烈使沟通变得复杂起来，任何一句话或一个动作都会为不同的人带去不同的信息解释，有时一个人的语言、面部表情、身体语言等信息往往被错误地归因于意图，继而可能成为冲突的来源。因此，沟通时要注重它的有效性，要使信息能准确地从一端传递到另一端，不受外界的干扰。如今人与人的沟通方式越来越多样化了，语言、语调、表情、动作、网络等都是沟通的手段，巧用这些手段会为人际交往带来很大的好处。在组织中，尤其是以员工为核心的组织中，沟通冲突应得到重视。员工喜好以自我感觉为中心，这种自信使他们完全相信在沟通中自己所做的任何判断，这种判断可能是经验的积累，也可能是一种感觉的误导，尤其是在一个由员工组成的团队中，沟通引发的冲突会使问题进一步深化，结果很难达成一致。员工很藐视权威，他们不会因为是与上级沟通就卑躬屈膝，他们主张公平，抵抗权势，如果领导者找不到与他们沟通的有效方法而一味地用权力压人，那么沟通是得不到满意结果的。可以看出沟通是解决员工冲突的有效手段，与员工沟通要保持双方平等的地位，尽可能避免在沟通中有其他冲突的干扰而影响沟通的顺利进行，使员工在沟通中创造更有价值的信息。

2.价值冲突

价值观是指引人们做事的引路标，每个人的价值观都是从小到大受周围环境、经历和社会文化等多方面因素影响逐渐地累积形成的。组织中领导者很重视企业价值观，每个组织都有自己的价值理念，领导者想做的就是在员工的脑中形成组织的价值理念，使员工能朝着与企业共同的目标努力做事，齐心协力。在人际交往中，价值理念相似的人往往更谈得来，他们的沟通也会更融洽。当然人的价值观是没有十分相同的，如果组织是一个大熔炉，那么它的作用应该是使员工的价值观趋于一个方向，这样交往时才会为组织营造和谐的氛围。员工独特的个性影响着他们的价值观，可能有些人尤其强调自尊，可能有些人尤其强调利益，也可能有些人尤其强调自由，正是由于各种各样的价值观支配着员工，才使他们对人对事的态度，以及思维、交流的方法会有所差异和分歧，彼此之间不相容，这种价值观不相容会为交流带来严重障碍，为人际关系带来危机。如果在组织中形成团队，不首先整合员工的价值观，那么这个团队将无法继续，对组织的危害也会更大。与经济利益冲突经常导致妥协不同，价值观冲突很难协调，因为它们体现了基本的世界观的不同。在非营利组织中，这类冲突更为广泛。

（三）组织内冲突原因

1.目标冲突

组织在其发展的过程中有其自身的目标，而个人在组织发展中也有其个人的目标，如何将组织目标和个人目标进行融合、统一管理是组织中目标管理的要求。每个组织成员都有自己的目标，如果某人的目标和他人的目标存在竞争（例如，取得上司赏识），就很可能产生冲突。在组织发展过程中个人目标与组织目标相一致是十分重要的，组织目标的制定直接影响个人目标在组织中能否实现，只有制定的组织目标与个人目标相符或不威胁到个人自身利益时，员工才会执行。尤其是有些员工有着明确独特的目标，他们并不像普通员工一样组织制定什么目标就完成什么目标，他们渴望深入并参与组织目标的制定过程中，期望组织的发展和制定的目标能促使他们达到自身目标，实现自身价值，获得应有的利益。在组织中由于双方目标不同引发的冲突是显而易见的，它会使个人内心产生怀疑、认为组织侵害了其自身利益、对组织充满敌意等心理反应，工作行为出现异常，导致个人的工作效率下降，直至影响企业绩效。为减少目标引发的冲突，组织在制定目标时应该采取参与这一原则，双方互动进行目标的制定。

2.文化冲突

企业文化是企业的灵魂，它是一双无形的手，时刻在调整企业和其员工，指引着人们朝着同一个价值、信仰努力工作，同时它也营造着积极向上的氛围，使企业健康发展。但文化冲突是任何一个企业都会存在的一个现象，尤其是我国加入 WTO 后，越来越多的外商进驻我国，国际文化冲突更为显现，更多的企业朝着多元的文化发展，文化冲突的产生也是不可避免的。文化的冲突会直接导致员工的意见不合，问题无法达成一致，因此对新员工进行企业文化的培训很重要，它能规范员工的作为，指明工作的方向。企业的文化是经过长期沉淀累积形成的，有些文化是需要员工认同并认可的，有些文化则是需要与时俱进的。现代的企业拥有大量的员工，这批新生的力量有其自身独特的一面，在企业中极易产生文化上的冲突。员工一般学历较高、个性较强，使用传统的等级制管理方式，容易造成僵化的、缺乏生气的企业氛围，因此，需要形成一种与员工特征相一致的企业文化管理方式。良好的企业文化会带动员工朝一个方向努力。员工是个性突出的，如果能使他们认同组织的文化，企业将在竞争中占有有利地位。

3.资源冲突

资源是企业日常经验和生产的基本元素，然而资源不足是企业时常会碰到的情况，有时企业为了降低成本还会刻意地减少资源，偶尔的资源不足都会为组织工作带来困难，刻意地减少资源节约成本对组织只能造成更重的创伤。员工喜欢自由的、不受约束的工作环境，资源的不足导致个人间或团队间因争夺有限的资源而产生矛盾，在组织既定的资源条件下，员工的资源需求不能得到满足时，冲突就会产生。资源冲突是常见的，有时不同部门之间为完成自身的任务会对某一有限资源竞争，导致关系紧张，互相不愿合作，工作链断裂。组织中员工组成团队的形式是时常可见的，团队之间的竞争本身就是激烈的，如果为争夺资源产生了冲突，那么竞争就会转变成恶性的，组织的损失就会十分严重。资源冲突的危害很大：员工内心会对组织的实力产生怀疑，缺乏信心与斗志；员工为完成任务去争夺资源的使用权造成员工间的人际关系紧张；团队间为了各自团队的利益对资源进行争夺更容易使组织内产生拉帮结派的现象。可见，企业为降低成本减少资源所造成的损失远大于所节约出来的成本，增加资源并合理利用资源是避免资源冲突的唯一方法。

三、员工冲突的解决

（一）完善培训制度，提高员工综合素质

培训可以使员工与工作紧密地结合起来，使培训课程和员工实际工作之间产生互动，并节约企业的培训成本。培训可以改变企业员工原本在工作中的错误认知，加强员工对工作技巧的认识，满足员工对专业知识的需求，提高员工的综合素质。培训还可以有效地沟通上级和下级，加强双方的信任程度，增加双方沟通频次，消除双方的紧张关系。企业对培训制度有较高的认识，但在培训的频度上并没有做好规划，一些培训项目相互重叠，影响了培训效果。因此，企业在进行培训之前，要对相关项目进行精确的分类，并对参与人员进行分类，从而使彼此之间相互匹配，达到最好的培训效果。

（二）改善上级风格，培育员工奉献精神

领导者良好的工作风格可以影响整个组织的冲突环境。随着环境的急剧变化与不确定因素的不断增加，组织的冲突环境也变得复杂和难以预测，组织的领导者必须审时度势，提高面对挑战、把握机会、实时决策的能力，根据具体情况及时应对。组织中的人员背景复杂，具有很强的自我意识与独立意识，不同的专业领域及背景的员工看待同一个问题的角度和认知都不尽相同，所以矛

盾冲突在所难免。领导者应当善于协调员工之间的关系，时刻注意员工身上的细微变化，通过与组织成员之间的交流沟通来协调不同的思想和行为，基于共同的认知来达成组织成员行为的一致性。领导者要在组织任务完成的每一个环节加强协调，细心观察并及时纠正员工的思想与行为偏差，使组织的结构和运作过程都沿着有利于组织目标和任务顺利完成的轨道前行。组织是一个网络化的结构，随着员工的能力水平与自主意识、自我意识的提高，领导者应该采取宽松授权的方式，赋予员工更大范围和更高程度的自由裁量权。因此，组织中的要充分信任员工的自组织能力与水平，为他们提供尽可能多的发展空间和参与机会，最大限度地发掘他们的潜力，激发组织所有员工的斗志与热情，让智慧源泉充分涌流，最终出色完成组织任务。

作为组织的领导，要有开放的眼界，善于处理协调组织与常规组织以及社会等各个方面的冲突，重视外部和谐环境的营造，维护组织与外部利益相关者的信任合作关系以及良性互动。常规组织的主要领导者具有很强的组织权威与影响力，在促进合作意识上的作用是不可忽视的，因此组织的领导者要与常规组织领导者积极沟通协商，影响常规组织领导者用长远的眼光、宽阔的胸怀给予组织认可与支持。另外，在实践中，组织的领导者往往由常规组织的高层领导挂帅，这样可以较好地解决组织与常规组织之间的协调问题，有效减少二者之间的冲突。组织的领导者作为组织的形式上的领袖，常常也会得到社会公众的更多关注，因此，领导者要注意自身形象的塑造与展示，将组织的积极形象与自身的优秀特质相融合，让公众对组织的发展充满信心，以获取社会的理解与支持。

组织非常规任务的完成，需要所有组织成员紧密合作，从组织的整体利益与整体任务出发，突破原常规组织条块分割的思维惯性和行为模式的限制，在平等、信任、尊重、互助的基础上完成组织任务。在此背景下，组织成员的奉献精神必不可少。组织成员要能够从组织的整体利益出发而非局部利益或者个人利益出发。首先，要明确组织任务的重大性与紧迫性，使组织成员知晓非常规任务的顺利完成关系社会的稳定与公众的福祉，倘若任务失败，后果不仅仅是组织的不光彩，更严重的是公共利益的损失甚至是社会的灾难。组织成员在理解非常规任务的重大性之后，会感受到组织对自己能力的充分信任以及自身社会责任感的重担。同时，组织外部利益相关者对组织的高度关注也会激发组织成员强烈的使命感，促使员工在高强动机下奉献自我。其次，满足员工自我实现的需求。组织的成员都具有很强的自我意识与创造力，他们渴望富有挑战性的工作，而复杂的非常规任务恰恰可以激发他们的奋斗热情。组织应当充分放权，给予组织成员更大的发展空间，让他们能够在宽松、活跃的组织氛围中自如地发挥自己的聪明才智，创造性地完成组织目标。最后，要维护组织成员之间的信任合作关系。只有信任与合作才能消除成员之间的防范和隔阂，因此，组织中的每一个人都应相信自己和别人一样努力，也就有效杜绝了组织中"搭便车"的现象，大家都为组织目标的高效达成无私地奉献出自己的一切才智与技能。

（三）建立员工的心理契约

员工是企业的支柱，管理者势必会为留住员工投入更多的成本。在员工一切物质欲望都得到满足的基础上，物质激励的作用已经微乎其微了，尤其是发生在员工身上的冲突存在于他们内心深处，管理者无法触摸，因此，优秀的管理者也应是一个心理学家，不断地对员工的心理进行探索。20世纪60年代心理契约这个词就被用到了管理学领域，一直以来也掀起了各界学者的研究热潮，在笔者看来，心理契约更适合用在员工的身上。员工的冲突是各种因素形成的心理反应影射到实际行为上的，要处理员工和组织间的冲突，从心理方面入手建立心理契约是十分有效的方案。美国著名管理心理学家施恩教授认为，心理契约是"在组织中，每个成员和不同的管理者，以及其他人之间，在任何时候都存在的没有明文规定的一整套期望"。可以说，心理契约只是一张空头支票，相比经济契约来说，心理契约的内容大多具有模糊性和隐含性，但它同样是影响员工对组织的态度、工作行为及工作绩效的决定因素。如何实施有效手段来解决员工冲突问题呢？那就需要管理者对员工进行心灵的净化并进行心灵的沟通。

1. 组织方要认真履行心理契约

员工和组织的冲突很大程度是由于组织一方不按承诺做事，随意地修改心理契约，没有和员工形成有效的沟通，使员工对组织的信任度降低，不断激发出新的恶性冲突。因此，组织一方的行为对心理契约的履行起着十分关键的作用。

2. 创造群体沟通的环境

组织除建立和谐机制、避免不必要的冲突发生以外，还要创造自由发表言论的环境，激发潜在建设性冲突，以人为本，听取知识型员工的心声，做到及时沟通，让员工感受到企业对他们的重视，使其更好地履行心理契约。

3.保持心理契约的动态模式

心理契约既然是没有明文规定的就一定会有变动，契约的动态性也意味着企业在不断发展，员工在不断进步，双方都在不断成长。双方的动态变动一定要协调，无论是企业一方变动，还是员工一方变动，双方都需要及时沟通，否则员工和组织的冲突将随时可能发生。

第四节　员工的不良行为规范

一、员工的不良行为表现

员工时常抱怨企业形形色色的规章制度和清规戒律，用"防贼"形容之，但世间万物总是互为因果关系，以下列举企业普遍存在的员工陋行。

（一）销售人员吃里爬外

一代又一代的销售人员利用销售工作的特点充分发挥自己的"想象力"，截留公司给客户的回扣。他们创造了属于自己的专有名词——转单，即将公司的生意偷转给公司的竞争对手，让公司受损害而自己获利。他们用公司的资金开发客户，等客户关系成熟时就辞职另起炉灶，美其名曰"借船出海"。面对这些行为，老板可谓一肚子苦水，不知往哪倒。

（二）技术人员上班干私活

有些技术人员在上班时间并没有全部在做公司的事，而是在偷偷地干私活赚外快，这些赚钱任务很多来自网络，数量成千上万。看看那些任务网站的火爆人气，有多少人在干私活就可想而知了。可悲的是老板一点都不知道，不过也没法知道，程序代码可是绝好的挡箭牌！

（三）员工集体干私活

这指的是由主管出面接单并组织自己部门的心腹人员，利用公司的机器、材料集体干私活，既利用了公司的销售渠道，又利用的公司了所有资源，一切零成本。当然找别的公司开发票还是要交税的。最危险的地方也是最安全的地方，老板哪里知道在自己的眼皮底下会发生这样的事情。

（四）上班煲电话粥

办公室员工上班时间不全力投入工作，经常趁领导不在时煲电话粥，用着公司的免费电话，享受有偿的工作时间。他们当着老板的面时可是兢兢业业的，老板最怕的就是这种两面人。

（五）技术人员偷技术

技术人员学了公司的核心技术后跳槽，成了公司的竞争对手，公司被迫用打官司和报警方式解决问题。原来根本就没有技术保密协议和竞业协议之类的东西，公司受到"生死威胁"，老板只能求助于法律。但技术人员会创新，技术上改进一下，打官司取证也不容易，老板常常只能自认倒霉了。

（六）采购人员拿好处

采购人员从供应商手里拿好处的现象在企业普遍存在，好处的主要形式是现金回扣、免费旅游、过节红包、礼物等。采购人员暗中为关系户取得公司的供应商资格提供帮助，在采购合同洽谈的关键时刻向关系户提供报价信息。对采购人员的越轨行为，大企业可以通过供应商成本价格核算来解决，但众多的中小企业没有实力设立相关职能部门进行供应价格核算，老板只能寄希望于采购员的良心了。

以上只是列举了员工不良行为的一部分现象，这些现象在任何一个企业都有可能发生，有些现象可以通过制度规范和提高管理水平消除，但对于个别现象，即使是运用现代管理的最新工具和手段，依然无济于事。

二、不良行为习惯成因

员工不良行为习惯的养成是个复杂的过程，是各种影响因素综合作用的结果，既有员工的主观原因，也与工作环境有关。

（一）员工心理因素影响

1. 疲惫心理

疲惫是人体组织器官乃至整个机体工作能力暂时降低的现象。员工疲惫心理主要有精神恍惚、工作失误。人的疲惫使神经活动机能减退，兴奋与抑制过程失调。例如，一些从事高危行业的员工如果带着疲惫心理从事日常生产工作，则存在重大安全隐患，容易发生事故。

2. 厌烦心理

厌烦是人的情绪受到影响，大脑对工作失去兴趣，兴奋程度降低的现象。员工厌烦心理主要有消极对待、抵触情绪；工作随便，不细致，缺乏主动性，没有挑战性；情绪取代理智，埋怨人解决不了的问题、没有人为"我"解决的问题。

3.浮躁心理

浮躁是人的情绪轻浮急躁、内心焦躁不安的现象。员工浮躁心理主要有行为随便，过者为灾；不安心本职工作，片面追求荣誉、地位和待遇，缺乏踏实工作的耐性；内心显得异常脆弱，心绪不宁而浮躁，表现为过急期望改变命运的欲望。

4.糊涂心理

糊涂是对事物的认识模糊或混乱的现象。员工糊涂心理主要有盲目操作，造成事故；工作关系糊涂不清，对工作任务不清楚，工作过程不熟悉，我行我素，难于应付各种复杂多变的状况。

5.逞能心理

逞能是显示自己能力强、能干的现象。员工逞能心理主要有工作错位，顾彼失此；自居有工作经验，技术高人一等，自以为是，不懂装懂，盲目蛮干。

6.逆反心理

逆反是一种无视行为规范或管理制度，我行我素的心理现象。员工逆反心理主要有明知故犯，后悔莫及；视标准化工作程序流于形式，应付检查，为图方便，嫌麻烦，简化工作程序；你让我这样，我偏要那样，越不许干，我越要干，违章作业造成事故。

（二）工作环境

高尔基曾说："赏心悦目的环境可以使人心旷神怡，奋发图强的气氛可以使人奋进。"良好的工作环境带给员工轻松愉快的心情，在这样的情绪下开展工作会更有激情、有效率。

员工行为很大程度上受企业文化的影响，员工对企业文化的感知程度越强，企业文化对员工行为的影响越大。企业薪酬激励、奖励系统的公平性也对行为有重要的作用。如果员工行为是一个角色的期望，那么应当给予员工适当的奖励，可以是物质或非物质的，如表扬或赞美等体现企业承认员工能力的东西，肯定员工行为和员工的实际成果，这样才会积极影响员工的行为，否则将适得其反，引发各种不良行为。员工行为可以单独发生，但往往也在与工作团队成员共同作用的情况下产生。因此，工作团队是员工行为发生的基础，员工发展出的合作关系主要有两种：领导—下级关系与员工—员工关系。二者构成了团队视角下的员工工作创新的重要前因变量。领导—员工的关系质量、领导对员工的工作支持对员工行为有积极作用。工作团队的支持氛围对员工行为有积极的影响作用。团队沟通水平较低和较高时，员工的行为水平都较低；团队沟通处于中等水平时，员工的行为水平最高。

三、员工的不良行为规范

规范员工行为涉及方方面面，需要多方面的不断努力才能起到积极的作用和成效。本书认为有这样几条要特别引起关注。

（一）真诚沟通，形成上下共识

员工行为养成是企业文化建设的重要落脚点，员工行为养成工作不能靠行政命令推进，而应该加强沟通，领导者充分地倾听员工表达的观点和看法，准确地了解员工的真实想法，经过观点的碰撞，引导员工达到思想认识的统一，服从真理，服从大局，以健康心态直面现实生活中的各种问题和矛盾，以正确的行为审美方式去观察、思考和处理日常工作生活中遇到的鲜活与凝滞、高尚与卑微、喧哗与骚动、善良与邪恶、奋进与观望、希望与茫然。

有效的沟通和引导可以为员工创造良好的精神家园，它不仅能捕捉、发现、挖掘工作的美好而且能有效地化解员工心中的孤独、无奈、抑郁、消极的心态，使员工积极地融入团队，形成对企业和企业行为正确的、积极的理解和认识。企业让员工主动参加行为养成的活动，可以让他们真切体会到行为养成的乐趣，感受到行为养成的积极成果，增进上下级之间的相互了解，加深干群之间的工作感情，在塑造企业形象的同时，也提升员工自身的价值。

（二）柔性操作，注重正面激励

对于企业而言，员工不同行为的养成都有其个性化特点，相应的推进方法也不一样。但以人性化的柔性操作，注重对员工的正面激励，应该是一个共同的有效方法。

激励是影响别人积极主动地做你希望他们做的事的艺术。人在正面激励下，内心深处更容易受到启发和鼓励，心态表现就会越积极，因而行为也会趋向于激励方向发展，而且正面激励越大，最终获得的成绩也就越好。

行为养成的根本是对人的培养，是培育员工好的行为习惯和纠正其不良行为习惯。员工培育好的行为习惯和纠正不良行为习惯，除了个人本身的努力外，好的环境感染、他人的提示也至关重要，也就是外因促使内因的转化。帮助员工纠正不良行为习惯，要把握三个要点。

1.善意真诚

管理者要从内心给员工以真诚的关爱，让员工理解和接受你的真情，要把行为养成管理作为对员工的一种培养，要让员工体会到这种培养对自己的益处，明白行为养成虽然是规范和约束了员工的一些行为习惯，但出发点一定是促进员工的进步。

2.启发引导

要让员工明白只有培养和确立良好的行为习惯，才能使自己心情愉悦地工作和生活；明白不良行为对自己、对他人、对家庭、对社会的害处。积极倡导员工按照企业价值观和管理理念的要求塑造自身形象，启发员工自我规范、自我约束，让员工认真遵守行为规范，在积极奉献企业的过程中，形成成就个人职业生涯的"正能量"。

3.持续不断

不良行为是习惯使然。人们可以在潜移默化中养成好的行为习惯，改变坏的行为习惯，则要经过刻苦纠正甚至是痛苦的改造，这种改造也不是一蹴而就的。所以，管理者要持之以恒地帮助员工纠正不良行为习惯，养成良好的行为习惯。

（三）榜样示范，推动全员提高

榜样的力量是无穷的，榜样的行为对员工行为产生着有力影响。在员工行为养成推进过程中，同样要以榜样来激励员工。高明的管理者在教育员工"规范、标准、卓越"的时候，应该将榜样的行为作为员工行为养成的灯塔、路标，来影响员工，并且告诉他们怎样才能达到这样的目标。

对于行为养成的榜样，一些管理者往往组织员工效仿或号召员工学习某单位的先进做法，或者某先进个人的先进事迹，结果往往不尽如人意。什么原因呢？员工们说得实在："英雄"离我们远了点儿。

那么榜样从何而来？笔者认为，行为养成的榜样更应该注意从组织内部培养、在员工身边发现。身边的鲜活人物，看得见、摸得着、有地气，员工感到亲切，愿意学也学得像，行为养成的创建效果也就一定会更好。

有位党支部书记树立榜样的做法值得学习。在一次行为养成经验交流会上，他说，其实每个员工都是或者都可以成为榜样。原来他通过对员工行为养成效果的分析，发现在行为养成中，几乎每个员工内心、外形都有自己的亮点，何不能让每个员工闪出自己的亮点作为榜样，在团队中传播？于是，他设计了行为养成"项目组长"的创建活动，让员工广泛参与，员工担任各自自身亮点传播的"项目组长"。员工一方面能为自己的亮点成为别人学习的榜样，而更加提升行为养成的积极性，光大自身亮点；另一方面，要把自己的亮点努力传播给他人，使一个亮点变成一片亮光。员工之间按"项目"分别充当"啄木鸟"，互相纠正日常行为中的不良陋习，让大家自我加压、互相学习，达到全员提高的良好效果。

（四）文化引导，重在凝聚人心

一方水土养育一方人。企业员工来自四面八方，不同的社会和家庭文化背景，使每个员工形成了不同的文化，这些文化往往潜藏在习惯性思维和行为方式之中。企业员工由于年龄、文化层次的差异性，行为养成或多或少展现出不同水平，与企业文化指导下的行为养成存在差异，这种差异表现出来的一些习惯性的思维方式和行为方式，在一定的时间、场合和状态下，很容易使工作团队，在沟通、价值判断、人际交往等方面发生矛盾和冲突。这个问题的存在不仅带有一定的普遍性，而且还会在很长时间内客观存在。如果说企业的整合主要是产品结构和市场份额问题，那么就人员来说，应该要特别注意多种不同企业文化的整合，要通过企业文化的核心价值观的引导来整合各种文化之间的差别。

在整合过程中，要注重引导员工深切感悟和树立顾全大局、忠于职守、克己奉公、诚实守信、和谐融洽、文明有序的行为规范。员工的成长需要帮助和引领，对员工不能因一时一地的不合心意就丢下他，而是需要给予他们更多更特别的关爱和鼓励，为他们构建成长的通道和舞台。这样做才能使他们获得家的归属感，他们的聪明才智就能得到新的升华，让他们在企业文化"心灵鸡汤"的滋润中，更加热爱企业，明白"个人的行为就是企业的形象"，使他们更快更好地适应和融入企业这个大家庭。

企业员工在无人监督的情况下是如何工作的，是企业文化最真实的反映。行为养成是企业文化的一个重要衡量标准，也是企业文化建设的重要支撑。我们要更加清晰地意识到行为养成的重要性和潜力，更好地关注和提升员工"我要养成"的自觉性，使员工从对行为规范的被动执行，转变成自觉遵守，把行为规范升华为员工的职业素养。

情景实例

情景1：迟到、早退、不出勤严重违反公司纪律

案例展示：某公司员工陈某在日常工作时间经常迟到早退，未按照公司规定的工作时间出勤，多次让同事在自己迟到早退时按照正常的上下班时间代打考勤，甚至有两个工作日，陈某实际并未到公司上班，而电子考勤记录和部门手工签到簿上却均记载陈某正常出勤上班。公司认为陈某在未出勤上班的情况下通过其他方式制造出勤记录，存在不诚实及欺骗行为，严重违反了规章制度，便书面通知陈某解除劳动合同，并报送上级公司工会得到准许。陈某对公司的处理决定不满，遂提起劳动仲裁申请，要求公司恢复与他的劳动关系并支付相应的工资。最终，仲裁机构驳回了陈某的请求。

案例分析：该公司的《员工手册》规定，上下班叫人代刷工作卡或替他人刷卡，属于中度过失；不诚实及欺骗行为，属于严重过失。企业有权作出立即辞退决定。该公司经合法程序制订的《员工手册》不违反法律规定，对双方均具有约束力。陈某的行为属不诚实和欺骗行为，构成"严重过失"。该公司依据《员工手册》的规定解除与陈某的劳动合同，并告知上级公司的工会，无论在程序上还是在实体处理上，都符合法律规定。

情景2：旧势力与"空降兵"之间的冲突

案例展示：A企业是一家市级民营企业，从事制水机产品生产和销售。企业内部管理、销售人员多是20世纪90年代初家电短缺时代从事空调销售的人员，年龄整体偏大，而学历多为高中学历，思想相对比较守旧。经过一段时间的市场推广后，市场反响甚微。A企业总经理则是一个相对比较能够接受新事物、新观念的人，经过一番论证和思考，总经理决定从外部引进"空降兵"，把希望寄托在外部力量的介入和推动上。作为一个团队进入的空降兵很快占据了营销总经理、销售总监、市场总监、售后服务总监以及驻外机构经理等要职。无论在职位上，还是待遇上，"空降兵"的到来打破了原来固有的平衡。原有势力与"空降兵"之间摩擦不断，很多时候是互不服气的，原有势力认为"空降人员"不过如此，而"空降人员"则认为原有势力根本不懂营销。为了给予"空降兵"们更多的支持，总经理更多的是打压原有势力，试图给"空降兵"更多的话语权和可执行空间。

案例分析：出现的冲突是实施组织变革造成的。很多时候，冲突表现为组织进步的激发因素。组织改革就是承认和尊重人们的利益表达权，并以协商、谈判、讨价还价等非暴力方式求得各方利益的均衡。因此，想要给"空降兵"更多的支持，一味打压原有势力并不是一个理智的选择，要试着分散他们的注意力，并让他们能合理地发泄因变革带来的怨气，这样才能为"空降兵"营造一个宽松的管理空间，而非一个四面伏击的"战壕"。

第六章　员工人际关系管理

第一节　员工人际关系概述

一、员工人际关系的概念

（一）人际关系的定义

人际关系是人与人之间在直接交往中所结成的心理关系，它反映了个人或群体寻求满足需要的心理状态。这种关系的变化与发展取决于交往双方需要的满足程度。如果交往双方彼此的需要得到了满足，相互之间将会发生接近、友好、依赖的心理关系；反之，相互之间便会发生疏远、回避以至敌视的心理关系。对人际关系的定义，我们需要注意以下两个方面的问题。

1.人际关系的实质

人们生活在复杂的社会关系网中，这些关系可以分为两类。一类是人与人之间的生产关系，在阶级社会中表现为阶级关系。同时，在阶级社会中，各人所处的阶级地位不同，因而形成了各自不同的政治态度与观点，因此这种阶级关系又表现为政治关系。政治关系是一种深刻的社会关系。另一类是人们在直接交往的活动中所结成的心理关系，父母与子女的关系、同事关系、买卖关系，以及师生关系等都是这种关系的体现。这种直接的人际关系在一定程度上反映了阶级关系与政治关系。

社会关系制约着人们的心理关系。它不仅制约着心理关系的内容，而且在一定程度上制约着这种关系的表现。这种心理上的直接关系也非常重要，它构成了人们社会交往的基础。离开了人际关系，人们的社会生活也将难以维持下去。生产关系、阶级关系和政治关系必须以人际关系为中介才能发生作用。因而，人际关系乃是人与人之间在直接交往中所结成的心理关系，它是社会关系、阶级关系等在人际交往中的表现。

2.人际关系的基础

人际关系的发展与人们之间需要的满足有很密切的关系，需要的满足成了人际关系的基础。如果人与人之间在交往中相互尊重、欣赏、信任、关怀，满足了双方交往的需要，按照心理学中的强化原则，这种关系就会维持、发展，变得更加牢固。

（二）人际关系的情绪体验

可以说，人类约80%的情绪体验是在人际交往中产生的，不同的人际关系会引起不同的情绪体验。如果交往双方互相关心、尊重，心理距离就会接近，双方会从这种关系中得到愉悦，心情舒畅；相反，人与人之间有了矛盾和冲突，彼此就会产生不愉快的情绪体验，个体会产生一种孤立与无助感，心情也会变得抑郁，这种不良的人际关系不仅会使人的工作学习受到影响，而且还会影响人的身心健康，甚至导致心理失常。

（三）员工人际关系的内涵

员工人际关系是员工与员工之间在工作岗位、生活等活动过程中直接的心理上的联系或心理上的距离，具体包括以下几个方面。

第一，人际关系是交往的结果。

第二，人际关系离不开一定的群体背景。

第三，人的个性是调节人际关系的重要心理因素。

第四，情感状态是人际关系最鲜明的心理特色。

二、员工人际关系的重要性

（一）良好的人际关系可促进心理健康

心理学家认为，人类心理的适应，最重要的是对人际关系的适应；而人类心理的病态，则主要是由于人与人之间关系的失调。由此我们可以看出，心理健康问题主要是由人际关系失调引起的，人际交往对员工的心理起到一种调节的作用。研究表明，心理健康的员工乐于与他人交往，能用信任、友爱、宽容的态度与人相处。员工通过相互交流，能够丰富其精神生活，满足其心理的需求，就会感到愉悦；员工通过相互交流，诉说个人的喜怒哀乐、爱憎恐悲，就会引起对方的情感共鸣，从心理上产生一种归属感和安全感。而另外一些员工因性格孤僻、不合群，加之缺乏良好的心理素质，在生活、工作中只讲索取，不讲奉献，总是与他人格格不入，人际关系十分紧张，久而久之，会积累许多无法排遣的烦恼、忧愁和苦闷，也就必然会造成心理上的障碍，影响身心健康，最终导致心理失衡。可见，良好的人际关系对员工的身心健康是多么重要。

（二）良好的人际关系可使员工理解他人、认识自我

人际关系给员工提供了一个自我认识、自我修正的参照。好的人际关系有助于人与人之间的协调，因为良好的人际关系可以增强员工的自我意识，让他们看清自己的行为是否符合企业的行为标准，是否符合社会道德规范，从而肯定或改变自己的行为。如果一名员工经常独来独往，缺乏与人交流，他对自己的认识就缺少了一个"参照系"，失去了衡量自己的"尺子"和照鉴自己的"镜子"，长此以往，员工就会囿于自己的小圈子里，不能正确地认识自己，也不能正确地认识别人，从而走入"死胡同"。

员工在与别人的交往和比较中认识自己，通过交往，可以发现自己身上好的或不好的东西，也能了解别人的长处和短处，从而做到"以人为镜"，不断调整和改进自己。同时，通过交往，员工也可以从他人对自己的态度和评价中，从他人与自己的亲疏关系中来认识自己的形象，修正自己的行为。

（三）良好的人际关系能强化员工的集体意识、团队精神

人作为社会成员，有着强烈的合群需要，要使群体和谐有序，就必须遵守共同的游戏规则。每个人都有自己的性格特点、动机、目的、要求和期望，但个人在自然面前显得如此渺小和软弱，靠单打独斗是永远不会取得成功的，为了共同的奋斗目标，大家应该团结起来达到协调和默契，最终赢得胜利。所以，人际关系的协调在员工个人的发展和企业集体的发展过程中至关重要，良好的人际交往能够产生合力，促进员工之间的团结和协作，增强整体效应，产生会聚合力。也只有这样，才能达成员工个人与企业集体双方目标的实现。

三、员工协调人际关系的原则与方法

（一）协调人际关系的原则

1.心向一致原则

心向一致原则是指企业在协调工作中的人际关系时，坚持正确的目标导向，引导全体成员为实现共同目标同心同德、同舟共济，实现共同目标和个人

目标的指向一致、有机统一，促进公司组织和其成员的共同和谐发展。贯彻该原则的关键是科学制订公司管理目标，并合理控制与实现目标。

2.心理投入原则

心理投入原则是指企业在协调工作中的人际关系的过程中，善于引导全体员工树立用心参与的意识，以主人翁的姿态为内部管理出谋献策，为经济效益和目标实现自觉努力工作。贯彻该原则的关键是建立民主管理机制。

3.心理相容原则

心理相容原则是指企业在协调工作中的人际关系的过程中，善于用人和容人，善于凝聚人心，使上级成员之间、上级成员与员工之间、员工相互间建立一种互相尊重、互相体谅、团结和谐、彼此悦纳的心理交往态势，为建立公司良好的人际关系夯实心理基础。贯彻该原则的关键是致力于创造一种宽容、体谅、信任、合作的心理氛围和工作环境。

4.心理平衡原则

心理平衡原则是指企业在协调工作中的人际关系的过程中秉公办事，公正待人，使每个成员因感到自己受到尊重和信任，享受到公平、公正的权益和待遇而产生一种舒畅、欢快的心理状态。贯彻该原则的关键是公正处事、待人公平公正、一视同仁。

5.信息沟通原则

信息沟通原则是指企业在协调工作中的人际关系的过程中，务必坚持信息的正确传递及相互交流，通过顺畅的沟通渠道来协调各方面的关系，调解人际冲突。贯彻该原则要求企业务必做到两点：一是提高信息交流的质量和速度，辨别信息的真伪；二是拓宽信息沟通渠道。

（二）协调人际关系的方法

第一，在公司，自己做好自己分内之事，别人需要帮忙时热情给予帮助，早上见到同事主动打招呼，吃工作餐时多参与同事闲聊的话题，不要打听别人的秘密，不要加入小圈子，不要说任何同事的坏话，不要传播小道消息。

第二，要想尽办法去帮助任何人，记得，是任何人。不要只看到眼前的利益、眼前谁有什么样的潜力，最重要的是对每个人都好，开发大家潜在的合力。尤其重要的是"害人之心不可有，防人之心不可无"。

第三，要有一颗感恩的心。感恩是一种美德，所以记着感谢以前在你生命中帮助过你的人。记住有付出就会有收获。

第四，注意自己的言行举止，不要太狂妄，也不要过于自卑。不要轻易在别人面前说你厌恶某人，即使你真的很厌恶这个人。不要太小气，也不要太大方。要把握好场合与时机。

第五，脸上时刻持续笑容，没有任何人能够抵挡笑容的魅力。会话交谈时，目光注视对方。充分尊重对方的内心秘密。在听到对方的秘密后不要在背后批评人，保住对方面子。

第二节　正确处理与上级的关系

一、尊重上级

（一）要有上级意识

在企业工作经常与上级领导打交道，甚至与上级领导同甘共苦，同吃同住同劳动，彼此非常熟悉。也许有人认为，熟悉了关系好处，生疏时关系难处。实际上恰恰相反，上级领导与被上级领导的关系，生疏时处理起来比较简单；熟悉了，倒是要特别讲究分寸和艺术。

为什么呢？首先，和上级领导熟悉了，思想上容易松懈麻痹，变得不谨慎起来，变得随便甚至"放肆"起来，话也多了，事也多了，一旦把握不住，许多问题和毛病就跟着来了。其次，上级领导对你信任了，安排的工作就多了，如果你没有足够的智慧和知识储备，就可能会出现"江郎才尽"的窘境。最后，和上级领导熟悉了，接触的层次高了，面也宽了，了解的情况也多了，需要处理的关系也更加复杂了，搞不好就会纠缠其中难以脱身。处理这类关系，从根本上讲，就是要始终保持清醒的头脑，谨慎谨慎再谨慎，切不可忘乎所以、飘飘然。

这里所谓"有上级意识"，就是不论你和上级领导的关系多么密切，上级领导就是上级领导，被上级领导就是被上级领导，这个意识要非常强。一般来说，和上级领导单独相处，可以比较随便，但在公开场合，要严肃认真，即使上级领导和你开玩笑，你也要庄谐适度，礼貌又不伤气氛。越是和上级领导熟悉，越要体谅上级领导的难处，不要给上级领导出难题，也不要因自己的一些琐碎的私事去麻烦上级领导。上级领导交办的事情绝对不能马虎，要认认真真，有板有眼地去完成，并且要有反馈。此外，不能打着上级领导的旗号为自己办私事，上级领导的事就是上级领导的事，自己的事就是自己的事，这要分得很清楚。

（二）要有距离意识

距离产生美。人和人之间的交往也不是一帆风顺的，它同人的命运一样，沉沉浮浮，起起落落。有道是亲近生狎昵，再好的关系，也应当保持着一种若即若离的适当状态，否则便会失去尊重。

员工与上级领导相处，要学习地球与太阳相处的智慧。据科学家研究，如果地球离太阳再近1%，那么地球将成为一个火球，烈焰腾腾，生命将无法存活；如果地球离太阳再远3%，那么地球将成为一个冰球，生命同样无法存活。也就是说，在巨大的太阳系中，只有地球运行的轨道这狭小的空间，才适合生命的生存。否则，只要离太阳再近或再远离太阳一点点，地球上的生命将不复存在，地球将成为一片荒芜、毫无生机的星球。太远了不行，太近了也不行，可见恰当的距离是多么重要。

那么，我们与上级领导的距离怎样才算恰当？一是不掺和上级领导的家务。家家有本难念的经，清官难断家务案，家务事是最难处理的事情。作为员工，无论你和上级领导的关系多好，无论你对上级领导多么关心，一定不要掺和到上级领导的家务事之中。二是不迎合上级领导的嗜好。"嗜好"这个词，多指不良的特殊爱好。上级领导也是人，可能有自己的嗜好，这是很正常的。但是作为员工，不能投其所好，刻意去迎合上级领导的嗜好，助长上级领导的不良嗜好，以致影响上级领导的形象和威信。三是不伤害上级领导的面子。工作中无论出现什么样的不同看法，无论有千万条客观理由，都要注意控制好情绪，不能和上级领导把关系搞僵了，工作中的"疙瘩"好解，伤及感情的事就难办了。因为工作伤了感情，撕破了脸皮，就如同地球远离太阳4%，形成冰球效应，就无法在一起共事了。正确的态度是，讲得通的可以尽量讲，讲不通的要暂时搁置起来，待以后寻找更好的时机解决。这样做，不仅是一种礼节，也是一种觉悟、修养和纪律。

（三）要有掩护意识

看过战争片的人都知道，战场上，每逢遇到炮弹、手榴弹袭来的危急关头，指挥员身边的战士总是奋不顾身地把领导扑倒在地，用身体掩护领导的生命安全。战时的这种"掩护意识"也适用于平时。因为在日常工作中，会经常遇到棘手问题，这类问题一般具有复杂性、严重性、敏感性的特征。为上级领导分忧是员工的职责所在。

对上级领导的掩护意识，可以具体为"三个作用"：一是当上级领导不太清楚下面的事情，或者下面不太领会上级领导的意图时，应多做沟通的工作，起到桥梁作用，使上下级之间协调一致；二是当贯彻涉及诸如职级调整、纪律处分、进退去留等切身利益的组织决定时，应多做疏导工作，起到必要的掩护作用，不能动不动就把上级领导推到第一线，以使工作留有回旋余地；三是当上级领导的意图与下面的实际情况不符而产生强烈反应时，应多做化解的工作，起到缓冲的作用，并及时查清情况，提出建议，力避产生对立情绪。

（四）要有本分意识

怎样守住本分？首先有一个认识问题，员工确实需要积极主动的精神，既能办文、办会、办事，又能出谋献策，为上级领导拾遗补阙，为下面排忧解难。但是，正确处理与上级的关系是服务上级领导，而不是实行上级领导；是辅助决策，而不是作出决策。发挥主观能动性和创造性绝不是可以越权行事。所以，什么时间办什么事，什么场合说什么话，要做到心中有数。总的来讲，在上级领导面前，未经核实的情况不能乱讲，没有依据的意见不能乱提；不能炒作未公开的上级领导意见，不能背后说三道四；讲话办事也要注意分寸，不能盲目迎合一些消极情绪。

二、适应上级

（一）适应卓越型上级

卓越型上级不仅有坚定的信仰，顾全大局，品质高尚，开拓精神强，凡事都能率先垂范，而且才能卓越，善于破解难题，为官一任，造福一方。他们不仅在下级面前威信很高，而且在上级领导班子中也有很高的威望，居于核心地位。适应这种上级的常见做法如下。

1.本分做人，用力做事

在这样的上级领导面前，不必刻意考虑处理彼此的关系技巧，因为一切伎俩都很难瞒过他那明亮如炬的法眼，刻意巴结讨好往往会适得其反。聪明的下级就是要保持对企业建设的无限忠诚和对本职工作竭尽全力。

2.特色做人，用脑做事

用力做事能及格，用脑做事才能优秀。越是高明的上级领导，越欣赏有头脑和有个性的下级。作为企业员工，要注意保持独立的思考和个性，遇事多动脑，有见解及时汇报，即使达不到上级领导那样高的认识水平，也可以使自己不断提高，也便于上级领导在广大员工中认识和关注自己。

3.简单做人，阳光做事

生活原本很简单，想得太多，顾虑太多，往往会让自己负担太重，活得太累。做人简单一些，做事阳光一些，更容易处理好与卓越型上级领导的关系。尤其是在自己的特殊心理和利益诉求等方面，有些什么想法，应如实向上级领导反映和汇报，让上级领导及时掌握自己的所思所想。事实上，越是关心人的上级领导，越是时刻在寻找关心人的机会。只要你不失时机地向上级领导提出自己合情合理、恰如其分的要求，上级领导不仅不会生厌，而且还会因为你做人阳光、坦言合理诉求，更加关注和重视你。

（二）适应常态型上级

如何适应常态型上级领导？

常态型上级领导既是好人，也是"俗人"，非常讲究世故人情。与这样的上级领导相处，既难也易：难就是特别需要讲究方法；易就是抱着无所谓的态度，本色做人，尽职做事，不去着意拉近彼此的关系，也会相安无事，上级领导也不会有意给你"穿小鞋"，因为这样的上级领导毕竟不是"坏人"。但是如果讲究一些方法，适度恰当地表示一些亲近感、忠诚感，上级领导会变得更好，会对你的成长倾入更多的热心和有力帮助。

1.工作干好一点，让上级领导省心

常态型上级领导对工作看得比较重，头脑很清楚，评价人尽管有较为主观的一面，但主要还是看工作做得怎么样，因为他们的晋升在很大程度上就是靠工作比较出色而获得的。如果你分内工作干不好，总是出岔子、捅娄子、让上级领导费心费力，即使你再善于取悦上级领导，也很难获得上级领导好评。

2.专长突出一点，让上级领导倾心

常态型上级领导往往都是有专长的人，在某些方面也有显著的成绩，并且常常为此自得。由于这种心理，他们通常容易欣赏那些有专长、工作上能做出特殊成绩的人。所以，你要注意培育自己的特长，让自己拥有一技之长。如果这些专长与上级领导相近，那么就更容易拉近彼此间的心理距离，他们会更乐于当伯乐，主动调教你这匹千里马。常态型上级领导都有起码的公道感，一般不会有意埋没人才和苛求那些作出过突出贡献的人。

3.沟通主动一点，让上级领导舒心

常态型上级领导还是有诸多弱点的人，他们的好恶感通常比较强，对下属

也因种种原因表现出远近亲疏。他们在体味和享受为官的感觉时，谁能增强和丰富这种感觉，他对谁自然也就更具有好感，并会在工作中对他予以更多的关照和提携。与这样的上级领导处好关系，就要时时处处表现得谨慎、恭敬，尽量避免违拗上级领导的心意。如有不同意见，要尽量以合适的方式在合适的场合与时机提出来，让上级领导真心接受。

（三）适应开明型上级

这类上级领导一方面有控权的强烈愿望和高明的控权手段，重权在握，大权独揽；另一方面，他对权力的运用有精明的盘算，善于通过合理的授权，有效地发挥权力的功能，做到小权分散，对权力的控放有很强的分寸感和较高的艺术感。与这类上级领导相处的方法如下。

1.大胆独立行使职权，工作目标至上

开明型上级领导一般都能进行合理的分工，用人所长，用人比较放心放手，只关注工作结果，不太重视工作的细节和过程，认为那是下级的分内之事。作为下级，要表现出拿得起放得下、能够独当一面的气度和能力，围绕工作目标放手行使职权，创造性地解决工作难题，不要事事请示，否则会让上级领导心烦，还可能令其认为你不能担当大任。这样的上级领导精明干练，他欣赏的也是具有这种风格的下级。只要你干净利落地完成工作任务，用事实表明你的工作不仅效率高，而且在质量上也属于"免检产品"，那么他就会对你格外地倚重。

2.直言不讳，多发表有见地的意见

开明型上级领导都是有远大抱负的，脑子里时时都在谋划着宏伟的工作目标，因而特别渴望下级中能有远见卓识者。如果你确有过人之见，不妨直言不讳，和盘托出，只要与上级领导的志向与见识契合，或能令其称奇，就容易得到上级领导的赏识，为建立良好关系奠定基础。

3.树立诚信形象，不搞小动作

这种上级领导尤其不能容忍耍小聪明、敷衍工作者，他会将这种行为视为对组织和对上级领导的背叛行为，一旦下级在他心中留下这样的印象，要想再获得信任就难了。面对开明型上级领导，树立坦诚可靠的形象很重要，即使能力弱一点，只要对工作尽心尽责，对上级领导和组织表现出强烈的责任心，上级领导还是能包容的。情理之中的要求，开明型上级领导一般都会考虑到。如果上级领导考虑不到，你只要提出来，他一般都会同意。追求自身利益时，切

忌用欺瞒的手段，因为开明型上级领导眼里揉不进沙子，一些小花招能瞒得过一时，但迟早会被识破，并会彻底败坏你在上级领导心目中的形象。

三、"约束"上级

（一）依靠感情"约束"

同事之间也好，上下级之间也好，感情问题至关重要。感情好，有事不当事；感情差，没有事找事；感情深，大事能化小，小事能化了；感情浅，小事能闹大，大事能闹炸。

那么，怎样才能与领导建立密切感情？比较便捷的做法是，要强化"自己人效应"。"自己人效应"的观点，出自苏联心理学家纳奇拉什维里的研究，他把彼此有一定相似之处的人称为"自己人"，他认为，"自己人"一般都是相互认同和彼此信任的，这种现象叫"自己人效应"。

当然，我们不能把这里说的"自己人"狭隘地理解为领导者与被领导者的人身依附关系。"自己人效应"体现的是一种领导者与被领导者之间的同志关系、平等关系。

员工培养与上级领导的感情，不是靠送丰厚的礼物，而是靠出色的工作。要想得到上级领导的欣赏，你把他交代的任务完成好，这就是最好的礼物。如果他费劲把你选调来、提拔起来，你什么活也干不了，什么任务也完不成，证明他看人不准，用人不当，让他多丢面子？"不争气"的下级上级领导是绝不会喜欢的，不要说你没有多少礼送，就是有礼送他也不敢收。相反，你工作出色了，为他争了光，他还要给你奖励。

当然，也有的上级领导是贪官，奉行"理论联系实惠"那一套，不以工作取人，而以"厚礼"取人，不是看你干了多少，而是看你送了多少。如果你是真正靠本事吃饭，而不是靠送礼吃饭的人，不必硬要扭曲自己的性格，违心地去搞"吃、请、送"那一套。

（二）依靠水平"约束"

依靠水平"约束"上级领导，说到底是能够对上级领导施加影响。这是一个高难度动作，既能影响上级领导的工作思路和工作方法，又不使上级领导感到你有越权之举、架空之嫌，其中的技巧值得细心研究。在美国，每个人都知道爱德华·豪斯上校，他在伍德罗·威尔逊统治白宫期间，对国内及国际事务有着极大的影响。那么他是用什么方法来影响总统的呢？豪斯讲的一段话，揭开了其中的奥秘：

"我发现，要改变总统对一件事的看法，只有一个办法，那就是，我常常很不经意地向他提出一些事情，使我的观念自然地灌注到他的头脑中，使他发生兴趣，潜移默化地影响他的决策。这一方法第一次生效是在一次偶然事件中，我到白宫拜见他，催促他决定一项政策，而他当时显然对这项政策不赞同。可是几天后，我在餐桌上吃惊地听到他把我的建议当成他自己的意见说了出来。"

员工对上级领导施加影响，应注意掌握不经意中的艺术，要注意利用一切机会、条件和场合，宣传自己的观点和看法，恰似"无心插柳"那样，却能使"柳成荫"。

还有一点非常重要，员工在上级领导面前要敢于并善于坚持正确的见解。同时，还要注意反复渗透，不要指望一次两次就能对上级领导产生多大的影响力。重复就是力量。如果方法得当，不厌其烦地多渗透几次，才可能达到应有的效果。事实上，没有几次和上级领导真正的思想交锋，很难让上级领导从心底里觉得你是一个有本事的人。

（三）依靠人格"约束"

人格的力量是无穷的。所谓人格，就是做人的资格和为人的品格的总和。人格高尚，重气节，轻私利，轻富贵，轻生死，能够做到"富贵不淫，贫贱不移，威武不屈"，不论职务高低，都有极大的影响力和约束力。

《旧唐书·杨绾传》记载了这样一个故事。唐太宗时，一向以"贞廉简朴"著称的杨绾升任宰相后，发生了一连串趣闻：御史中丞崔宽，马上把号称"当时第一"的奢华的自家别墅拆除了；中书令郭子仪，立即将"座内音乐减散五分之四"；京兆尹黎干，平日每次出行都有百余辆车马前呼后拥，"亦即三日减损车骑，唯留十骑而已"。

以史为鉴，员工要下功夫优化人格。有句话说："人不可以使自己位高，但可以使自己崇高。"意思就是你能当到多大的官，担任多高的职务，你自己说了不算，自己左右不了，那是企业考虑的事情。但是你的人格高尚低下，自己还是能左右的。通过修养锤炼，完全可以使自己成为一个品格高尚的人。

能够优化自己，是人与动物的最大不同。人有对正当性的追求，人的一生，从出生到死亡，每做一件事总要问，我凭什么做这件事，为什么我该做这件事。如果人仅仅具有动物性的话，为了满足自己的需要，他什么事都可以做，会无所畏惧。但人在本质上是有所畏惧的。人不同于动物，人们在从事某种行为时，总希望追求某种正当性，总希望自己乃至别人相信，自己的行为是正当的。

优化人格，重要的是驱除私欲。无欲则刚，无私才能无畏。员工如果办事出于公心，做事刚直不阿，一身正气，两袖清风，坚持原则不让步，重大问题不含糊，遇事有对策，处事有原则，论事有见地，办事有章法，就会在领导那里有沉甸甸的分量，你才有资本"约束"他。

第三节　正确处理与同级的关系

一、处理同级关系的重要性

同级之间，尽管职责任务不同，但其工作都是一个整体的重要组成部分，彼此之间相互联系、相互影响、相互依存和相互制约。处理好这种关系，有利于得到同级的帮助配合、提高自身工作的成效，有利于增进彼此的团结、获得良好的周边关系，有利于产生合力、发挥组织的整体功能。

（一）有利于得到同级的帮助配合，提高自身工作的成效

员工工作成效的取得，既有赖于上级的指导、下级的支持和自身的努力，也离不开同级的帮助和配合。同级之间朝夕相处，接触直接频繁，彼此之间既有分工，又有合作，经常要协同作战，具有千丝万缕的关系。从这个意义上说，其帮助配合更加直接、有力。当然，帮助配合的广度和力度取决于双向的关系。如果彼此之间的关系处理得好，就能得到更多的帮助和配合；反之，帮助和配合的程度就会减少，甚至"消失"。在现实生活中，有的部门、员工在"左邻右舍"的心目中形象好、声誉高，能够得到大家真心实意的帮助和配合，因而工作富有成效；而有的部门、员工则相反，他们不能得到同级之间有效的帮助和配合，即使"得到"也只是表层的"应付差使"，因而工作缺乏生机。究其原因，主要在于彼此之间的关系不融洽，特别是同级员工之间的关系不协调。前者是应当尽力追求的，而后者则是必须防止和避免的。

（二）有利于增进彼此的团结，获得良好的周边关系

团结是催人奋进的力量，也是人们的共同愿望。良好的周边关系是提高工作成效的"精神"因素和"物质"条件，也是大家的普遍追求。而"团结"的增进和"良好的周边关系"的获得，有赖于彼此之间的关系。员工处理好同级之间的关系，真心诚意地与同级相处，使双方不仅成为工作上的同志，而且成

为事业上的伙伴，就能增进彼此之间的团结和友谊，创造一种融洽、和谐的周边关系。在这种环境中工作，员工会感到舒心、顺手而且富有成效。在现实生活中，有的员工注意和善于处理与同级之间的关系，达到了"凡事好说好商量"的境地；而有的员工则不善于也不注意与"左邻右舍"的关系，往往成了广大员工中的"孤家寡人"。前者既有利于工作，又有利于身心健康；而后者则相反。

（三）有利于产生合力，发挥组织的整体功能

从系统论的角度审视，任何一个组织及其员工，既是一个相对独立的整体，又是具有内在联系的大系统中的子系统。大系统功能的发挥和实现，有赖于各子系统的支撑和协作。基于这种情况，员工如果能够处理好同级之间的关系，齐心协力、共同向上，就能产生一种向心的"合力"，达到"1＋1＞2"的效果，也就是我们通常所说的由"合力"产生的正效应；相反，如果不能处理好同级之间的关系，离心离德、互相顶牛、各奔东西，就会带来离心的"排斥力"，造成"1＋1<2"的结局，也就是我们通常所说的由"内耗"导致的负效应。需要指出的是，在有些员工的身上，单打一、各顾各，只关注鼻子底下的一亩三分地，而不注意整体利益的现象依然程度不同地存在着。这是应当避免和克服的。

二、处理同级关系的原则

（一）尊重原则

尊重，一方面表现为自尊，另一方面表现为尊重别人。每个人都有自尊心，领导者尤其是如此。当一个人在某些方面落后于他人，或某件事情做错了的时候，心中会产生一种既不服气又自责的情绪或感觉，害怕自己的威信下降，暗下决心要赶上去。在这种情况下，其他人既要热情地支持、鼓励，又要善意地指出其不足，不要袖手旁观。

互相尊重，还要注意不要越俎代庖，因为每一个员工都有明确的分工和职权范围。如果擅自超越自己的职权范围插手别人职权范围内的工作，就会使他人产生一种被人瞧不起、不被尊重的感觉，甚至会产生一种被人"夺权"的想法，这样就会使他人的自尊心受到伤害。因此，在完成自己的本职工作后，在有能力和有必要帮助他人工作时，一定要掌握好分寸和尺度，掌握好时机和方法。

（二）信任原则

相互信任、互不猜疑是处理好同级员工之间相互关系的一个重要原则。信任，一方面是自己要言必行，行必果，给对方以信任感；另一方面是要相信对方，遇事不要胡乱猜疑，更不要依据自己的臆想来推测对方如何如何。促使员工之间相互信任，可以减少许多因猜疑所浪费的时间和精力。信任是在相互之间的交往中产生的，一个人只有自己行得端，立得直，才能有值得别人信任的地方，才能期望得到别人的信任。同时，信任别人，还要正确地看待别人对自己的忠言和直言，千万不要把这些话当作别人对你的不信任加以"反馈"，正是因为别人信任你，才敢于同你讲真话，敢于同你倾诉肺腑之声。信任别人和被人信任，是一个人高贵品质的表现。

（三）真诚原则

"精诚所至，金石为开"用在同级员工之间的相互关系上，是十分恰当的。一个人在与他人交往过程中若能以诚相待，对方就能以礼相还。"投之以李，报之以桃"乃人之常情。在日常工作中我们常常能看到这样的情况：如果一个人能够处处诚实待人，对方就能把知心话和工作中的实际情况讲给他听，推心置腹，视其为知己，一道分担困难。但要真正做到时时处处真诚待人，是相当困难的。有时你的真诚会被别人误解，甚至遭到别人的冷遇；也许有人还会把你的真诚看作刘备摔孩子——收买人心，这些都会给你带来心灵与感情上的痛苦。所以，真诚往往需要时间与实践的检验。

（四）宽容原则

一个人要有宽广的胸怀和气量，对于别人的缺点和短处应该持包容和体谅的态度，并想办法用自己的长处去弥补。当然，容忍和体谅并非是无原则地迁就，而是要在相互交往中互相宽容。

在同级关系中，宽容水平越高，就越能与人搞好关系。而一个人心胸狭窄，处处不容人，就不会有更多的朋友。宽容别人偶尔的过失，是一个优秀员工必备的素质。

三、处理同级关系的艺术

同级之间由于在工作、人事关系以及其他方面都存在联系，因而产生竞争与合作关系是正常的，难免也会出现这样或那样的矛盾或分歧。要妥善处理好同级间的种种关系，解决发生的矛盾和分歧，必须讲求方式和方法。

（一）正视竞争，积极合作

在与同级进行竞争时应做到两点：一是既要乐于竞争，又要看淡竞争。要以积极的态度对待竞争，把竞争作为提高自己能力的阶梯和动力，在竞争中品味工作和生活的乐趣。同时，要有以事业为重的态度，坚持以工作为主，把集体利益和履行职责放在首位。不管谁在竞争中获胜，都是好事。竞争本身的目的是充分调动大家的工作积极性，把工作干得更好。二是既要敢于竞争，又要甘于适度退让。竞争是不可回避的，因而面对竞争时要克服和防止畏惧心理。有一位名人说过：对一个踟蹰不前的人，别人会越过他赶到他前面去；对一个勇往直前的人，别人会自觉给他让路。在面对竞争当仁不让的同时，也要为他人着想。在特定条件下，如果机会对别人来说非常重要，对自己却无足轻重，或自己还有更多机会，那么就要有谦让的风度。

同级之间，寸有所长，尺有所短，往往各有优势。大家在一起，竞争归竞争，但相互尊重、以诚相待也是为人不可丢掉的基本原则。能力强的人不应恃才傲物、盛气凌人，能力弱的人也不能嫉贤妒能、对别人造谣中伤。理解是加强同级之间合作的关键。同级员工要通过加强相互之间的接触和交往，了解对方的脾气、兴趣、风格，要学会用欣赏的眼光来看待同级。一位哲人说过，"善于欣赏别人的人，是一个智慧的人"。当你用欣赏的眼光来看待对方时，一定会发现对方的许多闪光点。要善于换位思考。当你站在对方的立场，用对方的观点来看问题时，你会发现，其所作所为有一定的道理，理解他便是自然而然的事了。同级之间只有相互理解，彼此相处才会融洽愉快，才会使工作和生活轻松、顺利甚至富有情趣。

同级员工之间还应互补，绝对不要把竞争搞成互相拆台和水火不相容的斗争。要正确处理好分内与分外的关系：对自己分内的工作要尽职尽责、全力以赴，不要推给别人；当本部门的工作涉及其他部门时，就应顾全大局，考虑同级的意见，不能只强调本部门的重要，而不管其他部门，更不要以邻为壑，妨碍同事完成任务。要处理好主角与配角的关系，把握好自己的角色。该唱主角时，不要畏首畏尾，要有大将风度；该当配角时，不要抢着出风头，要有"绿叶精神"。必要时，应对同级的工作给予支持、配合，帮助出点子，提供一些力所能及的方便。当同级的工作存在某些方面的疏忽或纰漏时，要及时提醒，巧妙协助，帮助其弥补。总之一句话：通过竞争，促进了解，加强相互合作；通过合作，互相学习，提高工作能力。

（二）讲究信用，待人以诚，助人为乐

在与同级的交往中，讲究信用原则颇为重要。讲究信用，待人以诚，乐于助人，这样才能为建立良好同级关系奠定基础。

信用的主要含义有二：一是在人际交往中，说真话不说假话，这叫"言必信"；二是遵守诺言，这叫"行必果"。讲信用是待人真诚的具体表现。一个讲信用的人，言行一致，表里如一，同事们更愿意听其言、信其行，与其进行正常交往；如果一个人不讲信用，言行不一，他就很难赢得同事们的信赖，人们也不愿同他交往。

待人以诚，就是在同级交往中，保持诚实的美德，真心诚意待人，这是获取同级信任、取信于人的一种积极方法。"以诚感人者，人亦诚而应。"待人诚恳的人，在相处、说话、办事等方面，能给人以稳重、可靠的感觉。真诚待人就是尊重他人。你尊重别人，别人也尊重你，从而实现互相尊重。从这个意义上说，待人以诚是维系同级正常关系的链条和纽带。

助人为乐，同样是搞好同级关系的重要条件。如果说待人以诚是协调同级关系的心理条件，那么，助人为乐则是协调同级关系的催化剂。热情可以制造一种温和的交往气氛，有利于感染人，并能同化交际对象的心理需求。帮助人是一条坚韧的联系纽带，是一种友善的、主动的交际行为。满腔热情地从各方面帮助同事，是协调好同级关系的重要一环。在工作中，当看到同事忙不过来时，要尽自己的能力竭诚相助；当同事遇到难题时，也要主动出主意，想办法；当同事将要犯错误时，要及时指出，避免其失误；当同事产生思想问题时，要诚恳地帮助他解除包袱，振奋精神；当同事遇到家庭或个人困难时，要尽力在精神上、物质上给予帮助，为其分忧解难。这样做人际关系自然也得以有效的协调。

（三）相互沟通，不猜忌怨恨

所谓相互沟通，不猜忌怨恨，就是要求员工在处理同级关系的过程中，应当注意沟通，增进理解，互相谅解，化解矛盾，消除隔阂，而不要以牙还牙，猜忌怨恨。同级之间，由于工作关系、主张、观点、看法以及其他一些原因，有时会产生一些分歧、争论、隔阂，甚至小的冲突，这是正常的。众所周知，事物总是在矛盾中发展的，有矛盾是正常的，而没有矛盾未必是正常的。关键是出现矛盾以后如何解决。正确的方法是相互沟通、增进理解，有问题及时交换意见，及时解决，不要猜忌怨恨、往坏处想。实践表明，越善于沟通理解的人，就越容易被对方所理解和信任，相互间的"心理防线"就越容易被消除；

相反，如果缺乏沟通和理解，彼此各揣一个"小九九"，就容易产生误解，导致隔阂，造成僵局。同级员工之间只要经常注意沟通，就可减少矛盾，消除不必要的猜忌，从而加深感情，增进团结，处好关系。

（四）见贤思齐，强者为师

所谓见贤思齐，强者为师，就是主动地向贤者看齐，虚心地拜强者为师。这既是对"气度"方面的要求，也是处理同级关系的重要原则。由于同级处在同一起跑线上，潜存着"竞争"的因素。因此，处理同级关系，不仅要有"容人之短"的肚量，而且要有"容人之长"的胸怀。毋庸讳言，处于同一层次的领导者之间，由于资历、阅历和受教育程度等方面的不同，其无论是在能力、水平还是气质、修养方面，都存在着一定的差异。对此，我们应当积极地向贤者看齐，看到别人行的方面，多想想自己为什么不行，怎么才能行；虚心地拜强者为师，看到别人强的方面，多想想自己为什么不强，怎么才能强。切忌以己之长比人之短，拿己之优比人之劣；更不能嫉贤妒能，采取不正当的方式和手段"挤"别人，来个"我不行你别行""我不强你也别强"。前者既有利于自身的提高，又有利于处理好同级之间的关系；而后者则既不利于自己的提高，又有损于同级之间的关系，甚至使自己还会成为受人唾骂的"小人"。

第四节　正确处理与下级的关系

一、处理与下级关系的原则

（一）公正原则

公正是处理与下级关系的基本原则之一，是职业道德的核心。这条原则要求待人处事公平合理，不偏不倚，即通常所说的"一碗水端平"。

在现实生活中，坚持公正原则主要表现在公平合理地处理上下级之间以及下级之间的利益冲突和机会冲突上，对于升迁、调资、晋级、调动、批评、表扬等问题，坚持"一碗水端平"。然而做到这一点并非易事。由于下级成员具有不同的出身、背景、资历、特长、性格等，所以下级之间以及下级与上级之间存在着复杂的互动关系。这种关系常常使领导者在处理上、下级之间以及下级之间的利益冲突和机会冲突时，不自觉地受"自然偏正效应"的影响，从而脱离公正原则的轨道。

（二）服从原则

1.遵守纪律，自觉服从

领导者在处理与下级关系的过程中，要严格遵循"下级服从上级，个人服从组织"的原则，使下级员工自觉自愿地服从组织的决定和上级的指挥，不能以任何借口打折扣，更不能以任何托词置之不理。这不单是做好工作的需要，更是上下级之间纪律的约束。

2.以服从为前提，在执行中提出意见

作为下级，如果对上级的决定有不同看法，可以提建议、谈想法，或者保留意见，但是如果上级没有采纳或者没有改变既定的决定、指示，必须与上级决定在政治思想上保持高度的统一，在组织行动上保持高度的一致。在这里面要防止和避免两种倾向：一是对上级的决定有意见或者自己的建议未被上级采纳时，拒不执行或者"有选择"地执行上级决定；二是明知上级的决定中有偏差，有失误，只管执行而不去提出。

3.表里如一，不阳奉阴违

表里如一，不阳奉阴违就是说服从要自觉自愿、真心实意、心悦诚服。

（三）信任原则

信任理解是下级最基本的心理需求和对上级的共同期望，也是领导者处理下级关系的重要原则。常言道："疑人不用，用人不疑。"领导者要对下级有足够的信任，满足其自尊心和自信心。西方一个雇员说过这样一段话："我最怕老板的信任。因为老板的信任，意味着我要为他卖命。"这段貌似"消极"，实则充满着"得意"的话语道出了一个意味深长的哲理："信任"具有一种不可替代的魔力，即能使下级自觉自愿地、心悦诚服地为上级卖命。当然，我们信任下级的目的，不是要让他们卖命，而是让他们更加有效地工作。在信任的同时还要理解下级，理解其能力、水平、素质、合理的要求和实际的困难，不要完全以自己的水准和尺度去要求和衡量下级，这是不现实的，而且还会带来适得其反的结果。事实证明，领导者越是信任理解下级，越能激发下级的积极性和自觉性，也越能处理好与下级的关系；相反，如果领导者不信任、不理解或者少信任、少理解下级，就会影响和挫伤下级的积极性和主动性，也就不能处理好与其的关系。

（四）平等原则

社会主义下的上下级关系，是一种同志式的平等关系。一方面，它是指上级与下级在真理面前的平等。坚持平等原则处理下级关系，首先要求领导者在真理面前把自己摆在与下级同等的位置上，相互之间可以平等地商讨、争论和批评。在这里特别要警惕权力效应，即认为真理须以权力做后盾，没有权力就没有真理。按照这种逻辑，各级领导既然都是一定权力的拥有者和行使者，那么真理一定在领导那里了，而下级则只能唯上是遵、唯命是从了。现实生活中我们常听到"官大一级压死人""胳膊拧不过大腿"等议论，这种议论从侧面反映了有些领导者确实是在真理面前强化权力效应，从而使在真理面前人人平等流于形式。

另一方面，平等原则还要求领导者坚持上下级之间在人格上的平等，警惕"地位效应"。社会主义条件下的上下级之间，只有分工的不同，而没有人格上的高低贵贱之分。这是我们社会主义上下级关系区别于剥削社会上下级关系的本质特征之一。然而在有些人那里，"地位效应"还在起作用。在那些人眼中，地位越高人格越高贵，地位越低人格越低贱，也就是说，地位在人格评价上和人格认同上具有决定意义，这样，上级领导较其下级就具有更尊贵的人格。现实生活中，有些人仅仅是地位发生了变化，即当了"官"挂了"长"，就引起了一系列变化，最令人费解的是，某些称呼一下子也变了。例如，某单位有一位年轻职员，姓王，人很活泼，同龄人和比他年龄大的人都叫他"小王"或直呼其名。但这位"小王"一下子交了好运，荣升了副处长，进了班子。随着他地位的变化，他的称呼也马上变了。最富戏剧性的是，昨天还称他为"小王"的那些人，一下子改口称他为"老王"了，似乎这位"小王"一下子就长了十几岁。在我国政治生活字典里，"老"字有着特殊的含义，它常常是身份、地位、资历、年龄、贡献、尊荣的象征，不够资格难以称"老"。而中青年如被年长者称"老"，那一定是"地位效应"在起作用。由此可见，"地位效应"对平等原则的冲击不可小瞧。

二、处理与下级关系的误区

误区一：有些领导者视下级为"仆人"，他们认为自己可以决定下级的前程命运，上下级关系就是人身依附关系。

人身依附关系是封建社会的遗毒，"上智下愚""官贵民贱"的封建文化一直影响至今。早在1980年，邓小平就尖锐指出："不少地方和单位，都有家长式的人物，他们的权力不受限制，别人都要唯命是从，甚至形成对他们的人身依附关系。"有些领导者受传统观念的影响，认为下属是没有主观能动性的"仆人"，领导让干什么就得干什么。他们在处理与下级关系时，一是习惯用俯视的眼光看待下级，不愿与下级站在一个平台上平等对话；遇事不民主，喜欢独断专行，搞"我说了算"的那一套；自以为是真理的化身，不管自己干什么都是对的，有时明知道自己不对，但没有知错就改的肚量和勇气。二是习惯用恩赐的心态对待下级，希望下级对自己点头哈腰、卑躬屈膝，甚至搞"顺我者昌，逆我者亡"。

人身依附关系的存在严重危害正常的上下级关系，破坏组织环境。一方面，人身依附关系导致唯上崇上心理。在人身依附关系中，上下级之间人格的不平等，造成了上级和下级心灵的畸变和扭曲。有些领导者恃权傲物，对下级颐指气使，稍不遂心就横加指责；下级慑于个人的前程命运捏在领导手中，往往对上级唯命是从，不敢有任何独到的见解。于是，在一些企业，组织内正常的同志关系荡然无存，一些人习惯成自然地依附于上级过活度日。另一方面，人身依附关系导致选人用人不公。有的领导者在选人用人上大搞"公权私恩"，便有一些人不屑于竭尽全力工作，而专营关系之道，千方百计寻找门路。这些人在领导面前唯其马首是瞻，不仅阿谀奉承、献媚取宠，而且送礼送物，只要能投靠上"主子"，寻找到靠山，便无所不用其极。原本正常的选拔任用在一些地方变得庸俗不堪，企业任用变成了个人的恩赐，那些乐于拍马屁的下级得到提拔和重用，而老老实实、勤勤恳恳工作的下级受到排挤。谋事不如跟人，竟成了一些企业的潜规则。

误区二：有些领导者视下级为"客人"，他们认为下级可以决定上级领导的前途命运，必须以待客之道对待下级，上下级关系就是主客关系。

主客关系是一种的常见人际关系。这种关系中的主人，一是有待客的情怀，热情有加，礼貌周全；二是有谦卑的心态，客客气气，笑容可掬；三是让客人满意。随着用人机制的不断健全，领导干部选拔、任用、考核、监督等工作越来越多地引入群众评议的环节，而且其权重不断增加，为了获得较好的群众评价，有些领导者将待客之道运用在处理与下级的关系中。他们与下级交流时态度超级和蔼，让下级感到亲切；遇到问题时征求下级意见特别主动，让下级感到真诚；执行组织制度时尽量降低要求，让下级满意舒心……这些做法能够暂时获得群众的好感，但其副作用也是显而易见的。

领导者视下级为"客人"，导致新员工工作时缩手缩脚，缺少主人意识；导致老员工工作主动性降低，缺少进取精神。判断主客有个简单方法：一个人进门后，满眼是活，干了一件又一件，没完没了，此人必定是"主人"；一个人进门后，心想干点什么，可转来转去，还是觉得无事可做，此人必定是"客人"。一个人进入一个单位工作，就像在家中过日子，在"主人"与"客人"

的问题上，有许多相似之处。新员工初进单位，领导者为了获得新人对自己的好印象而视新员工为"客人"，对下级过分地客气和谦卑，下级就会事事摸不着门，无法尽快进入角色，往往是领导让干啥就干啥，像个木头人，推一推动一动，拧一拧转一转，虽已是单位的人，却与客人无异。老员工有长期的工作经历，了解组织环境，熟悉组织文化，甚至有高于上级领导的从业资历。领导者为了获得老员工的好感而视其为"客人"，总是和颜悦色地对待下级，从不得罪下级，甚至讨好和纵容下级，对于他们的要求总是有求必应，即使心里不愿意接受，嘴上也不会拒绝；对于他们不能完成的工作总是一而再，再而三地降低要求和标准。用待客方式培养出来的下级往往消极被动、难当重任，组织的效率和业绩与预期的目标也会相去甚远。

误区三：有些领导者视下级为"敌人"，他们认为下级可以随时取代自己的位置，上下级关系就是对立关系。

职场如战场。在这个"战场"中，由于"长江后浪推前浪""青出于蓝而胜于蓝"的自然规律，下级超越上级是常常发生的现实。一些领导者不能正确对待这个客观现实，视下级为竞争对手，甚至为"敌"。一方面，他们不信任下级，怀疑下级对自己的忠诚。由于猜疑心理太重，一些领导者对近在身旁、对他们的行动了如指掌的下级常常怀有戒备之心，他们不会与下属谈及公司的事情，不会告诉下属自己的专长是什么，上司是谁，助手又有些什么人，甚至连有事外出时，他们也不会让下级帮自己接电话，更不会告诉下级自己的工作进度。另一方面，他们会有意压制下级，不愿用比自己强的人。由于心胸狭隘，他们惧怕下级能力和业绩超过自己，不愿积极发现和培养下级，还想方设法压制下级。古往今来，为嫉妒所毁之人之事，屡见不鲜。曹操杀杨修，其真正原因并非杨修说了"鸡肋"二字泄露了军事机密，而在于杨修屡屡识破曹操的"机关"；英国物理学家牛顿嫉妒晚辈，生怕别人超过自己，因此凭借自己的地位，压制格雷的电学论文发表。我们在现实生活中也常常看到这样的现象：有人在单位是业务骨干，事业上成果显著，连连获得奖励，这时就立即有人鸡蛋里挑骨头，说其这也不是，那也不是，甚至一无是处。

小说《杜拉拉升职记》中，上级主管玫瑰将杜拉拉视为敌人，就是这种对立关系的一个典型事例。玫瑰面对刚刚入行、肯于吃苦、积极上进的新手杜拉拉，感到颇有压力。作为领导，她不但不传授工作技能、培养下级，还处处设防，尤其是关键时刻假装怀孕，将难题留给杜拉拉，使得杜拉拉屡屡中招，险象环生。我们假设一下，在这种环境下生存的下级会是什么结果？一种可能是在上级的怀疑和重压下，茁壮成长，迅速替代上级，杜拉拉就是这种情景的

"小说版"；还有一种可能就是在上级的怀疑和重压下，迅速被上级挤压出局。他们往往灰心丧气，大多采取"另谋高就"或"委曲求全"的方式来应对，组织所要面临的就是人才流失和人心涣散的尴尬局面。

三、与下级良好相处的方法

（一）用人格魅力赢得领导权威

处理与下级的关系，一定要考虑自己如何能赢得权威。如果领导者在下级心目中没有权威，处理与下级关系也就无法谈起。正如恩格斯所讲："没有权威，就不可能有任何的一致行动。"那么，权威究竟从何而来？权威中有"权"的成分，但权威主要来源于领导者的人格魅力。魅力是一种很吸引人的力量，主要体现在领导者的"德""识""情"上。

1.提升官德，做到以"德"服人

"以力服人者，非心服也，力不赡也；以德服人者，中心悦而诚服也。""德"是领导者个人魅力的重要来源，这里的"德"不只是指领导者个人的德性修养，而是更重点强调领导者的"官德"。所谓"官德"，其基本要求是，领导者对上应坚持对上负责与对下负责相一致，不能眼睛只盯上而不顾下级和群众的利益；领导者对下应体恤下情，时刻把下级和群众的利益挂在心上。同时，领导者在处理和协调利益关系时，一定要公正处事。公正是对领导者"官德"的最起码要求。

2.增长学识，做到以"识"聚人

领导者要懂得以"识"聚人。这里的"识"不仅仅指知识、见识，而更为重要的是领导者观察认识事物以及把握发展战略的敏锐眼光。在当今社会，领导魅力来自盲目迷信的成分越来越少，理性因素不断增加。人们越来越青睐温文尔雅、质朴可亲、思维缜密、学识教养深厚的学者型领导者，对因家庭血缘、金钱权力、个人禀赋的先天丰裕而傲视平民的"贵族"型领导者往往避而远之。在当前社会保持相对稳定的改革期间，人们对各自前景预期强烈，在这种情况下，领导者吸引人的一个重要方面，就在于能否把握时代或事物发展的基本走向，把单位或每个人的力量汇聚起来，从而把单位或个人引领到成功的彼岸。

3.培养感情，做到以"情"动人

说到"情"字，很多人都会想到交情、感情。但这里的"情"不仅指一般的交情、感情，而更重要的是要求领导者在不违背原则的前提下，利用手中的权力为下属办实事。"人非草木，孰能无情。"只要领导者动之以情，真情实意地为下级指明努力的方向，真情实意地帮助下属成就事业，下属必然会报以工作的热情。当然，领导者一定要注意，情必须真诚，虚情假意定会适得其反。

（二）把领导本质定位在服务上

"服务"一词在《现代汉语词典》中的解释是"为集体（或别人）的利益或为某种事业而工作"。从管理学角度来看"领导"的含义，"领导"既指工作中的率领引导，也指具体的人——领导者。从事领导工作的同志，多多少少都会有一种这样的感悟：领导工作的复杂性在于需要协调沟通的事物关系特别多，但无论领导工作的职责怎样划分，都是紧紧围绕"服务"进行的。

1.服务的内涵体现领导本质

邓小平曾指出："什么叫领导？领导就是服务。"这是对社会主义领导观的高度概括，是领导者处理与下级关系必须遵循的根本原则，也是新形势下中国共产党性质和宗旨在领导活动中的具体体现。所谓"领导就是服务"，其本质内涵就是要求领导者在领导活动中牢记"全心全意为人民服务"的宗旨，使所有领导行为最终指向最广大人民群众的根本利益，而不是要求领导者去做具体的服务性工作。邓小平之所以强调"领导就是服务"，是因为即使是在社会主义条件下，"官本位"还是占有很大的比重，有的领导依然存在严重的"做官当老爷"的思想和行为。因此，"领导就是服务"这一思想既深刻地揭示了社会主义领导的本质，同时又具有很强的现实针对性。

2.服务的意义在于得到支持

正所谓"得民心者得天下"。新中国的成立，是中国共产党始终坚持"为人民服务"宗旨的必然结果。在大力发展社会主义市场经济的新时期，保持党的先进性，保持和巩固党的执政地位，一个十分重要的问题就是要继续坚持"为人民服务"这一根本宗旨，坚持"领导就是服务"这一社会主义领导观。当前，一些单位的领导者背离"领导就是服务"的原则，置企业的基础建设、长远建设于不顾，当官做老爷，当官捞好处，不是为自己捞好处，就是为自己的小团体捞好处，还自我感觉良好，这种做法亟须得到纠正。同理得"失民心者失天下"。领导者只知道为自己或自己的小团体谋利益，最终也必然会失去下级和群众的支持。

3.服务的作用是增强凝聚力

凝聚力是一个企业综合实力的重要体现，也是衡量一个领导者领导水平的重要方面。领导者服务理念牢固，服务指向明确，领导工作就会众望所归，下级就会紧紧团结在领导的周围，形成核心，心往一处想，劲往一处使，团体的凝聚力就会增强。相反，领导者违背"服务"原则，高高在上，官气十足，对下级颐指气使，即使其才华横溢，也不可能服众，得不到下级的爱戴。实践证明，增强企业的凝聚力，领导者必须首先从自身做起，要端正领导观念，时时、事事、处处把下级的利益放在首位，想下级之所想，急下级之所急，这样的领导者即使本事不大，也能把下级紧紧团结起来，形成强大的凝聚力和战斗力。

（三）让下级充分发挥聪明才智

领导者处理与下级的关系，其基本指向是要让下级充分发挥其聪明才智。领导者的作用就是把所属团队捏合成一个整体，并最大限度地发挥整体中每个人的聪明才智，以实现预期目标。领导者除了要提高自己的决策能力、管理能力外，还要为下级提供充分发挥才智的条件，这是领导者处理好与下级关系、创造性地开展领导活动的必要前提。

1.领导者要容忍下级的个性差异

俗话说："一母生九子，九子各不同。"一个团体的成员之间必然存在着个性差异：有的脾气暴躁，一碰就跳，有的"一闷棍打不出个屁"来；有的说话如竹筒倒豆，办事雷厉风行，有的说话吞吞吐吐，做事拖拖拉拉；有的人迟钝、憨厚，不温不火，有的人敏捷果断，干脆利落。在实际工作中，领导者往往信任和自己观念、兴趣一致的"听话"的下级，但面对个性较强，特别是兴致不一，能力又高于自己的下级，领导者往往就不是那么自然了，甚至出现嫉贤妒能、故意打击压制的现象。领导者要有"比天空更宽阔的心灵"，正确认识和容忍下级的个性差异，用人所长，使得下级各得其所。只有这样，领导者才能让下级充分发挥聪明才智。

2.领导者要对下级具有深刻了解

领导者不能盲目让下级充分发挥聪明才智，而应基于对下级的深刻了解。对德才兼备、思想过硬、素质全面的业务中坚，领导者要充分相信其工作能力，大胆放权，敢于委托式指挥，为其提供最大的创造空间，以发挥其积极性和创造力；对优点突出、毛病也不少的下级，要充分信任其长处，力求用其所长；对缺点较多的下级，也要从"一无是处"中寻找优点，肯定其好的方面，促使其扬长避短。

3.领导者要对下级报以良好期待

心理学家经过心理研究和实验证明，人们相互间的关系与人们相互间的心理期待关系密切。对人抱有一个正面的良好期待，对方往往给你一个正面良好的回报。"给人一个微笑，会得到一个同样的微笑。""给人一副难看的脸，自己也会得到同样的尴尬。"领导者要想与下级保持良好关系，自己必须对下级抱有良好的正面的心理期待。在现实生活中，有的领导由于受长期以来形成的"上智下愚"思维定式和自己处于领导地位盲目优越感的影响，总是不自觉地把下级放在自己的对立面，最后导致上下级关系紧张，甚至破裂。由此可见，领导者处理与下级的关系时，调整好自己对下级的心理态度是一个重要的前提。

（四）处理好授权与控制的关系

领导者处理与下级的关系在很大程度上是处理授权与控制的关系，授权是领导者成就事业的"分身术"。美国的成功学家拿破仑·希尔在研究了几百位成功人士的经历后说："领导才能指的不是挥舞手中的权力，而是授权别人去干。"因此，我们可以发现领导者用人的要诀是分工授权，即大权集中，小权分散，把职务、权力、责任、目标四位一体授给合适的各级负责人，做到明其职，授其权。

1.把握权力与责任适度收放的合理性

对于领导者来说，授权的艺术主要表现在权力与责任收放的合理性上。领导者既要给下级以足够的权力空间，使其能自主地、创造性地完成任务，又要对下级有一定的约束，使下级的工作在总体的规划内运行。因此，授权要做到轻重有致，权责明确，适度合理。授权通常应按隶属关系逐级进行，不能越权授权，否则，会混淆领导层次，打乱权力的纵向隶属关系，影响上下级、左右邻的团结，严重的会导致全局的失调和混乱。同时，授权还应量力而授。领导者应根据所授事项的性质、特点和难易程度，来确定最合适的人选，力求所选的人和所授之事能够专长对口、能力相应。

2.确保权力与责任相互对应的可控性

领导者在授权时要把握好弹性原则，要确保权力与责任的匹配。领导者在明确下级的权责时，应指明下级必须遵循的原则和目标方向，但对实现目标的具体方法和途径则不宜做过多的要求，保持一定的弹性。也就是说，授权不是撒手不管，不是放任失控。领导者在授权的同时，应制订明确的工作准则和考核办法，完善监督措施，保留指导、检查、监督和修正权，一旦发现下级严重偏离目标，就应及时加以纠正，必要时可收回所授的权力，确保权力的弹性可控。

3. 防止权力与责任偏差带来的危害性

授权和控制，是权力运作的两个相辅相成的过程。没有授权，就不能充分发挥出下级的主动性；没有控制，则不能保证下级始终在全局范围内行动，就会出现失控的危险。因此，领导者要正确掌握权力与责任的幅度和力度，注重培养下级的自我控制能力。领导者如果整天想着如何控制下级，那实际上就意味着领导功能的失调。

情景实例

情景 1：吃力不讨好的毕业生

案例展示：张某是某政府机关办公室主任。谈起新人在单位表现的话题，他就摇头叹气。他说，有一年招了一个中文系毕业生，人是很用功，但劲儿总是使不到点子上。毕业生来上班的第三天，看见张某桌上有一份领导发言稿，他觉得结构不够合理，于是，也没问过张某就自己把稿子拿回去改了。改完以后，还直接把稿子交到领导手里。那篇稿子的初稿是张某写的，已经给领导看过，并根据领导的意思做了修改，文章的结构也是领导惯用的。开会时，领导读起稿子来很不顺，与自己习惯的风格相去甚远。会后，领导对张某大发雷霆，张某非常委屈。事后，张某把毕业生叫到办公室，那位毕业生不但不觉得自己做错了事，而且还辩解说是为领导好。

案例分析：毕业生入职后，不要急于崭露头角。在职责范围内表现自己的工作能力。寻找别人没做过的工作，如果不得不进入别人负责的范围内，先要取得上司的支持，再与负责此事的人打好招呼。留一些时间给自己来细心观察，以免犯一些简单的错误，不要一开始就让别人对你一眼见低。记住，把自己的点滴进步归功于他人而不是自己。

情景 2：冲突的品管部和制造部

案例展示：某企业在制订考核制度时，将品管部和制造部分开考核，品管部考核质量，制造部考核产量，结果造成两个部门经常有冲突：制造部为了产量不讲质量，品管部宁可错杀一千也不放走一个。

后来企业修改了考核制度，品管部经理既要考核质量也要考核产量，制造部经理既要考核产量也要考核质量，实现了两者定位统一，有效解决了困扰企业良久的冲突。

案例分析：在上面的案例中，品管部和制造部的冲突就是组织架构与考核制度激发的，解决冲突的根本方法就是双方各退一步，改进和完善制度。

情景 3：还未准备好的"新官"

案例展示：谢某是一家广告公司刚上任的创意总监，升职初期，让谢某不适应的是同事对她的称呼，原来熟悉的"小谢"被取而代之变成"谢总"，让她浑身不自在。在她看来，升职只是公司给予她的认可和更多的话事权，不代表要和之前的办公室氛围划清界限。之后，一起"头脑风暴"讨论广告创意，有她在时，下级的发言也都不太积极，要知道以前大家在一起能碰撞出很多火花。她感觉自己如置身在孤岛上，周围的人都离她越来越远。

她把这种感觉讲给一个朋友听，朋友听完说："就像你现在还没有适应你的新身份一样，你的同事们同样没有适应这种变化。一个原来可以随便打闹玩笑的人，现在掌握着他们的生死大权，这种变化会给相处方式带来怎样的改变，大家都不知道，都在探索当中。"

谢某觉得有道理，回到公司之后，她私下约了几个相熟的同事喝下午茶，委婉地说明自己虽然升职，但是还是希望和大家一起把工作干好，实现多赢，并且希望大家有什么问题都不妨直接说出来。经过这种开诚布公的沟通之后，似乎彼此的关系没有那么尴尬了。谢某知道，这只是个开始，但她已经有信心更好地走下去。

案例分析：岗位晋升后，心态转型中要经历的一个重要里程碑就是明确自身定位，即认同新角色。在新角色适应过程中，要做到以下几点。

第一，荣誉要让，过错敢担。工作中一旦有了成绩，要懂得利益共享。领导常常会把功劳归结为你的"领导有方"，但是实际上是所有参与的同事共同的功劳，所以，千万不要忘记那些为你工作的同事。如果工作出了什么问题，做领导的就应该主动担当。这会让你的同事觉得你是一个值得信赖、有担当的领导，就会愿意在你的手下做事。

第二，不摆架子。提升前毕竟与同事们一起玩、一起吃饭过，所以提升后不能表现出高人一等的感觉，工作反而要常用一种协商的语气对待大家。当同事做错事或者做得不够好的时候，批评他们要注意场合，把握分寸，最好是单独面谈。这些不仅会让他们感觉你没有变，还是他们中间一员，而且还会让他们对你产生敬佩之情。这样你分配下去的任务就会顺利地进展。

第三，不暗箱操作。当与同事们意见不一致、不能达成共识的时候，我们最好不要暗箱操作。可以引导大家往关键点上进行讨论，然后诱导同事们去实现自己决定的事情。光明磊落地将计划视为共同计划，而后不带着情绪去工作，这样你就可以省下很多精力来做其他的事情。

第七章　员工援助计划

第一节　员工援助计划简述

一、员工援助计划的定义

员工援助计划（Employee Assistance Program，简称 EAP）又称员工帮助计划、员工心理援助项目或全员心理管理技术。它是由企业提供给员工免费使用，旨在帮助员工解决可能影响其工作表现和身心健康问题的多种福利项目的整合。

表 7-1 是对部分研究者对 EAP 所下的定义的汇总，可以看出，国内外的学者都对 EAP 的定义做了各自的阐述，但是至今都没有一个既定的标准。

EAP 通过企业为员工聘请专业人员提供组织、培训、咨询、评估、诊断等服务，帮助员工及其直系亲属解决他们的心理困扰和问题，以提升员工的身心健康指标，提高他们的工作绩效，改善企业的工作环境和气氛，提升企业的管理效能。

表 7-1　部分研究者对 EAP 的定义汇总

研究者	定义
Wolfe	企业通过 EAP 来直接或间接地了解员工的工作状态，并进行长期的追踪和评估，从而向员工提供咨询服务
Andrew	EAP 不仅仅是企业向员工提供的咨询和诊断服务，在某些角度来看还存在金融、法律、家庭等方面的服务
Goodings	是企业通过合理的干预方法，积极主动地了解、评估、诊断并解决影响员工工作表现及绩效的问题的过程

研究者	定义
Bohlander 和 Sherman	企业通过为员工提供诊断、辅导、咨询等服务，解决员工在社会、心理、经济与健康等方面的问题，消除员工各方面困扰，最终达到预防问题的产生、提升员工工作生活质量的目的
Arthur	是指为员工及其家属在家庭、财务、保健等方面面临的心理问题进行评估、咨询、辅导，提供支持性服务的活动
Walsh	利用组织的政策及程序，对某些直接或间接影响工作效率的员工个人问题或情绪问题，给予辨识或反映
罗业勤	是组织基于对员工的关切，在劳资双方的支持下，由组织提供资源及时间，经由特定的人员及程序，以接纳的态度帮助员工处理有关酗酒、情绪、家庭等问题，以及其他组织内部有关人群问题
时勘	是将员工已存在的或潜在存在的影响员工和组织绩效的问题作为关注重点，并向员工提供解决方案的活动
方隆彰	是工作人员运用适当的方法，在企业内提供相关服务，以协助员工处理个人、家庭与工作上的困扰或问题
谷向东	EAP 是一项比较长期的、系统的项目，这项计划主要通过组织专业人士对员工的日常心理状态进行咨询和诊断，同时对员工加以辅导和培训。通过这种方式逐渐缓解员工的心理压力，改善员工的工作环境，从而提高他们的工作效率和完善组织管理
王雁飞	是企业建立的一种长期性的福利项目。通过专业人士的指导和评估，企业帮助存在心理问题的员工恢复健康状态，从而更好地进行工作
员工帮助计划国际组织 EAP 协会	在企业内部对员工存在的个人问题进行关注和解决，这些个人问题不仅仅包括心理状况、精神状态、婚姻、家庭等可能会对工作状态造成影响的问题，可能还包括金融和法律方面的问题。

二、员工援助计划的起源与发展

（一）员工援助计划的起源

EAP最早出现在美国，它的出现是社会发展的产物。早在20世纪40年代，一些美国公司就开始雇佣心理专家帮助员工克服酗酒、吸毒和滥用药物等不良嗜好，以此来提高工作效率。20世纪50年代，政府通过各种服务手段帮助"二战"老兵缓解心理压力，解决社会矛盾。进入20世纪60年代，随着社会矛盾日益突出，各种社会问题影响员工工作效率及绩效，各种 EAP 形式也随之出现，并且逐渐形成了专业的 EAP 从业人员及专门从事 EAP 服务的社会组织。1971 年第一个 EAP 组织在美国洛杉矶成立（现国际 EAP 协会的前身）。

（二）员工援助计划的发展

一般来看，EAP 的产生和发展大致经过了以下三个阶段。

第一阶段：探索阶段（19 世纪末—20 世纪 60 年代）。

在西方国家，工人对酒精的依赖是 19 世纪中期非常常见的现象。过度酗酒不仅仅会损害员工的身体健康，而且还给企业带来大量的管理问题，如工人旷工、损害公物和安全事故频发等。面对这一现状，一些企业开始了最初解决方案的探索。职业酒精预防计划（Occupation Abstinence Plan，简称 OAP）的主要目的是解决员工酗酒、吸毒等药物滥用问题对生产绩效的影响。从 1940 年开始，更多企业将其拓展到员工情绪管理；1960 年开始，美国社会发生重要变化，家庭暴力、工作压力、婚姻关系、疾病、司法纠纷、亲人伤亡等其他因素也影响到员工和企业的绩效，OAP 的内容进一步丰富。但总体来看，OAP 将酗酒看成影响员工绩效主要原因，并作为是否需要援助的主要标准，没有涉及本质原因且没有实现前置管理，不良因素带来的影响依然很难消除。

但是这种职业酒精预防的方法也存在一定的问题。第一，在计划实施的早期阶段，这会导致员工产生抵触心理，员工对这种计划往往存在着负面情绪。如果员工一直保持这种态度，预防计划的实施就很困难。第二，在实施酒精预防计划的过程中，管理者往往存在着一定的主观意识，他们会根据自己以往饮酒的习惯来判断员工的情况。这种方法存在一定的问题，因为一旦他们自己有酗酒问题的话，那些真正有问题的员工将不会被发现。第三，对于那些长期存在酗酒问题但又善于说谎的员工，这种通过观察和主观判断的方法有时候会发现不了一些存在问题的人。

第二阶段：产生发展阶段（20 世纪 60 年代—20 世纪 70 年代末）。

这一阶段是 EAP 产生和发展的早期阶段。因为之前的酒精预防计划存在诸多的问题，组织开始从深层次的角度分析员工酗酒问题的关键所在。在之前早期计划的基础上，EAP 从只关注员工的酗酒问题，逐渐发展到以解决与工作绩效相关的员工个人问题为关键。在这一转变过程中，有三个非常关键的促进因素。第一，谈论工作绩效往往比谈论酗酒问题更容易让人接受。由于员工普遍对酗酒问题存在抵触心理，那么就转变一个角度来看待这个问题，从而使这项计划更加顺利地实施。第二，相比于酗酒问题，工作绩效问题有比较具体的行为描述。比如，无故旷工或者与别人相处困难等问题。这种转变方式还有效避免了员工的无理争辩。第三，对于大多数的管理者来说，对员工的工作绩效进行考核远远比判断是否酗酒要简单得多。因为他们对于绩效管理比较熟悉，而对于员工的酗酒行为往往不会采取相应的行动。直到 1971 年，正式的 EAP 专业组织在美国成立，总部设在洛杉矶。EAP 专业组织的建立标志着 EAP 真正意义上的诞生，从此之后不断地发展，逐渐发展成为后来的 EAP 国际协会组织。

第三阶段：整合阶段（20 世纪 80 年代—至今）。

从 20 世纪 80 年代开始，EAP 的发展融入了新的内涵，在这一阶段取得了十分快速的发展，从最初的只关注员工的酗酒问题，到考核员工的工作绩效，再到关心员工的个人生活、家庭状况等方面。EAP 通过对上述问题的整合，解决员工现在以及将来在工作中可能遇到的一些问题，预防可能会对工作绩效产生影响的心理问题。这从只注重问题的解决，已经转变到对于问题的预防，考虑从根本上解决员工的工作困难。因此，这一阶段的 EAP 已经具有一些系统的思想，从全面的角度来考虑问题，而且具有一定的前瞻性。任何事物的发展都与社会的发展紧密相连，EAP 也同样如此。EAP 在每一个发展阶段的表现形式不同，所关注的问题也有所不同。但是对于工作本身的关注一直都是 EAP 所注重的，这是 EAP 的核心和重点。随着社会的不断发展，EAP 也不断融入了新的内容，提供的服务也更加丰富多样化。从某种角度上来说，EAP 的发展反映了社会、经济和文化的发展。

EAP 最初在国外兴起，那么它在国内的发展情况是什么样的呢？EAP 在 20 世纪初的时候才传入中国，国内第一个真正意义上的 EAP 项目出现在联想公司。由于国内 EAP 起步较晚，而且缺乏专业的人士推动这个计划的发展，EAP 最初并没有在国内获得很快的发展。随着中国经济的快速发展，越来越多的高科技企业开始重视 EAP 的作用。比如，以腾讯、华为为代表的互联网公司，以中国银行、中国电信为代表的大型国企，以及一些著名的房地产企业和制造类企业开始关注并实施 EAP。但这些实施 EAP 的公司大多集中在北京、上海、广州、深圳等大城市，在二三线甚至更小的城市，几乎很少存在。除了这个方面，从事 EAP 行业的人员素质参差不齐，更加阻碍了这个行业的发展。另外，还要考虑到中国国情的问题，任何外来品都需要对其进行中国化才能推动快速发展。从公司的角度来看，员工是企业经济价值的创造者，更是企业的巨大资源。员工的工作状态和工作效率决定了一个企业的长期发展状况，因此，从这个角度来看，EAP 对于每一个企业来说都是十分重要的。

三、员工援助计划的实施流程

一般来说，根据内容和要求，员工援助计划的实施可以分为六个步骤，见图 7-1。

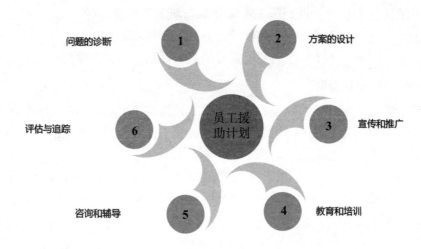

图 7-1　EAP 操作流程图

（一）问题的诊断

组织或企业通过一些行之有效的预防措施或方法，如观察、访谈及匿名问卷或文献等，甄别企业层面或员工层面存在的潜在危机及问题，充分了解和分析这些潜在危机及其问题的根源和现状，并针对所存在的具体问题提出科学有效的设计理念。

（二）方案的设计

根据问题诊断阶段所挖掘出来的潜在危机及问题，研究制订员工援助计划的具体目标、内容和有效的措施计划，组织或企业通过书面的形式向相关人员公布员工援助计划的目标、内容及有效措施计划，建立畅通无阻的服务渠道以确定其在组织活动中的重要地位和深远意义。

（三）宣传和推广

员工援助计划首先要取得管理阶层的理解和支持，这样才能保证员工援助计划服务活动的顺利开展和有效实施。

针对员工队伍展开的宣传和推广，关键在于把此项特殊的员工福利或者服务扎根进员工的心里，解除员工对私密性或保密性的担忧，提高员工对员工援助计划的认可度和信任度，这是企业或组织实施员工援助计划的基石。特别是中国在特定的文化之下，经过中国几千年传统文化的洗礼，人们寻求心理服务并不为大家所接受，所以员工援助计划最担心的就是员工不会主动向企业或者组织寻求任何的相关援助。员工援助计划在职工队伍里面的广泛宣传与推广，有利于大家重新正确地认识心理和行为方面的潜在问题，树立起健康的心理和行为习惯，减少对工作和生活的负面影响，从而使个人和企业健康成长。

（四）教育和培训

员工援助计划对管理阶层的培训主要是让他们了解和掌握心理和行为方面问题的甄别和咨询技巧，以便管理阶层在日常工作和生活中和预防员工心理和行为的潜在危机。

员工援助计划对员工的培训主要是通过一些心理和行为知识方面的专题课程、团队讲座、团队建设活动或者专题活动等（如情绪管理、时间和压力管理、建设性的危机管理等），教授员工自我了解、自我管理和澄清困惑的方法和技巧。

（五）咨询和辅导

员工援助计划的咨询和辅导阶段不同于教育培训阶段，教育培训阶段开展的心理和行为知识方面的课程具有普遍性，针对的是广大的职工队伍，而咨询辅导阶段针对性比较强，主要是个别员工对在教育培训阶段无法得到解答的问题进一步面对面地与专家交流咨询。

（六）评估和追踪

企业或组织会定期对员工援助计划的实施成果进行评估以及对所解决问题达到的成效进行调查和追踪，只有科学及时的项目评估才能鞭策企业或组织不断完善员工援助计划的服务品质和提高咨询队伍的专业知识和技能水平，从而不断改进工作，总结经验教训，让员工援助计划发挥出最大的潜能。

第二节　员工援助计划设计实施

一、员工援助计划实施方案设计

（一）工作思路

由于企业从未实施过 EAP 项目，无以往经验进行借鉴，同时企业致力于拥有自己完备的 EAP 系统方案，需要分类、分层式进行项目设计，也无法在外部发掘可学习的经验，因此，对此次创新项目的实施，须以科学的调研手段，进行逐步分析实施。

1. 科学调研，细致分析

一方面，了解公司员工的一般心理需求，明确企业的 EAP 建设方向，确定实施 EAP 的意义和方法，归纳企业各部门对 EAP 的建议与态度。另一方面，分析一些外部企业实施 EAP 项目的价值，了解专业企业提供 EAP 服务的项目、方式、费用等，为企业在吸纳外部经验和选择 EAP 服务上打下良好基础。

2. 调研为纲，明确方案

在科学调研和价值分析的基础之上，从内部合理分析企业，根据自身情况明确 EAP 的开展方案，从心理关爱内容、工作方式方法入手作出具体的工作安排与实施计划。

3. 正式启动，落实效果

启动实施 EAP，通过不断组织丰富多样的关爱心理活动，构建员工心理关爱机制。根据不同部门与层级的反馈，设计不同的关爱活动与服务，满足多层次要求，从而落实员工心理关爱机制。

4. 科学评估，反馈改进

通过调查分析与数据统计，从过程与结果双层面多方向评估企业 EAP 的实施价值，反馈项目实施的不足之处，得到项目改进的建议，从而进行完善。

（二）调研分析

1. 企业内部 EAP 项目需求

在企业发展规划主导层面，公司领导层、人力资源部、公司工会等部门根据企业以往的发展，已经意识到员工的心理健康对企业的发展有着重要影响，对 EAP 项目进行了初期探讨，调查分析了企业员工的心理健康情况。同时，在企业文化建设中，提出持续推进落实"员工关系建设"，从四个方向与维度，即员工、管理者、企业与社会，着重构建双向互通交流关系机制，期望将 EAP 的实施与机制建立作为交流互动机制的重要举措。此外，在企业顺应时代趋势改革转型中，群团组织在员工关系、员工职业发展趋势等方面需要做出大量工作，希望通过一系列员工关爱活动促使企业活力发展，让 EAP 机制的建立成为公司发展的重要着力点。

如图 7-2 所示，企业工会期望 EAP 成为获取公司企业职工（重点是一线职工、小专业员工）心理状况的途径，让工会能更好地开展工作，在员工的社会、家庭、职业规划中带来一定帮助；公司企业文化部期望 EAP 成为公司企业文化的宣传大使，让优秀的文化深入基层；人力资源部更加期望 EAP 的实施能与员工的职业规划发展及能力培养有效地结合，从而提高公司发展质效，提升员工工作能力与素质。

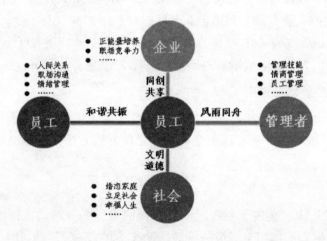

图 7-2 员工关系建设与 EAP 机制实施关系图

从员工基层层面，以调查问卷和访谈形式了解了员工对 EAP 的认知，以及员工密切关注的话题，如子女教育、压力疏解、职业发展等。但由于员工对 EAP 认知较少，对于心理问题的咨询与处理存在一定的认知缺陷，因此他们期望公司进行主导宣传，让相关活动为员工带来更多机会与认识。同时，公司的年轻员工为提升自我素质与能力，也已多次向公司层面提出职业发展规划建议，希望多样性的活动与规划为员工带来更好的自我管理、发展规划、交流沟通等方面的服务。

2.外部 EAP 实施情况掌握

一方面，查找 EAP 专业资料，得知在国际诸多大型公司和国内大型企业中 EAP 项目基本都已建立且成熟，且在不断地改进实施中亦得到较好的价值效果；另一方面，在综合分析 EAP 专业公司项目服务经验、内容、方式等各种业务水平之后，与中国 EAP 学院陕西分院、华人心智、中国 EAP 服务中心、成都渡仁心理咨询有限公司、上海心融 EAP、上海亚太 EAP 等公司进行沟通咨询。

根据调研分析，从各个方面确定了 EAP 项目实施的具体需求和开展方向，使工作思路与具体条件精细化，为后续方案的制订与实施夯实了基础。

（三）实施方案

分析企业自身实际状况并根据以上调研与分析，确定了 EAP 实施方案，具体内容如下。

1.EAP 项目实施目标

EAP 方案围绕其主要层面组织诉求与员工需求展开，同时利用抽样调查兼顾分析。于企业发展规划主导层面，以员工心理需求为主导，构建成熟可行的心理援助机制；以资料宣传、知识讲座为方式，增强员工的关系建设理念，促进交流互动，改善氛围环境，创造企业优良形象；建立专属交流群，定期发送学习资料，提高员工的自我素质、团队凝聚力以及增强员工在企业的存在感。于员工层面，定期了解员工困难，消除员工生活中的各种心理疾病诱因，疏解员工心理压力，杜绝心理事故的发生；积极宣传健康心理思想与预防心理疾病方法，提高员工的自我防范意识，从而增强员工的幸福感；以企业发展规划引导员工职业规划，让员工明确方向、明确职能、明确前景，促使员工提升自我，自我发掘，从而热爱工作，提高绩效，获得自我价值。

2.EAP 的责任和作用

构建成熟可行的员工心理援助机制，对影响员工工作的各种心理问题及时发现、及时解决，并帮助员工获得自我解决问题的能力，以提高企业的工作质效，改善工作氛围，提升企业形象。

3.EAP 的组织形式

由企业在各部门选择成员组成 EAP 工作室，EAP 项目的实施组织由人力资源部进行担任，主题活动的宣传与策划交由企业文化部，群团主要负责配合

EAP 工作的顺利开展与辅助宣传。EAP 工作室与引入的专业工作人员构成企业的 EAP 专业资源。

4.EAP 关爱范畴

分析员工举止方式，了解员工心理变化，不定期进行咨询关爱，主要涵括了社会、家庭与自我三个层面，三个层面又互相联结，主要针对情绪的缓解与压力释放、心理抑郁与症结、人际交流与沟通、工作氛围与环境、失眠、情感、职业能力等各个方面。

5.EAP 服务目标

把管理层和专职员工作为主要服务目标，同时考虑低层员工，采用资料宣传方式普及全部一线职工，机制成熟后加大对农民工的帮助力度。

二、员工援助计划实施内容设计

（一）情绪管理

加强危机介入和对员工情绪状态的了解，并设置相应的评估等级，从而搭建相应的干预机制，提供多种形式的访谈活动，加强对员工情绪控制的管理。同时针对不同时期企业管理的重点和员工发展需求，分类开展相应的主题沙龙活动，加强对组织发展战略的了解。例如，可以针对情绪管理、团队建设、亲子教育、自我成长等，对广大员工开展"每天好心情"项目。

每天好心情项目：为了解愤怒的性质，及掩藏在愤怒背后的原因，员工通过针对处理愤怒的方法训练，有效控制愤怒情绪，保持良好的心态。具体内容如下。

1.寒暄和微笑

礼貌用语常挂嘴边，经常说"您好""请问""谢谢"。微笑是一剂良药，真诚地面带微笑与同事打招呼，将笑容传递给同事、朋友和家人。

2.沉默和深呼吸

沉默是对付愤怒的最好方法。可以尝试做一些能聚精会神的动作，如咬紧嘴唇，舌头缓慢沿上颚做切线运动 5 ~ 6 次，然后默默数到 10。还可以反复做几个深呼吸。

3.宽恕四步

首先，回忆你所受到的伤害；其次，试着从对方的角度去理解他的想法和做法；再次，回忆你曾经受到别人宽恕的一件事；最后，把宽恕落实到语言，给对方写信，或写一篇日记。

4. 幽默调节

用幽默的话语来化解双方的尴尬，平息怒气。

5. 积极的暗示

每天早晨对着镜子给自己最大的微笑，告诉自己"我很棒"，学着给予自己在人生发展轨迹上所需要的东西，争取做最好的自己。

（二）心理健康

企业定期或不定期调查员工心理健康状况。为掌握第一手动态资料，需要采用访谈、问卷、观察等多种形式准确把握员工心理健康现状，及时发现问题，并作出专业、科学的调查报告，为后续工作提供依据。虽然企业有专门的心理咨询室和配套的心理实验室，但主要是为了专业发展和为学生服务的，因此建议增大服务范围，专门开设员工服务窗口，企业可以为员工及其直系亲属提供丰富的心理培训和讲座。对于那些存在严重心理问题的员工，考虑到问题的特殊性及个人隐私等原因，则需要专业心理咨询服务，一切以自愿为原则。培训包括以下内容。

第一，每月开展心理咨询工作坊，利用线上测评、线下纸质问卷形式对员工进行心理测试。

第二，每个季度有工会组织开展员工心理关爱月活动，举办各种小游戏，让员工参与其中，舒缓心情。

第三，每年开展与心理健康相关的培训活动。企业利用心理咨询室和专业的心理系员工为员工普及心理健康、压力管理、人际交往等方面的知识，还可以通过微信、QQ、短信息和专业邮箱进行沟通帮助员工加强自我认识，提升心理健康能力。

第四，逐步建立和完善员工职业发展规划档案和心理档案，设置阶段性工作目标和计划，考察员工心理状态。员工援助计划服务往往会涉及企业员工的很多隐私问题，员工又是来自五湖四海，员工队伍年龄层不一样，加之中国传统文化的影响，很多员工会对使用员工援助计划产生顾虑甚至抵触情绪，这就需要企业组织和员工援助计划从业人员严格遵守职业操守，在企业员工中做好保密性的宣传，与企业和员工签好保密协议，切实保障员工的隐私权。

企业组织为员工提供的员工援助计划应当告知全体员工，仅提供服务项目，员工是不是愿意还要看个人意愿。利用网络工具进行线上测评和在线下进行纸质测评，建立员工心理档案，对有问题的员工进行梳理、跟踪，规范档案的等级和编号。

（三）人际沟通

在人际交往中，良好的沟通品质可以从以下四个角度开始修行。第一，积极心态：积极的心态会为自己创造积极的沟通状态，好的沟通状态能够为沟通对象进行良好的沟通。第二，感恩心态：对人心存感恩之心，才会对人拥有敬畏之感。在企业里最常见的现象就是部门本位主义严重，横向部门和同事之间工作协调和沟通比较困难。"感恩"在怀，就会避免交往和沟通中的自大、自我、狂妄和傲慢，营造良好的沟通氛围，建立和谐的人际关系。第三，欣赏心态：如果仅掌握了表面的赞美技巧，却没有欣赏的心态和眼光，再好的技巧也无用武之地。要学会欣赏和真诚赞美，因为只有懂得欣赏别人，才会真诚赞美别人。第四，尊重心态：尊重心态就是要求站在对方的角度去沟通，而不是站在自己的角度去沟通。沟通最重要的沟通步骤就是"倾听"和"分担"。要想别人信任你，首先就要学会换位体会，尊重对方的想法和感受。

1.人际沟通之家庭沟通

帮助员工更深入地了解家庭的性质，促进员工了解家庭和人生的意义，并对自身的工作与家庭生活目标有一个清晰的认识，从而能够有效平衡工作与家庭生活。首先，可以开展家庭亲子活动，家庭成员都参与进来；其次，可以开展未婚青年联谊活动，加大感情交流；最后，可以针对企业员工子女上学问题调查，和周边学校建立良好的合作关系，帮助孩子解决上学问题。

2.人际沟通之团队沟通

企业管理者应该帮助团队成员培养自信技巧，建设一支自信的团队，使员工学会对团队工作施加影响，增加其对团队的归属感和对实现团队目标的义务感。

（1）清晰明确地表达自己的观点。用"我"字打头，明确自己的观点与立场。

（2）有效倾听。有效的肢体语言，如表示同意的点头、眼神交流、适当的面部表情等，都能让对方感受到你在认真倾听。

（3）换位思考。站在别人的角度看待问题，从而了解别人的动机与立场，并且肯定他们的感觉。

（4）磋商。倾听他人，说出想法，以便双方都能理解和接受。

（5）承认意见不合的价值。在差异面前，团队需要保持镇定，同时欢迎矛盾和不合，把它看作创造和高效的来源。

（6）准备折中。寻找一个能最大满足双方需求的解决办法。但并不是所有的事情都要妥协，在不愿意妥协的情况下，要勇敢地把自己的处境清楚自信地表达出来，让对方能够理解，并且无须表现得过于有攻击性。

三、员工援助计划实施步骤设计

（一）设立负责 EAP 项目的职能部门

员工援助计划作为一套系统、长期的项目，必须有专门的职能部门负责才能更好地进行。而且项目环节较多，涉及范围较广，每个环节之间还需要彼此相互支持和呼应。企业现有资源的配置和融合也是项目制订的重要制约因素，因此企业需要依据自身情况和项目实施的目标，设立负责该项目的独立职能部门，也可在人力资源部门内设置分支机构，或者选择由企业工会负责，以便整体的统筹和实施。

由负责 EAP 项目的职能部门牵头，成立 EAP 专门工作小组开展组织的援助工作。在规模较小的组织中，可在已有的职能部门中分化出一项来执行；规模较大的组织可以与其他职能部门人员合作执行，来自不同部门的人员还可以从不同的专业角度提供意见和建议。EAP 项目工作小组结合企业的特性和内部员工的需求，对 EAP 项目进行初步需求分析，为 EAP 实施模式的选定、专业人员和外部机构的选择做好相应准备。

（二）设置专职人员，指定专业机构

企业实施员工援助计划建议选择混合模式，因此，在企业内部需要设置管理专员具体负责项目的执行，对岗位的工作职责加以明确，制订相应的工作流程和制度，还要选择具有一定心理学、组织行为学等相关专业知识的人员加入，并对这些人员加强专业方面的培训与学习。

在企业外部，需要甄选专业能力强而且实施能力相匹配的外部专业机构，并就整体合作事宜以合约形式进行明确。在外部机构的挑选过程中，要能充分体现出企业对员工的重视和关怀，挑选出一个随时能够为员工提供服务的供应商，能够公平、平等地处理每一位员工的大小事宜，以一种关爱的态度为员工及其家属提供帮助。企业在外部 EAP 服务商项目计划书的制订中也应适当地提出一些特定要求，和在明确为女性员工服务的前提下，确保员工的隐私。提前着手了解该服务商将如何设计方案以适应本企业的要求，再根据提供的方案进行选择最满意的机构。

（三）制订 EAP 项目规划书

EAP 项目规划书应包含两部分：一是企业内部 EAP 项目负责人制订的 EAP 项目规划书；另一个是企业选择的外部 EAP 服务商提供的 EAP 规划书。

1. 企业内部规划书

企业内部的规划书应当由 EAP 发起者，多为人力资源部的特定人员撰写，包括如下内容。

（1）EAP 目标。从个人和组织的不同角度来阐述，具体情况要根据组织的情况和员工需求进行设定。

（2）设计 EAP 组织结构。挑选内部专业人员成立小组，寻找外部服务提供商并签协议。

（3）划分 EAP 内、外部组织职能。将内部 EAP 职能具体分配到个人，主要负责组织和监管工作；要求外部 EAP 服务商提供计划书，根据需求共同商讨确定 EAP 相关政策和程序的制订、EAP 的具体内容设置、提供 EAP 服务的各种方式、实施 EAP 的项目安排表、EAP 宣传资料的准备等。

（4）核定成本预算。分析企业的财务状况和年度预算，结合企业对员工的福利配置，尽可能在细化的基础上量化。

（5）制订评估体系。根据设计实施的具体方案提出比较完整、有效的评估体系。

2. 服务商外部规划书

企业寻求外部的 EAP 服务商提供帮助，必须要求供应商提供针对性的计划书。通常，计划书会包含以下内容。

（1）描述该计划的文件。包括企业实施 EAP 的目标、保密性、流程等方面的内容。

（2）描述该计划对企业员工及其家属提供的服务，并使他们了解如何能得到该计划服务的宣传资料。

（3）有关该员工援助计划的计划简介和影音资料。录像介绍与方案宣传稿等的宣传内容包括为员工及其家人提供咨询、适合采用员工援助计划服务的类型、为员工及其家人提供免费的帮助的形式等。

（4）管理人员培训大纲。包括 EAP 的简要认识、经理人员实施 EAP 的内容、EAP 在帮助经理人员处理与员工问题方面的作用。

（5）根据企业内部 EAP 提供的有关员工帮助计划的跟踪备忘录。

（四）EAP 的宣传推广

在进行员工 EAP 的宣传推广之前，首先要做一个详细的规划。一般包括以下几个步骤：明确影响宣传的因素（宣传的方法、场合，宣传时机，宣传者）、确立宣传的目标、合理配置企业资源以及制订具体的宣传计划。做完了 EAP 的宣传规划，就可以开始着手员工 EAP 宣传推广的具体工作。一般来说，EAP 的宣传推广分为开始阶段、执行阶段和评估阶段三个阶段。

开始阶段既是宣传的第一个阶段，也是整个 EAP 实施的起点。本阶段宣传的主要任务就是让企业内所有人员了解 EAP，接受 EAP，能够主动使用 EAP 的各项服务来寻求帮助或者解决问题。工作人员可以从多方面入手，运用各种方式，利用手册、专题讲座、宣传海报等多种宣传媒介全方位地对 EAP 的概念、服务内容等进行介绍，特别是有针对性的一些特定服务项目等。

执行阶段的主要目的是推动整个项目更加顺利地实施，通过接受服务者的反馈，对服务的内容和形式进行及时的改进和调整，完善各个环节的工作，使员工切实得到贴心的服务和有效的帮助。主要采用的是海报、网络、心理自助手册、广播和电视媒体等媒介，并且要将相关专业知识的介绍、效果反馈、活动变更信息和建议信息的收集等主要内容很好地融入宣传工作中。

评估阶段是宣传的最后部分，也是 EAP 项目的收尾阶段。这个时期的宣传主要有两个目的：一方面，对上一周期的工作进行总结回顾，保持优点，发现问题，查漏补缺，向企业高层领导以及相关项目负责人汇报实施的过程和效果，对新一周期的工作进行展望；另一方面，由于 EAP 这个阶段的工作重点是效果评估，为了能够得到更多员工的支持和配合，要加大宣传力度，号召员工积极参与问卷调查、访谈、反馈等，有效地推动评估活动的开展。

（五）教育与培训

EAP 培训的主要目的是通过向员工及其亲属提供丰富的培训与讲座，帮助员工学会心理的自我调适，这样才能使员工健康、幸福、高效地工作与生活。EAP 的经典培训主要包含职业生涯规划、压力管理、情绪管理、冲突管理、工作—家庭平衡等方面。

在 EAP 培训前，首先应进行培训需求分析（Training Needs Analysis，简称 TNA），使 EAP 培训具备有的放矢、事半功倍的效果。培训需求分析从压力点入手，从组织分析、任务分析及个人分析三个维度来确定培训方案。培训需求分析过程如图 7-3 所示。

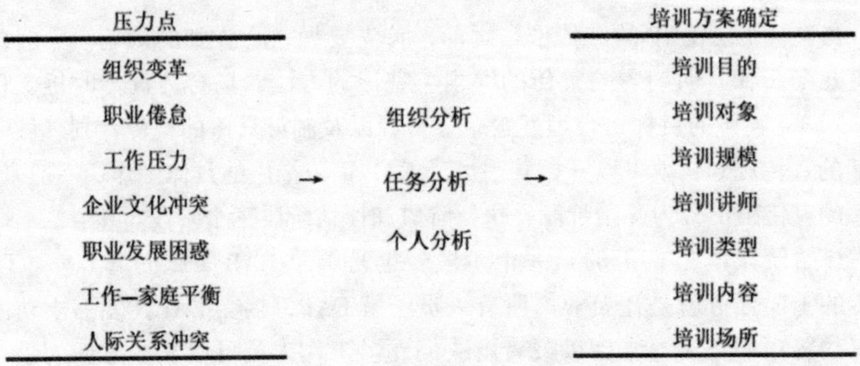

压力点		培训方案确定
组织变革		培训目的
职业倦怠	组织分析	培训对象
工作压力		培训规模
企业文化冲突	→ 任务分析 →	培训讲师
职业发展困惑	个人分析	培训类型
工作—家庭平衡		培训内容
人际关系冲突		培训场所

图 7-3 培训需求分析过程

EAP 培训的方法要本着"方法为内容服务"和"因材施教"的原则，根据培训内容和培训对象而定。此外，企业在培训讲师的选择上需要考虑两点：一方面要求讲师是对 EAP 相关知识和实施有深刻认知的专业人士；另一方面则要求讲师有较高的培训技巧，并富有感染力。

（六）效果评估

EAP 效果评估不仅是对整个 EAP 项目服务品质、服务有效性及投资收益的证明，而且还有助于 EAP 整体项目的改进以及 EAP 向更广泛服务领域的推广。因此，EAP 效果评估不仅是 EAP 整体项目的最后一步，也是为下一周期 EAP 服务的测评，因此 EAP 效果评估与其他五个 EAP 实施步骤构成了闭环。关于 EAP 的效果评估主要围绕四个问题展开：EAP 项目是否按计划执行，EAP 目的是否达到，EAP 项目是否有效，EAP 项目是否经济。为了保证 EAP 效果评估的顺利进行，及所测结果的科学性与客观性，首先，需要保证获取组织的支持；其次，确定何时、为何、如何进行评估，并制定目标；最后，获取信息进行评估。关于 EAP 的效果评估流程，如图 7-4 所示。

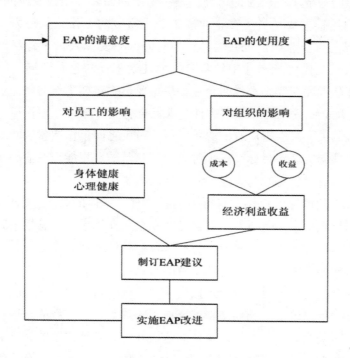

图 7-4 EAP 效果评估流程

　　企业在将来 EAP 效果评估过程中，可以针对 EAP 服务内容及所要达到的预期目标，依据效果评估层面的不同，采用不同的测量工具与计量方法。例如，在对员工的影响这一评估层面，可以通过获得员工在 EAP 项目实施前后员工工作压力等职业心理健康方面的相关数据，进行差异检验，来评估 EAP 项目对员工产生的影响。

第三节　员工归属感的文化建设

一、员工归属感的相关研究

（一）员工归属感的含义

　　《新唐书·李密传》曰："擎天下英雄驭之，使远近归属，公不如我。"归属，即归于、属于、确定所有权，具有划定从属关系的意思。

归属感的形成不是朝夕即可的，是一个由内而外、由浅及深的渐进历程。本书中的归属感主要是员工在企业经过一个阶段的工作，从行为、品行、心理、价值观上与企业产生了共鸣，这种共同的感受深入员工骨髓，于是员工归属感养成。我国传统文化中经常有民谚佳句来反映这种认同、归属的感觉如"士为知己者死"等，都说明企业如果想要员工长期工作并将企业当作"知己"，甚至在企业危难之际愿意牺牲个人保全企业，那就必须让员工在企业感受到朋友般的关怀，获得应有的尊重，每个员工之间都像朋友般相处，大家每天在一起有共同的奋斗目标。员工可以感到自己的理想能与企业的实际结合起来，就有了事业成就感和与企业一起发展的渴望。

关于员工归属感的内涵，有很多学者也有不一样的观点。Byles 认为组织归属感也叫组织承诺，是指员工对自己所在企业在思想上、感情上和心理上的认同和投入，愿意承担作为企业一员所涉及的各项责任和义务，并以主人翁的责任感和事业心努力工作。还有些学者的观点可以大致分为两类：一类是行为说，这类观点主要认为员工或个人做出一种特定的行为，同时周围的环境也无法使这些行为得以改变，长期坚持就形成了一种与行为一致的态度；另一类认为员工归属感是个人对某一特定企业的依赖并依此表现出来的相应的行为。

Meyer 和 Allen 认为组织中的个体会对组织产生情感性依赖并且存在继续留下的义务，而且离开组织需要付出一定的代价。员工对这些因素强度的综合判断决定了其继续留在组织意愿的强烈程度。

关于员工归属感的概念分析，我国学者郑艳、刘聚梅和陈步峰、周亚越和俞海山等基本认为，员工加入一个组织或集体中并愿意在其中兢兢业业工作，将组织的发展目标当作自己的工作目标，积极地响应企业号召，践行企业文化，那么员工对于企业将会有强烈的归属感。

综上，本书认为员工归属感，是员工在企业工作一段时间后，对企业有了深刻的了解，并逐渐与企业的价值观保持基本一致，将对企业的认同、忠诚及依赖内化成归属感，当然，这个过程是较为复杂和漫长的。然而，经过这个曲折过程，员工内心对企业强烈的责任感会使员工愿意动员自身一切力量去为企业奋斗，把企业当作自己除了家庭之外的第二个"家"。

（二）员工归属感形成的理论基础

社会交换理论的发展孕育了与员工归属感有关的理论，从这些理论的内容来看，任何人都会通过与他人、组织或社会交换自己手中资源的方式来获得想要的东西，如财物、机会、利益、名誉、声望等。在这个交换的过程中，人们对于对方所给东西产生的感知就称之为归属感。具体来说，如果人们所付出的资源获得了对等的回报，那么他的内心就会十分满足，这就是归属感的表现。具体到企业经营中，员工通过工作获得企业给予的精神资源和物质资源。这些资源只有企业才有，员工无法通过工作以外的其他方式获取，因此员工自愿地通过工作来换取这些资源。根据社会交换理论的内容来看，组织支持为员工提供了一个获得企业资源的途径和机会。员工通过为企业创造精神和物质上的财富来作为换取企业资源的筹码，并向企业承诺会一心向着企业，所以，企业能否根据员工的付出给予同等的资源直接关系到员工归属感的形成。

（三）员工归属感形成的心理机制

在员工与企业的交换过程中，要形成员工归属感是一个复杂的过程。在这个交换过程中，当员工的投入得到企业以各种资源作为回报时，员工会对这种回报作出一个潜意识的评估。在企业提供的各种资源中，比较容易作出比较判断的是企业文化、工作环境、报酬奖励、福利待遇等。马洛斯的需求层次理论认为，"归属和爱的需要"是人的重要心理需要，只有满足了这一需要，人们才有可能"自我实现"。所以，员工从自己最基本的需求出发，将企业提供的这些比较外在的资源，与过去的或是他人的进行比较，同时还要与自己的期望进行比较。只有在这个比较过程中，企业提供的基础资源才能满足员工的基本需求，才能为员工归属感的形成奠定心理基础。

形成组织归属感还要经过一个过程，就是员工反思自己的投入是否值得企业这样回报。在社会交换过程中，当员工已经形成了一定的心理基础，他对企业的需要就会更上一个层次，对企业的判断也会更加全面。只有对企业的总体判断形成更加稳定的结果，员工才能产生坚定的态度。员工的比较判断不再仅限于外在的报酬和福利，而是转移到企业的发展、特征和价值观等方面的内容。经历两次的判断与评估，员工会对上次比较形成的归属感进行强化，从而产生更加坚定的归属感。

二、企业文化与员工归属感的关系

（一）企业物质文化培育员工归属感

企业物质文化是企业最表层的文化，它是通过企业的生产产品、提供的服务、企业的名称和象征物、企业的设备以及企业的生产环境等实体所体现出来的物质文化，企业的物质文化依靠以上这些载体得以存在和发挥作用。通常而言，组织对产品开发、企业口碑、服务质量、文化设施、生活环境、组织生产环境的重视就是其组织文化足够优秀的表现。我们可以从以下两个方面来把握企业物质文化的内涵：其一，企业的物质文化最重要的内容就是经营成果，企业经营成果包括其生产的产品和提供的服务；其二，企业物质文化最主要的内容包括企业广告、产品设计、企业建筑、产品包装等在内的企业生活环境和工作环境。从这两个方面来看，企业物质文化实际上就是企业精神面貌在实实存在的、触得到也看得见的物质形态层次上的反映。比如，麦当劳的金色的"M"标志，就是其精神面貌在物质层面的表示。

企业的名称和企业的象征物是企业文化的物质文化，它们是企业的个性文化之一。每一个企业的名称和象征物都各不相同，都代表着企业的精神和个性。当社会对于企业的文化给予肯定的时候，员工会因作为企业的一员而感到自豪，提升员工对企业的满意度和忠诚度。

（二）企业行为文化增强员工归属感

企业行为文化是企业文化的浅层文化，从人员结构上面可以分为个人行为文化和集体行为文化。企业个人行为文化包括企业家或是企业模范人物的行为，而企业集体行为文化则是员工的集体行为的总和。

在企业经营活动中，企业家占据着绝对的主导地位。一个企业的价值观和精神面貌如何，在很大程度是由企业家的人际关系动态、经营作风、道德理念、文化修养共同反映出来的。仔细观察那些出类拔萃的企业家就会发现，他们在企业中都有着极强的号召力和人气。这样的企业家总是具有一种"一呼百应"的气质，能够带领企业内的所有员工朝着同一个方向努力、奋斗。对于员工而言，能追随这样的企业家也是他们的光荣和骄傲。

企业的集体行为文化是员工在企业经营、人际交往以及文娱活动中产生的行为文化。集体行为文化是企业行为文化的一个重要组成部分，它影响着整个企业行为文化的发展。员工是企业组成不可缺少的一部分，是企业的主体，员工的集体行为决定着企业整体的精神风貌和行为氛围。如果一个企业没有良好的积极向上的活动与工作氛围，那么员工在企业里就无法进行有效的交流与沟通。这样会导致员工之间没有交流，无法实现共同价值观的形成。企业缺乏凝聚力，自然也就像一盘散沙一样，失去了前进的方向。和谐的工作氛围能够减少员工之间的冲突和摩擦，是员工能够一心一意工作的基础。当员工在这样的工作氛围中停留比较长的时间，必定对企业的价值观更加认同。和谐的工作环境能够激励全体员工的智力和向心力发展，为企业创新作贡献；能够让全体员工把工作同自己的人生目标联系起来，增强员工的主动性和创造性；能够使全体员工认识到企业文化是自己宝贵的精神财富，以积极的人生态度去工作。因此，加深企业行为文化的深度可以增进员工的认同感和忠诚度，进一步增强企业员工的归属感。

（三）企业制度文化激励员工归属感

企业制度文化属于企业文化的中层文化，它是企业的各种规章制度、规范和行为准则的总和。企业的制度是企业人的意识与观念的物化，它对企业文化的建设具有很重要的作用。制度文化是企业规范员工的行为和思想的重要手段，以便显现出文化的一致性。一个企业要想做到规范化的管理，必须形成有利于管理的规章制度。企业当然不能凭空制订管理制度，必须根据实际情况制订有说服力的规章制度，通过规章制度的建立健全，促进企业文化的形成并使其更加稳定。

作为精神文化的基石和纽带，制度文化可以反过来促成精神文化的建设。员工的价值观念会随着企业建立新的文化制度而发生改变，继而形成新的精神文化。所以，企业文化的形成总处于"精神文化—制度文化—新的精神文化"不断循环反复的过程中。企业制度文化具有对企业和员工行为进行规范和约束的作用，同时还能保证企业员工价值观免受外界因素的影响，保证企业随时处于理想的发展状态，并且能够在激烈的竞争中脱颖而出。

（四）企业精神文化对员工归属感的提升

位于企业文化最核心层的文化是企业的精神文化，它主要包括企业的精神、企业的价值观、企业的运营理念等方面的内容。下面笔者重点论述一下什么是企业的价值观。对于企业价值观，大部分学者认同的定义是，为一般员工所认同，可以在员工之间产生共鸣的思想观念总和；一个企业的价值观一旦形成，就会对员工产生深远的影响。但是一个企业的精神与价值观不是短时间内形成的，必须要经过一段很长时间的积淀，需要一个企业几代人的不断努力，才会形成大多数员工都认同的企业价值观。

三、建设基于员工归属感的企业文化的意义

（一）企业形成核心竞争力的关键

建设基于员工归属感的企业文化是企业核心竞争力的体现，决定着企业的兴衰成败。企业文化是企业管理哲学的应用和具体化，良好的企业文化是营造企业核心竞争力优势必不可少的要素。企业持续发展要靠其核心竞争力，核心竞争力来自管理和技术，而管理和技术靠的是企业文化。基于员工归属感的企

业文化成为企业的核心竞争能力是企业发展的必然趋势，企业要想不断提高核心竞争力，就必须具有凝聚力。企业想要增强凝聚力，就要使员工对企业或是经营者产生认同感，使得员工能够因为共同的目标而一起努力工作，提升企业的核心竞争力。基于员工归属感的企业文化体现出企业与员工价值观的统一，使得企业的核心竞争力形成并提高。企业不再只是一个利益的共同体，而是由共同价值观凝聚在一起的组织。在这样的企业中，员工拥有强烈的认同感和归属感，对企业的发展前途充满责任感和自信心，积极参与企业的各项活动，主动将个人利益与企业利益联系起来，与企业结成命运共同体。当企业文化对企业员工进行长期的潜移默化的影响时，员工会把企业的精神与价值观都转化为个人的思想和行为，企业与员工牢牢联系在一起，并激励员工为实现自我价值和企业的目标而奋勇前进，企业的核心竞争力的形成也就不言而喻了。

（二）企业降低人员异动率的有效手段

随着全球经济的进一步发展，我国与国际市场的互动交流也越来越频繁，同时我国企业也面临着越来越严重的企业竞争。在这种国内大环境下，已经不是资金因素和技术因素，而是人力因素主宰企业的竞争。人才成为企业竞争的关键，谁拥有优秀的人力资源，谁便会在激烈的市场竞争中获得先机。只有大力加强企业员工归属感建设，才可以留住人才。因此，建设基于员工归属感的企业文化，才是留住人才的重要手段。一旦员工产生了归属感，员工便会从思想和情感上对企业形成认同感和忠诚度，与此同时就会不断增强员工对于企业发展的参与性和责任感。员工把个人的发展与企业的发展联系起来，企业也充分尊重员工实现自我价值的意愿，企业为员工的个人发展提供空间，企业员工会自我约束，用自己的忠诚和努力工作来回报企业。这样，员工的个人价值不但可以得到体现，企业也可以留住人才，同时也可以提高核心竞争力。

（三）企业可持续发展的内在动力

员工对企业产生认同感和责任感，激励员工不断为企业发展贡献自己的力量。成功的企业文化会使员工相信自己工作的企业是最棒的，从而产生自豪感并激发自己的工作积极性和创造性。在企业发展的道路上，员工也愿意与领导者并肩作战为企业发展共同努力。

反过来，员工的需求也是企业不可忽视的问题，只有员工拥有了归属感，对企业产生了认同，拥有了工作使命感和成就感，才能够充分调动员工的工作积极性。只有员工归属感形成，才能够激励员工并凝聚力量，企业的发展才能蒸蒸日上。

四、增强员工归属感，建立良好的企业文化

（一）创设人文关怀的工作环境

企业物质文化是企业文化建设的硬件基础，而工作环境又是企业物质文化中的重要组成部分。企业环境设计是企业文化的综合体现。在环境设计中，要充分考虑企业每一处的思想文化含量，深入挖掘、多方表现，使员工在美好的环境中，得到艺术的享受，在潜移默化中认同企业。现代社会追求可持续发展，企业物质文化建设也要关注这一点。在关注员工人身安全和企业财产安全的前提下，企业建筑布局要充分利用自然资源，争取做到经济、实用，统一规划，统筹考虑。美化企业工作环境使得员工心情愉快，有利于员工工作效率的提高。科学布置工作环境也有很多讲究，冷暖色调的使用就要根据不同的工作性质来改变。运用正确的颜色营造舒适的工作环境，能够很好地提升员工的工作效率，错误的颜色运用不仅不能提高效率，还可能改变员工心情，影响整体的工作情绪。保持空气清新、照明适当、温度适宜和噪音控制得当都是企业工作环境建设需要注意的。注重创设人文关怀的工作环境，让员工在企业工作就仿佛在家一般舒适和温馨，能够帮助企业提升员工的认同感和归属感。

（二）开展科学健康的文娱活动

建设基于员工归属感的企业文化，是社会主义建设先进文化的目标。企业需要开展人文关怀的文化活动，来丰富员工的业余生活，满足员工日益增长的精神文化需求，让员工在紧凑的工作后能够放松心情，还能够增长知识。

第一，开展体育运动。现代企业人大多因为繁忙的工作而忽视了身体健康，企业多多开展体育运动的活动，既能锻炼身体还能增强员工的凝聚力和向心力，如开展一些接力赛跑、拔河之类的团体体育活动。

第二，开展与企业经营和技术开发相关的科学讲座。这样的讲座可以让员工更加了解企业，也可以向员工普及科学知识。邀请这个行业的精英来进行讲座，这样可以满足企业员工对于相关知识的需求。丰富的行业知识可以为员工的长远发展奠定基础。

第三，创建企业自己的图书馆。图书馆的建立要立足于企业自身的特点，这样方便员工在产生工作需求的时候能够查阅资料。同时，也可以储备一些休闲杂志和报刊，以便员工能够在休息时间放松心情，还能够了解时事政治。

第四，组织浏览参观活动。经常组织员工浏览祖国的名胜古迹，员工能够带上家属一起参加公司的活动，让员工感受到企业的贴心。员工在繁忙的工作

无暇陪伴自己的家人，浏览参观的活动可以让员工感受到企业的关怀备至。员工不但能够在大自然中感受秀丽的风光，还能够了解我国的优秀传统文化，将其继承并发扬光大。

第五，创办兴趣小组。企业可以针对员工的不同兴趣爱好和特长，在企业内部创办各种兴趣小组，如摄影小组、歌唱小组、绘画小组等，让员工的兴趣能够得到发挥和培养，实现员工的全面发展。

第六，特色宿舍文化。员工宿舍一般是为家不在本地或离家远的单身员工提供的福利住房，是员工进行休息放松的主要场所。除去工作的 8 个小时，员工余下的时间基本都在宿舍度过，所以宿舍就是员工的家，是他们彻底放松、休闲的场所。由于员工宿舍居住的人员固定，居住人员的上下班时间固定，作息统一，员工宿舍既是工作时间之外员工停留时间最长的地方，又是员工相互交流、休闲的重要单元，因此选择员工宿舍作为企业文化载体的展示单元也具备可行性。在保障职工宿舍优良环境的同时，可以充分、有效地利用宿舍的空间，以温馨、亲和的方式打造企业文化氛围，让员工感受到宿舍归属感、舒适感的同时还能获得安全感，潜移默化地提高他们的安全意识，让所有员工都能参与安全文化的建设工作中。例如，以"打造幸福站区，建设温馨宿舍"为理念，在现有宿舍内务管理水平上，创新举措，打造温馨的宿舍"家"文化，一是使白墙有温度，在宿舍墙上增添职工自行选取的、彰显正能量的文字和图画，并悬挂精美的小手工，让宿舍充满活力。二是绿植提亮度，在原有绿植的基础上，添置易于成活且颜色鲜亮的发财树、幸福树等盆栽，在装饰环境的同时，让室内空气保持清新。三是站区有鲜度，统一对电视房、食堂进行装饰，张贴一些颜色鲜艳、富有情节的梅花，绿树等的图画，让职工平时工作和生活的地方充满鲜艳的色彩。如图 7-5 所示。

图 7-5　宿舍文化建设

（三）健全沟通机制，建立和谐人际关系

沟通不仅可以在员工与员工之间传递工作信息，还能拉近部门之间的关系，关系拉近后工作效率也会更高。沟通可以使疏离式的状况得到改善，复杂的事情在人际交往好的基础上会变得简单、清晰。企业在日常的工作当中，要多与员工进行交流，了解基层的员工内心深处最真实的想法，这是更接近员工的捷径。就像坐标轴一样，x 轴与 y 轴相交的点就是员工与员工、员工与企业最近的交流距离。交流距离拉近，才能使员工归属感得到很好的培养。

首先，企业需要提升交流能力的是企业各个阶层的管理型员工。管理型员工为企业与员工之间架起了一座很好的桥梁。决策者对企业的变更信息一旦确定，管理型员工则需客观如实地将其反馈于基层员工。因为基层员工每天都与客户面对面打交道，非常熟悉客户的需求，一个新方案的实施能否有效地被客户认可，基层员工是有很大的发言权的。只有交流的路径畅通，员工才会感受到企业春风般的关怀，感觉自己被尊重，才会愿意说出真实的想法，这样企业就能够获得更多的经营"资金"，与此同时，员工也在会被尊重和被关怀中内化出浓厚的归属感。

其次，企业本身也需要投注感情进去，让员工能感受到企业的关怀、信任与尊重。第一个关卡是拥有和谐人际关系的环境尤为重要，每个员工都不想自己处在斗争激烈的恶劣人文环境中，不然每天都要担心自己会不会被卷入旋涡，会不会被身边的同事打小报告，这样战战兢兢地工作，效率是很难得到提升的。积极向上的企业环境正是我们企业所需要的。员工每天一起床就想到自己可以在一个温暖美满的环境下工作，那他们全天的斗志将会是非常激昂的，进入办公室他们就会知道自己今天工作的内容，为企业创造多大的财富。员工能够公开透明地了解到企业营运状况，更有助于及时更改员工的工作方向。一旦企业遇到瓶颈期，员工不但不会纷纷离职，反而会为了这个美好的家庭贡献自己的全部力量，陪它渡过难关。第二个重要的关卡是渠道畅通。企业首先应该建立一条安全、无阻碍的途径，通过这个途径，员工能够客观地了解到企业资讯，知道工作中哪些内容是具有利害关系的，这样在处理工作时能够分清主次，还可以激发个人潜力，将工作做到最完美状态。最后也是最重要的一个关卡，那就是企业管理者不能有侥幸心理，觉得员工遍布天下，自己企业里目前业绩上不来的员工就可以随时替换。这个思想最容易使企业成为一盘散沙。员工不是单纯出卖劳动力的被雇佣方，而是企业做强做大的合作者。西方成功的企业会将员工作为企业发展的重要泉源。在工作中，随时听取员工提出来的建议，进行归类，即使目前没有实践价值的信息也要存档，以备后续灵感的迸发。沟通畅通，企业才能够提高效益，员工也会对企业有强烈的归属感。

在实际行动中，企业应该采取措施去健全沟通机制：一是人性关怀员工。每个员工在加入企业这个家庭前，都是自己父母、朋友的掌中宝，员工之所以真心真诚地对待家人朋友，几乎全部源于家人朋友的关怀。企业需要在各个方面向员工展示自己的诚心，当员工有心理障碍时，不能以劝说其离职解决，而应当帮助员工找企业心理咨询师进行沟通，把员工从经济人身份解脱出来，要知道如果单纯地在物质上解读员工是会降低员工归属感的。二是沟通桥梁畅通无障碍。员工的归属感是在信任企业的基础上建立的，这种信任必须是沟通零阻碍的。如果员工对工作有抱怨情绪而企业不管不问，员工的心理压力无法疏解，那员工将会把这个情绪发泄在工作或者客户身上，两种结果都使得企业效益下降。三是将企业的"你"与员工的"他"创造成"我们"。"我们"的第一人称称谓代表的是员工将企业纳入家人的怀抱，当家人处于困难当中时，员工会义无反顾地挺身而出，齐心解决问题。

对于员工归属感的培养，疏导显然胜于堵截。良好的沟通渠道能够提供一个员工表达工作意愿和情感释放的途径。沟通是组织工作正常运行的润滑剂，协调着整个组织内部的和谐的人际关系。组织中良好的沟通，能有效实现组织内部成员信息交流与共享，创造出一种彼此信任、真诚相待的合作氛围。同时，沟通机制也有助于员工在工作与生活中遇到困难时寻求组织支持。组织管理者可以及时把握工作人员的思想动态，在有需要的时候给予一定帮助，解决员工的后顾之忧，从而保障员工可以全身心地投入组织的工作之中。组织与员工之间的沟通越顺利、越频繁，员工的归属感越强，忠诚度越高。组织要取得良好的沟通效果，必须做到沟通的制度化、规范化和常态化。如IBM建立了四条制度化的通道可以使员工顺畅地提出个人看法：一是经常安排基层员工与公司高层经理直接面谈，二是定期开展员工意见调查，三是直话直说的直通车，四是员工申述。这四条通道建立在双向沟通原则基础上，体现了尊重个人的企业信条。组织的沟通机制要做到广开言路，让沟通常态化。此外，沟通机制是双向的，需要建立在相互尊重、相互理解的基础上。组织的管理者与员工只有设身处地地为对方着想，才能理解对方的行为，从而建立起密切的合作伙伴关系，沟通的有效性才会得以体现。

（四）培养领导艺术和管理技能

员工对领导的认可度、接受度，可以直接代表员工对公司的信任度、满意度。尤其是中层管理人员，在公司的人力资源管理中发挥着承上启下的作用，制度落实得怎么样，员工的反馈怎么样，他们有着最直观的感受。好的领导艺术和管理技能，能够让大家心往一处想，劲往一处使，实现个人与公司的共进退；而领导艺术和管理技能的缺乏则会适得其反，让原本团结高效的队伍变成一盘散沙，直接影响员工对公司的归属感。

在企业内部除高级管理者外，中层管理人员，尤其是基层管理人员，其选拔任用的决定因素是自身能力出众。这样的管理人员，在生产经营过程中，能够让员工心服口服。但在从事内部管理工作时，由于其领导艺术和管理技能的缺失，收效甚微，甚至错漏频出。作为本部门的最高管理者，首先，应对当前的大形势有着精准的把握，了解市场需求。其次，管理人员应具备较高的思想政治觉悟，对公司的管理理念、制度准则、价值取向有着深刻的理解和认识。最后，在拥有过硬专业本领的基础上，加强对哲学、文学、社会学、心理学等不同学科知识的学习，快速提升思维判断、宣传教育、引领激励、交流沟通、发现问题、解决问题的综合素质能力和领导个人魅力。公司要加大对管理者，尤其是中层管理者的教育培训，通过聘请专业老师、开展各类专题培训、提供必要学习资源、设置额外奖励等方式，全方位助力管理者提升领导艺术和管理水平。

第四节 工作—家庭平衡计划

一、工作—家庭平衡概念界定

工作—家庭平衡是指个体对工作和家庭满意、工作和家庭职能良好、角色冲突最小化的心理状态。平衡是指个体平等地参与工作、家庭角色活动，获得同样的满足。工作—家庭平衡主要包括三方面：时间平衡，即在工作和生活上投入的时间量相同；心理平衡，是指在工作和生活角色投入的心理包含程度相同；满意平衡，是关于生活和工作的满意度相同。工作—家庭冲突界定为个体在工作和家庭之间进行时间分配、空间划分、行为模式塑造、角色预期和情绪溢出与补偿时产生的不同角色间相互竞争性关系，分为工作干扰家庭的工作—家庭冲突和家庭干扰工作的家庭—工作冲突。它是指工作领域和家庭领域的角色压力之间在某些方面互不相容，即因为参与工作（家庭）角色而使参加家庭（工作）角色活动变得更困难。工作—家庭平衡计划是组织开展的帮助员工认识和正确处理家庭同工作间的关系，调和工作和家庭之间的矛盾，缓解由于工作—家庭关系失衡而给员工造成的压力的计划和活动，工作—家庭平衡计划的目的在于帮助员工找到工作和家庭需要的平衡点。在工作家庭关系中，对"工作"和"家庭"这两个概念的界定也一直存在诸多争议。争议的焦点多集中于以下问题：工作是仅限于与报酬有关的任务，还是也包含与经济报酬无关的任务活动（如志愿活动）；家庭是仅限于原生家庭，还是也包含双职工家庭、单亲家庭、重组家庭等。

二、工作—家庭平衡计划的实施要点

在设计和推进"工作—家庭平衡计划"时，应重点把握四个要点。

（一）观念先行

大力提倡工作与家庭相平衡的观念。从组织自身来讲，"工时越长，效果越好"的观念已然落伍，员工身体、心灵与家庭健康三者并重，才是企业永续经营的有力保障之一。从对员工的期待上来说，优秀的组织从不向员工过度地索取，而是尽可能地确保员工在不过度影响工作的前提下承担家庭中的责任。例如，摩托罗拉公司向员工宣传，人生的目标应该包括三个部分——家庭目标、生活目标和财务目标，要在三者之间寻求平衡，不要一味地把财务目标定得很大，家庭与生活同样重要。台湾地区宏碁（Acer）公司董事长王振堂更是以身作则，每天晚上 7 点就开始催同事下班。在他看来，"知识经济的时代，应该要工作得更聪明、更轻松，把时间拿去陪家人"。

（二）实行弹性工作制

实行弹性工作制使员工拥有平衡工作与生活的自主权。弹性工作制蕴含相互信赖，给予员工较大的工作自主权，充分体现了企业对员工的尊重和爱护能够极大地调动员工的工作积极性。它的操作形式包括在家工作、工作分享部分工时、弹性上班等。例如，国际商业机器公司（IBM）公司在充分考虑了员工的实际需求后，设立了 8 点、8 点半、9 点三个早上到岗时间，相应的下班时间为下午 5 点、5 点半和 6 点，员工可根据自己的情况自由选择。如果员工的主管同意，员工甚至一周内可以有几天在家里办公。此外，IBM 员工还可自由调配工作与个人时间，可以提前回家料理家事，照顾孩子，和孩子吃完晚饭后，再打开计算机，大人与小孩一起"做作业"。在联邦信号公司（Federal Signal Corporation），刚休完产假归来的女性员工可以每天工作半天，直到调整适应了全日制工作为止。

（三）实施"员工支持计划"

实施"员工支持计划"，解决员工的后顾之忧。绝大多数世界一流企业都制订了各种各样的"员工支持计划"，通过安抚和稳定员工的"后院"，帮助员工从生活琐事中解放出来，从而全身心投入工作之中。员工支持计划的范围很广，包括员工的身体、心理、财务、育儿或家庭生活的照顾等。花旗集团在这方面堪为楷模。它的"员工支持计划"包括多种"专门"与"备用"儿童看护计划，以帮助员工从烦心的小孩看护工作中摆脱出来。花旗银行的专门看护中心分布在马里兰、内华达等，设置了儿童医疗、智力、社会与情绪康乐等课程，每天为超过 1500 名儿童提供服务。备用儿童看护中心则分布在员工住所或工作场所附近。此外，花旗集团还有多种"补充儿童看护服务"来满足学校假期时的要求。为了支持"工作妈妈们"的需要，花旗集团还在美国、柏林、伦敦等国家和地区的医疗设施中配备了专门的哺乳设施。

（四）关心员工的身体健康

关心员工的身体健康，对员工进行健康投资。员工健健康康，组织才能平平安安。现在，更多的组织不再停留在定期体检、给员工报销医药费等传统做法上，而是主动对员工进行健康投资。有些公司的高管身体力行，带头参加各种有益健康的活动。例如，强生公司 CEO 韦尔顿每周都邀请员工走出户外，"与 CEO 步行"一小时；美国包括《财富》200 强公司"在内的许多公司的 CEO，正通过"CEO 健康表率活动"积极推动保健与疾病防治方面的研究和教育工作。此外，很多公司采取各种举措，为员工创造条件进行体育锻炼，通过各种途径帮助员工培养健康的生活方式。例如，摩托罗拉公司要求必须为出差的员工订带有健身房的酒店，平时也安排一些体育活动、发放旅游景点的门票或组织集体旅游等，督促员工进行运动。强生公司采用物质激励的手段促使员工接受体检和问卷调查，那些被认为属于高发病人群的员工会被劝导参加饮食和锻炼计划，帮助他们培养更为健康的饮食习惯和生活方式。

综上所述，注重员工的工作、生活与家庭平衡，已不再是偶一为之的补贴或奖励，而是竞争日益激烈下企业发展的必要策略。因此，组织应当从解决员工切实困难入手，真心呵护与用心经营"工作—家庭平衡计划"，发自内心地关怀员工，方才有助于此项计划落到实处。

三、实施工作—家庭平衡计划的意义

组织应该采取工作—家庭平衡的政策，因为这项政策可以带来很多好处。比如，提高工作效率、吸引人才、降低流动率和缺勤率、降低管理成本、增强顾客满意度，并可以建立一个更加愉悦、公正并充满活力的工作场所。

人力资源专家应该对低工作满意度予以注意，因为员工工作满意度低可能导致多重组织问题。举例来说，工作满意度低会导致员工流失率和缺勤率升高，最后造成公司低绩效和生产力下降。许多公司为了提高员工生产力，开始关注组织内员工的工作—家庭平衡，希望以此提高员工的工作满意度和改善组织绩效。

工作—家庭平衡可以定义为，员工试图兼顾互相冲突的工作要求与家庭责任所处的两难困境。劳动力流动如此迅速，使得员工在处理工作—家庭平衡问题上遭遇更多困难。工作时间越来越长，而且因为互联网、平板、手机和笔记本电脑等技术的发展，即使员工离开了办公室，工作也不会结束。此外，正如美国劳动力正在发生变化一样，家庭的概念也正在变化，单身女性、单亲人士和双职工夫妇人数增加了。

各个组织正在采取措施，帮助他们的员工取得更好的工作—家庭平衡。但重要的是，要注意到支持员工及其家庭并不是许多雇主在工作—家庭平衡上采取措施的原因。研究发现，47% 的组织支持工作—家庭平衡计划，为的是提高员工留存率和招聘水平，25% 的组织支持这些措施，希望以此提高生产力和员

工奉献精神。但是，39% 的组织报告说，他们的确在工作—家庭问题上采取了措施以支持他们的员工及其家庭。本质上说，人力资源经理应该注意员工对其组织内的工作—家庭平衡的感觉，因为这不仅对员工及其家庭重要，更好的工作—家庭平衡也能帮助达到组织的目的与目标。

　　灵活地平衡生活和工作问题被员工评为工作满意度的第三重要方面，仅次于福利和酬劳或薪水。另一个有趣的统计数字是，女性将工作—家庭平衡评为工作满意度的第一重要方面，而男性则将之排到第四位。这可能是因为许多女性仍然承担了家庭的大部分责任，而工作—家庭平衡计划帮助她们成功地将工作和家庭活动结合起来。随着进入劳动大军的女性数量持续上升，这种福利将变得日益重要。

情景实例

　　甲企业是一家生产制造业公司，企业有员工 2000 余人，在当地算是规模较大的企业。目前，企业的各项成本不断上升，随着生产工人招聘难度的增大，企业员工的工资、社会保险费用等都在逐年增加，导致企业的人力成本也逐步上升。近年来，企业员工患病的事件时有发生，基本医疗保险已经不能满足这些员工的需要，为此企业工会曾组织员工进行过多次捐款援助，但这并非长久之计。因此，公司工会决定成立企业职工互助补充医疗保险计划。由公司工会组织，在员工自愿的基础上参与职工互助医疗保险计划。职工互助补充医疗保险费用由员工个人和企业共同承担，每月参与职工互助补充医疗保险计划的员工向职工互助保险基金缴费 5 元，公司则按 10 元 / 人的标准按月将资金转入职工互助补充医疗保险基金。基金由工会成立的职工互助医疗保险基金管理委员会管理。当员工或其家人患病所需医疗费超过了基本医疗保险报销金额时，由员工本人提出申请，提交相关证明及费用明细，公司工会审核确定后，从职工互助补充医疗保险基金中报销超过基本医疗保险报销金额的费用，上限为 10 万元。甲企业通过工会经营的补充医疗保险计划，已经为多名员工分担了高额的医疗费用，得到了公司全体员工的支持。这种补充医疗保险形式，费用由员工和企业共同承担，对于员工来讲，每年 60 元的费用并不算高，对于企业来讲，增加这项支出，也不会影响企业生产经营所需的资金运转，更重要的是，这项职工互助补充医疗保险计划满足了员工的需要，为需要的员工提供了保障，可谓是一项利企利民的好措施。

第八章 特定员工管理

第一节 核心员工的管理

一、核心员工概念厘定

当今产业变革的两个重要的演变趋势是全球化和信息化，这一变革迫切需要企业具有灵活性、快速反应能力、创新能力和保持低成本的竞争优势。要想获得企业的竞争优势，必须要管理好企业的核心员工队伍，这相应地对人力资源管理工作也提出了更高的要求并对其产生了深远的影响。

核心员工是指能够帮助企业实现公司战略目标和保持、提高公司的竞争优势，或能够直接帮助主管提高管理业务能力、经营能力和抵御企业管理风险能力的员工。一般来说，企业核心员工会占到企业总人数的 20% ～ 30%，他们集中了企业 80% ～ 90% 的技术和管理，创造了企业 80% 以上的财富和利润，他们是企业的核心和代表，是企业的灵魂和骨干。我们可以从以下几个方面来对这个概念进行理解：第一，核心员工是有助于企业实现战略目标的员工。企业管理的根本追求是实现企业的战略目标。核心员工能够将自身的优势与企业提供的资源相结合，推动企业战略目标的顺利实现。第二，核心员工是指能够保持、提高公司的市场竞争优势的员工。随着市场竞争激烈程度的不断提高，只有保持且不断提高企业的竞争优势，才能使企业在不断有效参与竞争中逐步发展壮大。核心员工可以凭借其较高的知识或技能水平帮助企业保持和提高竞争优势，如凭借技术优势增强产品的科技含量，凭借经营管理能力，节约企业的管理成本，增强企业抵御风险的能力。从企业创造价值的来源来讲，核心员工大致可分为三类：第一类，具有专业技能的核心员工。这一类核心员工主要是拥有企业所需的某一方面或某一领域的专业技能的人才，其工作效果关系着企业的正常运转。第二类，具有广泛外部关系的核心员工。这一类核心员工拥有企业所需的广泛外部关系资源，是企业与外部组织交流的桥梁，如关键的销售人员和业务人员，企业需要通过他们获取所需的资源和进行产品的输出。第三类，具有管理技能的核心员工。这一类核心员工主要是能够帮助企业抵御经营管理风险，节约管理成本，其工作绩效与企业的发展休戚相关。

二、核心员工的特点与作用

（一）核心员工的特点

一是综合素质和专业水平相对比较高，这是普通员工无法替代的。一方面，企业的核心员工拥有很强的综合实践能力，有很强的专业能力、管理能力等；另一方面，企业核心职工的学历水平一般都比较高，其具有很强的学习和创造能力。

二是具有给企业带来更多经济效益的能力，该人员具有一定的专业技能，拥有企业发展不可缺少的某种或几种能力。而企业的核心职工所具备的普通职工所不具备的能力，通常是经过长时间的工作总结出的经验，这是其他人无法在短时间里取代的。因此这种特性也使企业可以保持较为充分的竞争能力。

三是核心职工的流动性较普通员工强。核心员工是企业人才竞争过程中相互争夺的重要对象，在一定程度上是比较抢手或稀缺的。基于目前社会发展的情况，人才对自身更好更快发展的意愿比较高，因此出现了核心员工对自身专业的忠诚度要高于对企业的忠诚度。

四是核心员工对企业的影响不同于普通员工。第一，如果核心员工将商业机密带到其他的企业，则该企业就会非常被动，并有可能遭受重大损失；第二，企业在失去了核心员工的时候，就必须继续聘用相关领域的人才，这样就给企业在人事方面增加了成本，也会失去一些客户；第三，企业的一小部分核心员工辞职之后可能会出现连带效应，使得企业的其他职工心理产生波动，最终选择离职，这样大大破坏了企业的向心力和凝聚力。

（二）核心员工的作用

核心员工是企业的骨干和精英，他们对企业的作用主要体现在以下几个方面。

第一，促进企业的创新与发展。企业生产率的提高、产品的更新换代，离不开核心员工的技术攻关与技术创新。他们直接促成了企业财富和利润的提升。企业经营水平上升、经营业绩提高、企业管理制度的日趋完善、企业制度的创新，都需要有较强营销才能以及较高管理水平的核心员工。

第二，领导企业的团队建设。一个充满活力的企业团队是企业创造价值的不竭动力，而核心员工必然在其中起着核心凝聚的作用。核心员工会激活团队成员以及整个企业团队的创造力，进而为企业创造最大价值。

第三，防范企业风险。当今时代，社会经济条件瞬息万变，企业时刻面临一系列风险，如决策风险、经营风险、技术进步风险、市场风险等，如果对这些风险缺乏防范能力，必将给企业带来不可估量的损失。而核心员工一般对风险有敏锐的洞察力和较强的规避风险能力，他们会为企业"一帆风顺"的运营起到重要作用。

第四，塑造企业文化。企业文化给企业带来经济与社会的双重效益，它是一种管理方法，也是一种象征企业灵魂的价值导向，它是被广大员工认同并遵守的企业哲学、企业理想与企业价值观，可倡导员工形成精益求精的工作态度与献身事业的生活态度。核心员工是企业的灵魂人物，从一定意义上说，他们的价值观就是企业的价值观，他们的品质、创新精神与责任感会塑造并发展企业文化。有了卓越的核心员工，才有卓越的企业文化。

三、如何确定企业的核心员工

既然核心员工对企业来说那么重要，那么如何来确定企业的核心员工呢？核心员工是关键岗位上的关键人物，核心员工的确认也就要分两步走。

首先是确定企业的关键岗位，对此笔者认为可以采用"因素评分法"，又称要素计点法，该方法采用的是对评价因素进行量化打分的办法，包括如下具体步骤。

第一，企业应做好职位分析工作，撰写职位说明书，同时对职位进行等级划分。

第二，确定影响职位价值的关键评价因素。譬如，该职位对企业的影响程度、职责大小、工作难度（包括解决问题的复杂性、创造性等）、对任职人的资格要求等。

第三，对每个评价因素赋予不同的分数（即权重）。分数的大小根据该因素在影响职位的所有因素中所占的重要性而定，同时，对每一个因素的进行分级（比如分成5级），给出每一级所对应的分数。此外，关键还要对每个等级给出具体的含义。

第四，确定每个职位在每一因素项上的得分。然后，把各项得分汇总，得出每个职位的总分。

第五，企业根据每个职位所得分数的多少进行排序，然后根据公司实际确定关键岗位，最终就可得出企业关键岗位名单。

其次是在得到关键岗位名单后，我们可以把各个关键岗位的现有从业人员罗列出来，再运用一次因素评分法，此次评分的关键影响因素可确定为技术的熟练程度、过去的业绩、是否可替代以及企业的忠诚度等几个要素，通过对每个各个因素的评分、汇总，得到一份按分数高低排列的员工名单，再根据企业的实际情况对此名单进行一定的修改，即可得到企业的核心员工名单。

要注意的是，核心员工名单不是一成不变的，它会随着企业的发展和市场的变化不断调整和变动。

四、核心员工管理方法

（一）改善核心员工工作环境

在企业管理中，为员工创造一个良好的工作环境是非常重要的一环。恶劣的工作环境不仅会降低员工工作的积极性，也容易隐藏各种安全隐患，为企业未来的发展埋下隐患。因此企业要进一步提高员工的工作效率，就必须对目前的工作环境进行改进。在改进硬件设施的同时，为核心员工的发展创造一个更好的软环境，从而使核心员工能够为企业安心服务。一方面，进一步贴近核心员工需求。改善工作条件、完善相应的工作配套设施。例如，增加必要的在企业加班时的加班餐或者是生活用品，增加连接网络的公用电脑等；为核心员工开辟专门的休息宿舍，并加装暖气和空调；为核心员工提供工作时的防护面具及衣服，并跟进后续医疗保障；等等。只有这样做，才会收到意想不到的效果。另一方面，进一步完善企业文化。企业文化是企业的所有职工价值观的一种体现，一个企业拥有优秀的企业文化能够提升企业职工的凝聚力，增强职工工作的主动性，充分发挥企业职工的创造力，更有利于企业实现发展目标。必须遵循"以人为本"的企业发展理念，在强调"艰苦奋斗"的同时，必须为员工着想，明确员工在"艰苦奋斗"过程中应该享有什么保障，公司应该给予哪些支持，以及员工们"艰苦奋斗"成功之后如何对重点核心人员进行奖励等方面的规定。此外，摒弃企业把家文化当作企业的重要文化的做法，改变"亲友"以及"乡党"文化在企业文化中的主导地位，在核心员工的考核评价中，按能力和实力取胜，而不是按血缘和地缘取胜。要营造真正"亲如一家"的企业氛围，使核心员工与管理层之间避免"内外有别"。

（二）健全核心员工绩效沟通反馈机制

沟通的目的在于使核心员工能够及时发现自己存在的问题，经过探讨，选择最优的解决方案。同时也有利于核心员工认清自我，保持良好的工作状态，更好地履行工作职责。在实施过程，企业必须改变原有的"单向沟通""命令式信息传递"的形式，给予核心员工更多的自主发言权，使得"双向沟通"的渠道通畅，即保证核心员工与管理层间的沟通渠道通畅。有效的沟通反馈，不仅可以提升核心员工的工作满意度，促进其工作目标的实现，提升绩效管理的效率，增加企业对于核心员工的认同感，对核心员也是一种激励。

在企业绩效管理过程中，特别在绩效考核时，普遍存在着考核指标难以准确量化、考核过程缺乏公平等问题。而核心员工在企业员工数量中所占比重相对较低，企业在实施对核心员工的绩效管理时，应加强核心员工参与管理和沟通，鼓励核心员工参与到绩效管理的整个过程中来，特别是在绩效衡量指标的设定上要充分达成共识，使得核心员工更加了解工作流程和组织对自己的期待，并且不会质疑考核的公平性。前期的良好沟通，使得企业制订的绩效目标既能符合企业的发展要求，又能为核心员工适当加压，实现有效管理。

企业在向核心员工提供绩效过程辅导与帮助时，也要确保沟通渠道的畅通，及时了解核心员工的工作困难，提供有针对性的支持，减少沟通不畅所带来的阻碍以及效率的降低。

（三）给予核心员工充足的个人发展空间

以员工职业生涯规划的长期、动态、公平、效率以及创新与全体员工共同参与企业运营发展与管理为原则，确保企业能够为核心员工提供其发展所需要的空间。要完成这一目标，可以从以下五方面入手。

第一，完成核心员工的入职匹配工作，保证核心员工实际需求与岗位职责能够精准对接。对核心岗位职责以及具体的任职要求与核心要素作出明确规定，使核心员工能够根据岗位标准去要求自己。与此同时，企业深入了解核心员工的性格、人格特质、个人爱好与专业技能方向，使核心员工的职业发展需求能够与岗位相匹配。

第二，及时了解核心员工的成长需求，并对其职业规划与未来的成长需求进行随时指导与及时反馈。核心员工的职业规划不是一成不变的，而是会不断变化发展的。对核心员工的职业生涯与发展，企业应对其随时保持关注，在适当的时候进行指导，并对其发展需求进行及时反馈。

第三，及时对核心员工进行赋权。自己的工作得不到领导的足够重视与赏识，是企业核心员工离职的重要原因之一。而通过赋权让核心员工感受到欣赏与尊重，可以更有效地调动这一群体的工作积极性以及对工作的热情。因此企业的管理层在下一步的管理工作中，应从满足核心员工的尊重需要出发，在对核心员工能力以及特点进行全面了解的基础上，充分与核心员工交流沟通，并为他们打造一个能够更好发挥所长、施展才华与能力的舞台，从而充分调动核心员工的能动性，使他们能够在信任与尊重中为企业创造更多的效益。

第四，在企业内推进工作轮换与个人转岗制度的实施。核心员工不是万能的，只有将他们放在最合适的位置上，才能最大程度发挥出他们的作用。因此企业有必要通过推进工作轮换与个人转岗制，让每个核心员工在轮换与转岗的过程中，找到最适合自己的岗位与发展空间。与此同时，通过轮换与转岗制的实施，企业也可以进一步培养不同岗位的人才梯队，提高核心员工的综合素质与业务水平，从而使核心员工在轮换与转岗中更加信任企业，更加愿意为企业的发展出谋划策。

第五，对核心员工予以充分的赏识与认可。每一个员工都渴望自己的工作能够在最大程度上得到领导以及企业的认可，核心员工也不例外。而给予核心员工充分的赏识与信任，可以让他们更加认可企业的管理、企业的文化以及企业的制度。适当的鼓励与欣赏，可以有效激发出核心员工的最大潜能。而人力资源中所蕴藏的潜能是其他物质性资本所不能比拟的，只有欣赏员工、信任员工，员工才可以更好地发挥出自己的才能，并会在为企业服务的过程中进一步认可自己所承担工作的意义，强化自己与企业与管理层之间在情感上的联系。

（四）加强核心员工与企业文化一致性的建设

企业文化是指企业规范的运营模式和共同的价值取向，代表了企业的经营理念，为企业的发展指明了道路，它是企业发展的精神源泉。良好的企业文化不仅能提升企业的团队凝聚力，促进企业健康和谐地发展，优秀的企业文化更能激发员工的主动性和创造力，提升企业的竞争力。在企业中建立积极向上的企业文化不仅能够将其转化为企业经营管理的工具，激发核心员工的工作热情，还能够为企业员工创造一个完美的工作环境。

要实现企业文化对核心员工的有效驱动，必须加强核心员工与企业文化的一致性建设。这就要求在对核心员工进行管理的过程中，在辅助其制订职业生涯发展规划方面，要深度融入企业文化，使得核心员工不但认可企业文化，更要建设企业文化，宣传企业文化，推动企业文化的发展。另外，企业文化的建设要注意其包容性。核心员工因其自身特点，其发展的路径有别于普通员工，优秀的企业文化不会限制员工的成长与发展，而是促进员工的发展，在员工发展的道路上给予其足够的精神动力，最终实现企业发展目标与个人发展目标的共同实现。

第二节　问题员工的管理

"问题员工"是指那些不能按照企业要求实现工作目标、不能完成工作任务、工作绩效较差的员工。"问题员工"在工作单位经常违反企业规章制度，在员工队伍中造成了较坏的影响，给企业的安全生产、和谐稳定埋下隐患。对待这些"问题员工"，我们必须分析其问题产生的原因，"对症下药"，只有采取合适的管理方法，才能有效解决问题，打造一支高素质和高绩效的员工队伍。

一、问题员工的分类

要管理好问题员工，首先需要鉴别问题员工的类型。企业需要的员工，大概可以分为两大类：合格的员工和合适的员工。其中，合格的员工是指那些技术特别好，适合本职工作技术要求的员工；合适的员工是指员工本身的职业态度和行为方式符合企业文化，是企业需要的人。在两大类的划分下，又可以分为四个象限：既合格又合适的员工、既不合格又不合适的员工、合格但不合适的员工、合适但不合格的员工。

以下是四种不同类型的问题员工。

（一）既合格又合适的员工

既合格又合适的员工，是管理者们所青睐的，为此往往不惜重金招聘，给予丰厚的福利待遇，委以重任。但这种员工毕竟是少数，在公司中所占比例最多只有20%。然而即使是这少数的既合格又合适的员工中也存在着一些问题员工。因此，既合适又合格而又不属于问题员工的人实际上是少之又少，管理者不应该把太多的精力放在从外界猎取这类员工的身上。

（二）既不合格又不合适的员工

既不合格又不合适的员工就意味着，他们既达不到符合本职工作的技能要求，也不符合企业文化的需要，是纯粹的"问题员工"，对企业而言是没有价值的。企业应该尽快把他们进行优化淘汰。

（三）合格但不合适的员工

合格但不合适的员工往往具有比较专业的工作技能，譬如，具有较高的英语水平和计算机水平，具有较好的谈判技巧和时间管理技巧，等等，但是他们也往往缺乏较强的沟通能力或者非权威的影响力。他们缺乏的方面在很大程度上是与生俱来的，是企业通过培训所不能解决的。对于这些员工，企业的处理方法是人尽其用，把他们所拥有的知识、技能都应用在工作上，尽力让企业的其他员工都能分享他们的知识和技能。如果他们主动提出要离开，则企业不需要着力挽留，因为他们不是企业需要的人，而此时他们所具有的企业需要的知识和技能已经被企业留下了。

（四）合适但不合格的员工

企业管理者需要把主要精力放在那些合适但不合格的员工身上。这些员工虽然职业技能有所欠缺，但是他们所具有的良好学习技能和沟通技能决定了他们能够通过培训很快弥补这些不足。可以把这些员工逐步塑造成为企业本身所拥有的既合格又合适的员工。

通过对四个员工类型的分析可以发现，问题员工分布的范围是比较广泛的，需要管理者认真鉴别，区别对待。需要注意的是，许多管理者把一些具有"性格缺陷"的员工也视为问题员工，从而试图改变他们的性格。其实这是一个误区。具有轻微的性格缺陷的员工并不属于问题员工，管理者试图改变他们性格的做法也是没有意义的。

二、问题员工的表现形式

（一）由于自身的优点带来"问题"的问题员工

1.功高盖主的员工

这类员工绝对是合格的员工。功高盖主的员工是企业管理者非常头疼的员工。他们是一些非常能干的业务尖子，他们工作勤奋并且业绩非常出色。譬如，作为销售人员，他可以经常签订一些销售额非常大的合同，给企业带来非常大的利润；作为研发人员，他掌握了企业的核心技术，可以对企业新产品的研发提出决定性的意见，开发出决定企业发展的新产品。这些员工对于企业来说是非常有价值的，他们的功劳也远远超过了企业里的其他人，甚至包括他的主管、经理。这就是所谓的"功高盖主"。这类员工的业绩确实非常好，企业也离不开他们。但是他们往往会依仗自己的功劳而视企业的一些纪律为儿戏，经常做出一些违反企业规定的事情，使管理者下不了台，也给其他员工起到了违规的"榜样"，因为他们知道企业不能把他们"怎么样"。

2.追求完美的员工

这类员工是典型的完美主义者，对工作追求完美，有时到了固执的地步，甚至陷进了吹毛求疵的怪圈中。他们对自己要求高，对别人要求也高，并且不太擅长变通，这样便导致周围的员工不太喜欢他。在工作方面，由于过于追求完美，往往造成工作进度比较缓慢，甚至无法按时完成工作。

但是奉行完美主义的员工也有很多的优点，譬如，他们能够把每一件事情做好，精益求精不出错；做任何事情都有条不紊，思维缜密，始终如一。这些优点对于客户服务是很有用的，他们的这种精神往往也会感动客户。

3."闷葫芦老黄牛式"的员工

"老黄牛"式的员工也就是我们平时所说的"闷葫芦"，这类员工性格非常内向，只顾埋头工作，平时不言不语。管理者遇到这类员工往往会感到压抑和沉闷，因为这种人过于敏感，从来不向他人透露自己的想法，尤其是对于那些具有外向型性格的管理者来说，这些员工非常难以掌控和处理，有时还会有沟通的障碍。

当然这些员工也有很多的优点，他们能够稳重地保持原则；耐心地忍受惹是生非的人；能够平静地聆听别人说话；具有天生的协调能力，善于把相反的力量融合；恪尽职守、善于倾听；有安慰受伤者的同情心；在周围其他人都惶恐不安的时候能保持头脑冷静；总是充满信心地去生活，去工作，甚至敌人都找不着他的把柄。

（二）本职工作存在缺陷的问题员工

对于一些问题员工来说，导致其问题的因素完全是一些消极的因素，包括一些消极的职业操守和性格上的小缺陷。本书对其中几种比较普遍的类型加以论述。

1.推诿责任的员工

这类员工在工作中出现差错时，不是主动承担责任、补救过失，而是千方百计地找借口，或者说部下不努力，或者说任务太重，或者说上级不支持，或者说客户太挑剔。对推诿责任的问题员工，如果管理不善，或者这类员工的数量达到了一定的比例，会使部门工作被动，造成责任无人承担、对责任人的处罚得不到执行、一些棘手的工作无法开展等。

2."光说不干"的问题员工

"光说不干"的员工的特点是有能力完成工作，但是没有工作的意愿，属于合格但不合适类型的员工。但如果长期地"光说不干"，那他就成了既不合格又不合适的员工了。

3.脾气暴躁的问题员工

这类员工的特点是爱冲突、吵闹、制造事端，喜欢听好话，在工作中稍有不顺心就容易发脾气，是典型的多血质的气质类型，工作很容易情绪化。但是他们直率、重感情、讲义气。

这类员工若管理不善，则很容易激发矛盾，哪怕他的工作能力再强，最后也只有选择辞退，但是如果管理者能够让这样的员工服从自己的管理，他们会是最死心塌地跟着管理者的员工，就如张飞和李逵。

（三）"小人"型的问题员工

从古至今，"小人"都是把他人的肩膀当作阶梯的人，即用脚踩着他人的肩膀向上爬，然后永远把他人踩在脚下。他们的手法一般都很巧妙和隐蔽。自古以来，得志的"小人"很多，如和绅、赵高。这类员工在企业中也很多，并且其危害性也是很大的，若不妥善管理，很可能造成正直、优秀的员工离职而去，而"小人"留下了来。

"小人"型员工的性格有如下特点。

1.善于阿谀奉承

清代的陈皋漠写过一则故事，刻画了"小人"善于阿谀奉承的嘴脸。故事说，一群幕僚围着上司议事，忽然一声屁响，大家顿时愕然，面面相觑。上司解释说："是我放的屁，不必介意。"幕僚马上奉迎道："不见得臭。"上司说："好人放的屁不臭就不好了。"幕僚忙抓了一把空气，放在鼻子底下连闻几下，说："才来，才来。"对这种曲意逢迎的人，有的人不但不感到其卑鄙，反而觉得是在为自己效犬马之劳，因而视其为心腹加以重用，结果是使自己不得见天日。

2.阳奉阴违

"小人"的另一个手段是对领导者表现得很"忠诚"。

东晋后赵王石勒为了达到自己的政治目的，把擅自称帝的王浚比作"天地父母"。结果，王浚被石勒的表面忠诚蒙住了双眼，直到石勒带兵杀来，还以为是来拥戴自己的，硬是不让部下抵抗，甚至下令"敢抵抗者斩"，以致石勒不费吹灰之力便灭了王浚。

阳奉阴违的人在企业中也很多。领导在的时候是一套，领导不在的时候又是另一套；说的是一套，做的又是另一套。如果管理者的监督力度不够，这样的员工最具有欺骗性。

3.有势则趋，无势则避，甚至落井下石

当领导权势在握时，"小人"对领导毕恭毕敬；当领导失去权势时，"小人"又另投他人，在领导倒霉时还可以踩上领导一脚。至于一旦领导者出了事，昔日前呼后拥的人便成了对领导者疾言厉色无限上纲者。这种情况人们是没少见的。这种趋炎附势的小人之道，却被"势利眼"们称之为"理所当然"。

在企业中，"有势则趋，无势则避"的员工肯定是存在的。有些员工进到企业的根本目的就是获取经济利益，所以，在利益前面，这些员工就成了完完全全的"经济人"。当领导有势时，他们为了利益要"趋"，当领导无势时，为了利益，他们要"避"，因为他们要去"趋"另外的有势的领导。

据此可以看出，如果让"小人"掌了权是多么危险！因此，在企业中，凡是领导者，在识别人才时应该十分警惕这类人。警惕的办法，主要是观察其玩弄的手法，也就是观察其为人的特点。只要领导者公正无私，并从多方面考察，对"势利小人"是能觉察出来的，"小人"总会暴露出自己的本来面目。

三、问题员工的管理对策

对"问题员工"的管理是单位管理者最为头疼的一个问题。一些单位的管理手段过于单一，只依赖"高压"政策，发现问题就处罚；还有些单位的领导对"问题员工"放任自流，不敢管、不愿管。其实，产生"问题员工"的原因有很多，只要认真研究，刚柔并济，针对个人的具体情况，实施个性化管理，就能让"问题员工"不再是"问题"。

（一）摸清实情，对症下药

很多企业的管理者都有疑惑：为什么我们各种激励方式都试过了，但就是收不到效果？事实上，对"问题员工"需求判断的错位是激励难以奏效的首要原因。美国一项专项调查显示，在"问题员工"激励要素排序中，管理者的判断与"问题员工"的实际需求差异较大。管理者通常把薪酬福利待遇、工作安全感、提升和发展等要素视为关键激励要素，而"问题员工"自己关注的关键激励要素则是工作参与感、客观评价工作表现、灵活的纪律约束等。

因此，摸清"问题员工"个性化的需求是有效激励的第一步。"问题员工"

的行为主要受自尊和自我实现需求的驱使。自我实现的需求激励着个人为取得成就尽最大的努力，因此，是否能展示个体的创造性和发掘自身潜能，常常成为他们最关注的因素。

以工作成就感为例，只有满足了其最主要需求，员工才会产生成就感。然而，一般而言，"问题员工"对工作成就感的需求往往多于其他员工，而且主要需求往往因人而异，随着时间的推移也会发生变化。刚进入公司时的需求与工作一段时间的需求会有较大差别，工作职位变动、员工家庭变化、年龄变化等因素，也会影响需求。因此，摸清某一时期员工最主要的需求是一个动态的过程，需要管理者经常与"问题员工"进行交流。交流方式可以是工作会谈、私下交流、共同娱乐等多种方式，但目的只有一个：了解"问题员工"近期的需求。

同时，将"问题员工"一定时期的需求进行固化也是激励的有效手段之一。一些聪明的企业管理者喜欢帮助"问题员工"设定奋斗目标。实际上奋斗目标的设定就是与员工达成共识，让员工知道怎样才能称得上有成就。换句话说，就是将员工成就感的标准短期内给固定下来了。这样，在一定时期内，管理者在把握"问题员工"的需求方面会更具有控制力，变被动为主动。

（二）制订规则，积极引导

激励的精髓确实就是这样一条最简单不过，但却往往被人遗忘的道理：想要什么，就该奖励什么。奖励什么，惩罚什么，无疑就是向员工昭示企业的价值标准。作为一位管理者，建立符合企业根本利益和发展目标、明确的价值标准，并通过明确无误的激励手段表现出来，是工作中的头等大事。但现实是，管理者往往犯这样的错误：员工希望得到 A，却不经意地得到奖励 B，而且还在困惑为什么会得到 B。因此，制订合理的规则，减少以上行为发生是保证激励有效性的重要因素。

然而"问题员工"往往喜欢特立独行，他们与众不同，因此违反公司规定的事有可能时有发生。那么，如何引导"问题员工"遵守规则呢？"问题员工"最不喜欢的就是被动地执行规则，因此，最好的办法就是让其发挥对规则的影响力，使其参与规则的讨论或制订就是最好的办法。多年的企业管理咨询实践说明，通过利益相关者充分讨论制订规则往往是最容易得到执行的。

在给一家医药企业做咨询时，笔者了解到企业曾为其业务人员制订日常管理规定。依据新规定，业务人员不仅仅要销售产品，还需要收集市场信息，为公司决策提供依据。因此，公司依据上述要求制订了奖惩措施。在该规定实施之初，很多员工并不理解，抵触很大。后来经过与利益相关者——员工进行共同探讨，并对该规定进行了调整后，很快就得到了较好的实施。实际上，在企业制订标准或规定的时候，探讨、交流的过程一方面能够让员工产生主人翁的意识，另一方面，是合理引导员工的过程。因为这样可以使得员工了解标准或规定制订的背景、意义，有利于员工正确理解标准或规定，并进而使规定对其行为产生正确的引导作用。

（三）个性化激励，增加归属感

同一种激励方式，对于不同的员工，在不同时期和不同环境，会产生不同的反应和效果。因此管理者应根据不同的激励对象和环境的差异，采取不同的激励方法和手段，以求达到最佳激励效果。但在具体实施过程中，需要坚持以下原则。

其一，通过个性化措施，体现组织的关心。企业应非常重视"问题员工"的情感需求。因此，为了增加"问题员工"的归属感，企业应让其体会到组织的关心。针对处于不同时期的"问题员工"，应采取不同的措施，如子女入学补助、家属工作补贴、休假奖励等福利，都可以转化为个性化的激励措施。

其二，激励需要与"问题员工"的职业生涯相联系。由于"问题员工"更注重自我学习、个体成长与发展，因此为"问题员工"的发展提供更多的培训和晋升空间，满足其理想诉求，帮助其进行自我实现，也是组织管理工作的重点之一。

其三，激励方式中应体现组织的信任。要赢得"问题员工"的感情和忠诚，必须给予他们足够的信任，这一点对"问题员工"而言尤为重要。因此，管理者应多与"问题员工"进行坦诚沟通，在工作中多体现对"问题员工"的信任，从而与"问题员工"建立相互信赖的关系，增加员工的归属感。

第三节　知识员工的管理

知识型员工作为掌握科学技术知识的人才，对企业的发展越来越重要。当前，知识型员工在企业中往往被称为"最难管理的员工"，给企业的管理带来很多的难题。除了知识型员工的个人因素外，企业自身因素以及社会因素也是企业陷入知识型员工管理困境的原因。应该在恰当的企业文化引导下，对知识型员工实施激励管理、授权管理、情感管理等策略。

一、知识型员工的特点及其作用

（一）知识型员工及其特点

知识型员工是指一方面能充分利用现代科学技术知识提高工作效率，另一方面具备较强的学习知识和创新知识能力的员工。由于知识型员工的工作主要是一种思维性活动，这种思维性活动与知识的更新和发展联系紧密。而知识的更新和发展往往会随环境条件的变化而有所变化，具有很大的灵活性。所以，知识型员工兼具知识性、创造性、灵活性等方面的特征。加拿大著名学者弗朗西斯·赫瑞比认为："知识型员工就是那些创造财富时用脑多于用手的人们。他们通过自己的创意、分析、判断、综合、设计给产品带来附加价值。"因此，在企业中，管理者、专业技术人员与销售人员，都是知识型员工。与普通员工相比，知识型员工在心理需求、价值观等方面都有很大不同。知识型员工有着属于他们自己的特点：具有专业特长及较高的个人素质；具有较强的创造性；具有强烈的独立性与自主性；具有较强的成就动机；忠诚度较低，流动性强；重视"前景"超过"钱景"。

知识型员工的特点反映出他们的与众不同。一方面，他们具有专业特长、极高的个人素质和较强的创新能力，是企业发展不可或缺的重要人才。另一方面，他们极具个性，如强烈的独立性、恃才傲物、忠诚度低等。这些特性又给企业管理带来了种种难题。因此，有人把知识型员工形象地称为令企业既"爱"又"恨"的员工。

（二）知识型员工对企业的作用

目前，全国工商注册登记的中小企业的工业总产值、销售收入、实现利税分别占总量的60%、57%和40%。在近年来的出口总额中，有60%以上是中小企业提供的，同时中小企业还提供了大约75%的城镇就业机会。但是，中小企业在物力、财力、政策、体制等资源上处于绝对劣势。那么，要增强其竞争力就一定要使用好一项重要资源——人力资源。中小企业如果能充分发挥知识型员工的重要作用，许多发展中的难题都能得以较好地解决。

1. 有利于实现企业第二次创业

提高企业科技含量，实现第二次创业，是当前企业发展的重中之重。在资金与技术研发都没办法与其他企业抗衡的条件下，企业只能依靠知识型员工自身的专业知识与特有的技能来提高科技含量，从而实现从劳动密集型到技术密集型的转变。

2.有利于实现企业独立发展之路

在大环境对自己不利的条件下，企业更应该发展自己，从为大企业配套的路子中走出来，改变发展道路，找出属于自己的发展模式。要实现这个目标，必须依靠知识型员工自身的知识与创造力，为企业创造出更多更独特的产品与服务，从而改变依赖他人的情况，不再只走为大企业配套之路。

3.有利于建立适合自身的管理模式

企业由于体制不顺、决策能力和危机处理能力差，错过了很多的商机。而知识型员工由于掌握着较好的科学文化知识，对问题的考虑也能更深入透彻。若企业能尽量发挥知识型员工的能力，在做决策的时候，把知识型员工的建议考虑进去，就有利于解决管理层面上的不足，从而能在危机处理等方面做得更好，有利于在市场竞争中抢得先机。

二、企业管理知识型员工的困境

知识型员工的能力对企业的发展起着至关重要的作用。注重对他们的培养和管理，能够让他们为企业发展作出更大的贡献。然而，知识型员工在企业中被称为"最难管理的员工"，其自身的特点给企业的管理带来了很多的难题。

（一）企业管理知识型员工的困境

1.严格的管理与独立性间的矛盾

企业作为一个组织，要求有严明的组织纪律性。在企业中，领导者往往崇尚严格的制度，严格的制度是良好管理的基础。殊不知这些接近于军事化管理的规定却和知识型员工自身倾向于独立自主以及喜欢宽松的工作环境的特点是背道而驰的。这会导致知识型员工工作态度消极化，不能更好地为企业创造效益。

2.落后的培训方法和强烈求知欲望的矛盾

我国企业对知识型员工的培训主要是以技能与知识培训为主。同时在培训方式上面，还是以讲课的形式进行，很少给知识型员工实践的机会。这种形式的培训，虽然适合陈述性知识的获得，却不适合抽象性知识的获得。传统的培训方法，无法满足知识型员工的求知欲望，也会在一定程度上抵消培训的积极作用。此外，由于知识型员工自身流动性强，领导者不敢经常开展培训活动，他们会担心"赔了夫人又折兵"。

3. 沟通需求与骄傲自大的矛盾

企业的领导者愿意与知识型员工做好沟通，但他们经常感到沟通比较困难。因为知识型员工拥有比较专业的知识，容易产生骄傲自大的心理，这使他们不容易听进别人的意见，甚至不把领导者放在眼里。而沟通是人力管理上最重要的组成部分，沟通不足会给管理带来麻烦。

4. 集权与分权的矛盾

企业的领导者比较偏好于集权，总喜欢把所有的决策权握在手里。另外，他们害怕在适当分权后，员工会变得自大，从而给管理带来困难。而对知识型员工来说，他们渴望得到上司和社会的承认，虽然职位并不是权力的象征，但他们心里却渴望得到权力，从而使自己的身份有所"提高"。这一矛盾，使知识型员工感到在企业中的发展前景不好，从而产生消极的工作态度，甚至是离去的想法。

（二）知识型员工管理困境的原因透析

造成知识型员工管理困境，除了知识型员工的个人因素之外，企业自身因素以及社会因素也是企业陷入知识型员工管理困境的原因。

1. 企业自身因素

从我国企业在知识型员工管理方面的实践看，企业存在的问题在于两方面：一是多数企业仍然套用了传统企业或者针对非知识型员工的管理体制，没有结合企业实际情况与知识型员工自身的特点，探索出合适的科学管理体系，具体体现在对知识型员工的激励开发力度不足和约束控制机制不健全两个方面；二是某些企业片面强调金钱，宣扬和引导的价值观庸俗化。产生该问题的原因主要在于企业对知识型员工的认识不足。对于知识型员工来说，钱并不是他们唯一想要的，他们寻求的是更高层次的需求得到满足、自身得到肯定。

2. 社会环境因素

使企业面临知识型员工管理困境的社会环境因素主要表现在三个方面：一是知识经济时代的到来使知识更新速度加快，即知识的陈旧周期缩短。知识陈旧周期的缩短使知识型员工的价值迅速贬值，而为了在瞬息万变的知识经济中能更快地获取新知识，他们必须加快流动和学习的步伐。二是知识经济对知识型人才的需求很大，而目前知识型人才仍是稀缺的。于是，一个出色的人才通常被几家公司所争夺。人才的稀缺程度越高，人员流出的拉力就越大，掌握了核心资源的知识型员工对企业也就更具有谈判优势。三是不断完善的人才市场机制以及市场经济体制为人员的自由流动和自主创业提供了良好的外围环境。这些社会环境因素给知识型员工的流动与创业创造了良好的条件，却给企业在管理知识型员工上带来了不小的压力。

三、对于知识型员工的管理策略

对于造成知识型员工管理困境的个人因素和社会环境因素，企业虽然可以通过某些途径加以影响，但这种影响是有限的。从根本上来说，这两种因素是企业所无法控制的。因此，企业在解决管理困境时，所应侧重的是致力于对内部各种管理机制和管理制度加以完善。在具体操作上，应该在恰当的企业文化引导下，对知识型员工实施多种管理策略。

（一）激励管理策略

著名管理大师哈罗德·孔茨说：激励是应用于动力、愿望、需要、祝愿以及类似力量的整个类别。可以把激励看成一系列的连锁反应，从感觉的需要出发，由此引起要求或要追求的目标，这便出现一种紧张感，引起为实现目标的行动，最后满足要求。根据知识型员工的特点，对知识型员工的激励，可以从以下方面进行。

1.提供个体成长环境的激励措施

知识型员工具有实现自我价值的强烈愿望。他们不愿意做事务性工作，热衷于具有挑战性、创造性的任务，并尽力追求完美的结果，充分展现个人才智，实现自我价值。人力资源开发者要给员工创造个体的发展空间，给员工更大的权利和责任，使他们清楚地看到自己在组织中的发展前途，尽心尽力地贡献自己的力量，自愿与组织结成荣辱与共的长期合作关系。

2.提供自主工作环境的激励措施

知识型员工倾向于拥有一个自主的工作环境，不仅不愿意受制于物，而更强调工作中的自我引导。所以企业必须构建良好的企业文化氛围，根据工作性质确定其工作程序与目标，并根据个人性格为他们制订合理的工作形式，而不应进行过度的监督与指导，甚至给他们制订强制性规定。同时，要主动对创新活动合理配置资源。

3.建立宽松的工作制度

知识型员工喜欢无拘无束的生活，他们不喜欢被企业严格的制度束缚。为了鼓励知识型员工进行创新性活动，企业应营造一种宽松的工作环境，使他们能够在既定的组织目标和自我考核的体系框架下，自主地完成任务。尤其在网络时代，可适度地伸缩工作时间和办公地点，使员工能相对自由地安排工作，给他们相对独立的自由和刺激，以便他们更具张力地安排工作，从而调动积极性，提高工作效率。

4.建立合理的培训制度

目前，企业的培训制度往往不能满足知识型员工的学习需求。因此，领导者应转换思维，建立起能满足知识型员工的培训制度，不仅仅是理论上的培训，还应有实践上的培训；不仅仅是技能上的培训，还应该重视心理上的培训。技能培训与心理培训并重，从而使知识型员工无论是在技能上，还是在心理的需求上，都能得到满足。

5.实施有效的激励措施

对知识型员工的激励，不能仅仅以金钱激励为主，而应以促进其成长、发展和成就为主。在激励的方式上，企业应注重个人激励、团体激励和组织激励的有机结合。在激励的时间效应上，还应将短期激励与长期激励相结合，注重长期激励效应，只有这样才能为企业留住优秀人才，企业在对知识型员工进行管理和培训过程中的矛盾也才能得以解决。

（二）授权管理策略

权力是一种可用于实现目标或者起阻碍作用的人力，它可以被个人或者集体用于对他人或组织带来建设性好处或者造成破坏。而授权就是让别人去做原本属于自己的事。企业可以通过授权给知识型员工，让他们拥有真正的权力。当手中有了一定权力的时候，知识型员工不会认为自己只是一个打工者，会把自己提升到一个"管理者"的地位，心中对权力的追求得到一定满足后，会更易于为企业尽心尽力。授权，除了赋予权力外，还可以通过职位的提高来表现。地位的提高，对知识型员工来说，不仅仅可以带来更高的收益，更重要的是，他们想得到认可的期望得到了满足。这样不仅知识型员工浮躁的心理能得到安抚，而且他们还会因为地位的提高，而认识到自己的责任已经加重，能在工作中更好地付出。因此，授权管理策略是企业解决管理中所遇到的"集权与分权矛盾"的良策。

（三）情感管理策略

情感管理作为"以人为本，尊重人性"的现代管理理念之一，强调把管理的最终目的——提高企业经济效益放在人的背后，管理行为不再是冷冰冰的命令、强制，而是贯穿着激励、信任、关心、情感，体现着管理者对人性的高度理解和重视。知识型员工情感管理的现实意义在于，通过情感管理可以提高知识型员工的价值。企业要成功地对知识型员工实施情感管理策略，必须做好以下两点。

1. 真诚沟通

有效的沟通，不仅能迅速解决问题，还能体现企业对员工的尊重与重视。通过沟通，企业还能了解到内部生产经营等潜在的问题。另外，员工也可借助沟通，了解企业内部的有关政策以及生产经营等方面的发展状况，参与企业决策的制订，从而对企业产生认同感与归属感。由于管理者在与知识型员工的沟通上存有障碍，所以就要求管理者放下身段，与知识型员工进行真诚的交流，联络情感。在方式方法上，除了传统的开会交流外，还可以用非正式沟通的方式来交流，如便签或者是非工作时间的拜访，都可以在联络知识型员工的感情方面起到非常积极的作用。

2. 情感激励

情感激励对于知识型员工来说，要比物质激励来得有效，在持久性方面，也更能奏效。因而情感激励对知识型员工来说是最有效的激励方式之一，同时，也是成本最低的激励方式。情感激励包括精神激励和自我实现的激励。知识型员工最想得到的是别人的认可，因此一旦知识型员工做出贡献，领导者就不应该吝啬，而应大方地对他们进行赞赏，并培养知识型员工的主人翁意识。而当员工犯错的时候，应该对事不对人。知识型员工的骄傲与自大，容不得他们犯错后被严厉地批评，一旦犯错被严厉批评后，他们容易产生消极情绪与逃跑情绪。适当的情感管理，不仅可以使知识型员工产生归属感，使他们打消离去的想法，更心甘情愿地为企业付出，从而使"留与流"这对矛盾能够迎刃而解。

情景实例

情景1：海底捞给员工创造发展的途径

走管理路线：新员工—合格员工—优秀员工—实习领班—优秀领班—实习大堂经理—优秀大堂经理—实习店经理—优秀店经理—实习大区经理—片区经

理—总经理—董事长；

年龄偏大的员工：新员工—合格员工—优秀员工—先进员工（连续 3 个月当选）—标兵（连续 5 个月当选）—劳模（连续 6 个月当选）—功勋（相当于店经理的福利待遇）。

在餐饮服务业，学历低年龄大的老员工也许不合适晋升高阶管理职位，但如果企业能留住一批忠心耿耿的老员工，不管从具体工作、内部对新人的传帮带还是从社会责任角度来看，这些老员工的贡献真的会小一些吗？善待这些"在外面的世界机会不那么多"的老员工，他们往往会给企业更忠诚的回报。别的行业呢？不需要这样的老员工吗？

情景 2：该不该炒掉刘小姐

案例展示：Y 公司是于 1998 年创办的网络公司。经过 6 年的艰苦奋斗及 IT 潮的考验，公司目前的业务已相当稳定。Y 公司现有员工 40 余名，基本上都是二三十岁的年轻人。公司老板即创始人仅 30 岁出头，性格开朗、思维活跃，周末及节假日经常组织员工参加集体活动，整个公司充满朝气。

2004 年春节，肖秘书因求学辞职了，公司又招聘了一位年仅 23 岁、有 3 年工作经验的刘小姐。刘小姐性格外向、穿着得体，在面试中显得十分自信，给人事行政部经理和销售部经理留下了深刻的印象。不久刘小姐顺利进入了 Y 公司。

刘小姐在进入 Y 公司的两三周内，很快得到了大部分同事的认可，尤其是那些小伙子们，有事没事都愿意与这个活泼、时髦的新同事搭讪几句。但不久，销售部经理发现刘小姐在工作中常常心不在焉。应该说，销售部行政秘书的工作不是特别复杂，但一个月过去了，刘小姐还不时表现出对公司业务不熟悉、对自身工作职责不明确。渐渐地，一些业务人员开始有些抱怨刘小姐对其工作支持的欠缺。销售部经理也向刘小姐指出其问题，刘小姐虚心接受，并请求再给她一段时间。

但是，在接下来的一个月，刘小姐在工作中没有表现出明显的改进。对于外部客户的来访、来电，她经常表现得态度冷淡；对于业务人员提出的要求，她也很少能够及时给予足够的行政支持。因此，虽然那些小伙子们平时还是挺喜欢刘小姐的，但在工作上大都尽量避免找刘小姐了。销售部经理发现这种情况后，与人事行政部经理沟通，决定在刘小姐的试用期结束前与其正式谈话、解除合同。但没想到的事发生了，刘小姐的母亲突然查出得了癌症，需要立即住院、手术。人事部经理认为在这种情况下解雇刘小姐，对其打击太大了，经与老板及销售部经理通报情况后，决定先拖至"五一"长假后再说。

　　长假结束后，公司方得知刘小姐的母亲虽经手术成功，但身体极度虚弱，至少还要住院治疗一个月。其间，刘小姐须每日去医院探望，周末还要陪护。公司老板、人事经理及销售部经理就辞退刘小姐的问题陷入了两难境地。

　　案例分析：企业在人员招聘、录用过程中往往具有较大的随意性，聘用工作的失误又往往成为问题员工产生的根源。

　　Y公司在招聘及录用刘小姐的过程中存在以下问题：

　　一方面，招聘方法简单、录用决定草率。中小公司由于经营收入不稳定，面临较大的生存压力；管理制度也处于从无到有逐步完善的阶段，管理不太规范。在招聘工作方面，中小公司往往既没有科学合理的招聘程序，也没有完善的职位说明书，招聘中存在相当大的随意性。有时，企业由于用人心切，对应聘者的工作能力、背景信息等没有进行充分了解，甚至希望借助试用期来完成对应聘人员的考核。

　　从本案例中，我们可以看到，Y公司的人事行政部经理和销售部经理在招聘、录用刘小姐的过程中，很大程度上是根据直观印象做决定，并没有采用系统、科学的筛选方法，从而使得面试评价过于主观、随意，使刘小姐顺利进入公司，为问题员工的产生埋下隐患。

　　另一方面，员工管理松散，对优秀员工有失公平。在中外企业，员工人数往往不多，人际关系较为密切。这将有助于创造宽松的工作环境，有利于加强团队合作、提高工作效率，但也容易发生管理松散、公私不分明的问题。从本案例看，Y公司历史不长，管理层年轻，员工平均年龄不大，员工关系较为密切，工作气氛较好，同时，也存在着管理制度不健全、管理不够规范等问题。刘小姐在工作近两个月后，表现出对公司业务不熟悉，对自身职责不明确，但仍得到管理者及其他员工的容忍。如此一来，不仅对问题员工加以纵容，而且对优秀员工产生了极大的不公平。长此以往，将直接影响其他员工的工作态度，大大降低整个公司的工作效率。

　　情景3：华为知识型员工管理

　　过去数年间，华为采用"721"法则对新员工进行员工培训。所谓的"721"法则，即70%的能力提升来自实践，20%来自导师的帮助，10%来自课堂的学习。

　　华为公司是如何将一批又一批刚刚走出校门的"学生娃"打造成攻城略地的狼性"铁军"的呢？他们的经验是，通过打造系统的入职培训、岗前培训和在岗培训平台，成功解决新人的融入问题。

　　为了让"学生娃"蜕变成能打硬的狼性"铁军"，并快速融入"狼群"，华为公司新员工入职培训分为"3个阶段"，从入职前的引导培训，到入职时的集中培训，最终到在岗实践培训。在岗实践培训是3个阶段的重点。这3个阶段的流程大约需要3个月的时间。

实践创新篇

第九章　美国、日本、中国的员工关系管理实践

第一节　对立与合作的美国企业员工关系管理

一、美国员工关系管理的变化

近 20 年来，美国企业掀起了一股高绩效管理实践的热潮，这种管理实践着眼于利用员工的创造性和解决问题的能力来提高生产率以提升自己的竞争地位，其目的在于创建一种所谓的高绩效的工作系统，这种高绩效工作系统将会在新技术层出不穷的情况下，充分利用员工的聪明才智、技能来使各种新技术能够在组织中得到充分的利用，从而为企业赢得竞争优势。与传统的企业员工关系管理实践不同，高绩效管理实践较为强调合作式的问题解决方法、总体性的企业文化和员工对组织策略的参与。这套管理制度通常包括激励性的工资体系、扁平的组织结构、对员工培训力度的不断强调、不断增加的就业保障以及工作界定和组织结构方面更大的灵活性要求等。

二、影响美国员工关系变化的因素

（一）工会的影响

美国的工会运动从 18 世纪 90 年代开始兴起。然而，1932 年以前，美国工人的罢工运动总体来说还是不成功的。其中，法院基于 1806 年的"共谋罪"的判例威慑，垄断寡头形成过程中对工人运动的镇压，以及美国工人界惯常孤立于国际共产主义运动的传统是工会运动受到压制的三点主要原因。但在 1932 年、1935 年，美国政府连续推动通过的两项真正意义上的劳工立法，保

障了工人结社、组织工会的权利，并严禁企业出资组建所谓的工人委员会来鱼目混珠。在这之后，美国的工会运动蓬勃发展。工人运动对美国企业员工关系管理理论和实践产生了深远的影响。具体而言，主要有如下几种表现。

第一，鉴于工会的压力，企业在制订员工雇佣计划时会倾向于选择长期的战略。因为如果在雇佣实践中出现不一样的战略，很可能会成为工会提出更高要求的借口。

第二，工会强大的谈判和动员能力使企业在科学管理基础上加强流程管理，更加注重工作条件、安全问题、工作规程等，从而确保不因为这些方面的问题引起争议，进而引发较低的生产率。

第三，政府部门对企业经营行为加强介入，使得资方的行为受到第三方的审查，推动企业完善劳工保护、改善生产作业流程，同时还为员工的权利保护建立了申诉程序。

第四，工会和集体谈判在某种情况下使得企业能够在报酬方面让员工更满意。工会提供了让员工了解资方的报酬形式、内容以及数量的机会，这样就有助于使资方的报酬分配更有利于员工的需求满足，从而提高员工的满意度。

第五，工会和集体谈判使得企业相对舒服地满足员工的很多要求，而不会感受到这种做法是对成本控制原则的一种违背。此外，工会出于利益的考虑，有时会采取一些有利于企业的行为，从而缓和企业与员工之间的关系。

自 20 世纪 50 年代以来，由于企业员工关系缓和等，美国工会运动的影响力不断降低，工会人数不断减少，但在企业处理员工关系时，工会仍然是一个不能忽视的考虑因素。可以说工会对于美国员工关系管理向着合作化发展起着非常积极的作用。

（二）日本企业管理方式和文化的冲击

20 世纪 70 年代，美国的经济出现了前所未有的衰退。而此时的日本，在第二次世界大战后 20 年的时间里，不仅消除了战争带来的损伤，而且在经济上飞速发展，甚至在很多领域赶上并超过了美国。此时的美国企业界一方面呼吁政府干预，另一方面开始实事求是地研究日本企业赶超的原因。

在通过对日美企业的管理方式进行系统的比较研究后，管理学家们得出结论：日本企业在人力资源管理、仓储管理、质量管理、技术研发和应用等方面极为出色，然而这其中令人印象最为深刻的是日本企业独特的"以员工为中心"的企业员工关系管理。

随着进一步的分析，管理学家们发现，尽管日本的许多现代化的管理方法都是在 20 世纪 50 年代从美国学来的，但是其后天发展起来的管理模式却与美国有很大的差异，这种差异突出地表现在对待员工的态度上。而造成这种差异的根本原因是两国文化以及企业文化的差异。在这种情况下，美国企业界开始重视日本的员工关系管理实践，并在此基础上形成了一种新的理论——企业文化理论。企业文化理论要求企业不仅要重视企业中的制度因素，同时也要重视非正式制度因素。随着这种观念的改变，美国的员工关系管理实践也发生了很大变化。

三、美国员工关系管理评价

美国的员工关系管理实践发展较早，形成了很多成熟的理论。在实际运行中，美国员工关系管理有着成本优势显著、贴近市场规则、灵活多变、促进绩效等优点。

但是我们必须看到，合作型的员工关系管理实践必须是一种长期持有的观点，即企业和员工之间必须有一种长期的契约关系。这就意味着双方都要付出一定的代价，同时也会有一些额外的报酬。如果企业或个人只从自己的短期利益出发，尽可能地采取机会主义行为，则这种契约关系就不会得到维持。就企业方面来说，如果企业不能长期坚持一种稳定的员工关系管理政策和实践，就不能够取得员工的信任，进而无法实现高绩效的目标。由此可见，合作型员工关系管理模式具有很强的整体性，需要一套相互配合和相互支持的制度来支撑。

然而在很多美国企业中，由于面临着强大的短期绩效压力，企业在某些情况下采用合作型员工关系管理的成本非常高，很多企业都无法为维持长期的信任关系而在短期中付出代价。这就使得很多美国企业呈现出对立型员工关系管理制度与合作型员工关系管理制度交替出现的情况。对于合作型员工关系管理制度，企业通常都不是成体系地采用，只是抽取其中的一部分，因此很难看到预想中的效果。

总之，我们可以看到，美国企业员工关系管理实践的性质确实存在随经济环境的变化而不断变化的事实。当前，雇主们将他们的注意力转向合作型员工管理体系，主要是对于当前经济状况和企业环境所作出的一种自觉反应，目的是使企业在激烈的竞争和快速变化的经济环境中生存下来。

因此，要想在美国这种特定的商业环境中去塑造一种新型的员工关系管理体系，一方面要求企业去发掘现有员工关系管理制度的优势，另一方面要求企业必须付出长期的努力，在关键的时候承担起对员工的责任和承诺。

第二节　和平演变中的日本企业员工关系管理

一、日本企业员工关系管理体系的文化支撑

与美国不同，日本是一个单一民族的国家，这给日本企业进行员工关系管理提供了有利的文化和现实背景。虽然日本员工关系管理的许多方法来自西方，但是在引入这些制度后，日本企业根据自身文化进行改造，在其员工关系管理理念中，有着与欧美国家不同的东方思想。

（一）儒家思想的影响

日本管理的形成，很大程度上受到中国儒家思想的影响。中国儒家的"人本善""忠孝""利人主义"等学说的熏染使得日本人养成了遵守纪律、忠于组织以及热情帮助别人的美德，并使他们把追求享受看作道德衰败的表现。这种学说同时认为企业在追求经济利益的同时，还要竭力为社会和公众服务，这样才能得到外界的尊敬。正如著名管理专家彼得·德鲁克和伊茨拉·沃盖尔指出的，日本将企业作为人类群体，认为首先要为这一群体的成员服务，包括自己的员工、管理人员。利润对日本经理来说当然很重要，但满足职工需要、提供就业机会更为重要，这种哲学使得日本企业感到满足职工需要以及在员工中建立共同目标很重要。同时与中国一样，日本也是一个有着悠久禅宗佛教文化的国家，日本民族中具有极强的宗教性，教育人们要在集体中和睦生活。因此在日本人看来，工作不是一种，至少不仅仅是一种经济行为，而是有种宗教的情绪和行为在支配。日本企业的员工由此对工作职位有近乎狂热的崇拜，日本企业对企业的利润和社会责任也有着独特的见解。

（二）区别于欧美的独特的员工关系管理思想

日美企业员工关系管理政策与实践最明显的不同可以说是企业文化的差异。作为企业中长期形成的共同理想、价值观念和行为准则的总称的企业文化，可以使与企业接触过的外来者获得一种特殊的感受。在很多时候，这种感受会在外来者心目中形成一种特定的关于企业的总体印象，这种印象就成为他们对不同企业进行区分的一个重要依据。尽管企业文化有其特定的内涵和不同的层次，但是通常所说的这种印象感却是最直观的，也是最容易为人们所把握

的。因此，企业文化之间的差异也就最容易为人们所注意。

与以工作为中心的、以服从为基调的传统美国式企业文化不同，在日本企业中，以人为中心的管理观念是深入人心的。这不仅体现在日本企业重视员工个人需求的满足上，而且更为突出地表现在日本企业对集体主义的强调上。日本学者中谷岩男在其著作《转变中的日本企业》一书中指出："在美国，管理人员与普通员工的奖酬方案大相径庭，这就不可能指望底层员工会关心企业的未来，与企业融为一体。"而日本企业则力图平等地对待所有的员工，这种平等主义导致并加强了员工对与企业是命运共同体的强烈意识，他们认为自己是企业里的一个成员，认为企业是为他们谋福利的，因而值得为之效忠。他们与同事之间、与企业之间结合得更为紧密，彼此以诚相待。

除此之外，日本企业员工对企业利润的分享程度以及企业内部上下级之间、同级之间、工会与资方之间的沟通程度也是欧美企业所不能比的。

二、日本企业员工关系管理体系的特点

（一）文化：和式风格

以松下为例，走进松下电器有限公司的办公室，会发现各部门是分块安排座位的，而且桌子全部居中摆放。同部门员工，包括部长在内全部面对面坐在一起，完全不同于国内目前普遍的有挡板的"格子"式座位分布。另外，大的日本企业驻中国的公司都沿袭日本的"早上唱社歌"、定期开员工会议、每个人发言表达近期工作生活的思想动态。

而实际上，座位分布的特殊，让人与人之间在工作中很难有私密空间。国内普遍认可欧美企业快节奏、高效率的工作状态，准备在日企工作的人，一定要能够适应日本企业这种特殊的文化才行。

（二）升迁：缓速慢行

一度在外企中流行的"玻璃天花板"这个名词，意思是中国员工在外企里很难升到很高的职位。对这个问题，陈先生并没有明显的感觉。"可能是因为我已经坐到副部长的位子，我不觉得日企压制中国人的发展。"陈先生说。但是，日企用人的缓速慢行的确完全不同于欧美企业和国企的用人特点，这一点也是沿袭了日本企业的论资排辈的思想。相关资深人士介绍说，即使是非常优秀的应届毕业生，从一张白纸到得到系长（科长）的职位，在日本企业里起码也要 4 年时间。而企业内部的人才培养，以松下为例，松下（中国）有著名的"特称升格制度"。"特称"就相当于国内的技术职称考试，包括主担当、副参

事、参事等，特称跟岗位工资直接挂钩，这是松下总公司的传统；"职位"包括系长、课长、部长等，直接跟津贴挂钩，这是具有中国特色的部分。在软硬件两方面具备了公司规定的严格条件以后，才能获得被推荐资格，经历笔试、面试、定课题、7—8 个月的努力、发表工作过程和结果等一系列复杂过程以后，才能最后被决定是否提升特称。所以，在松下提升一次特称，通常要有 1 年左右的考察期。

（三）薪酬：养人到老

日企普通员工的薪资水平普遍要低于欧美企业，这个薪资是指绝对值，而实际上也是日企同欧美企业在文化观念上的不同导致了付钱方式的差异。

在欧美企业里，习惯于当时的劳动全部用钱来支付；而日企则是将员工在职期间的一部分薪水留到退休以后再支付，这样就保证了公司员工在退休以后仍然有生活上的保证。

另外，据日企高层人士说，达到了一定级别时，日企同欧美企业的薪资相差并不多。

三、日本企业员工关系管理的发展

近几年来，由于日本经济的衰退以及全球范围内的人员流动趋势的增强，这种以终身雇佣和年资性工资体系为中心的员工关系管理体系也受到了冲击。

（一）终身雇佣制受到挑战

在经济飞速发展时期，日本公司的终身雇佣意味着低员工流动率，在这种情况下经验可以继承，在职训练的利益可以回收。然而"景气时的必需品，可能成为不景气时的奢侈品"，特别是在企业利润已日渐微薄的情况下，人事费用更是一笔沉重的负担。在这种情况下很多企业都进行了雇佣调整，通过停止征募新员工或鼓励提前退休等策略来渡过难关。

除了企业因素之外，由于本土文化的淡化及全球化思潮的影响，当前日本的年轻员工对于企业的终身雇佣没有明显的倾向性，这也在一定程度上导致终身雇佣制受到挑战。

（二）年功序列制到能力工资制的变革

年功序列制是与终身雇佣制相伴产生的，它以终身雇佣制为基础，反过来对终身雇佣制又起推进作用。随着日本企业技术水平的提高和现代化设备的采用和普及，职工的技术和能力显得越来越重要，随年龄和工龄增长的经验逐渐退居次位。与此相适应，企业对原有的年功序列制进行了改革，使其发生了缓慢而确切的变化。企业的主要做法是逐步压缩年龄、工龄、工资在基本工资中的比例，同时增加按技术和能力支付的部分。

第三节　经济转型期的中国企业员工关系管理

在现代市场经济条件下，企业若想提高全体员工的工作效率从而提升自己的竞争能力，就必须设法建立一种能够真正培养他们的献身精神、推动他们努力工作的激励制度或制度体系。这种激励机制必须是以增进企业与员工的合作为导向的，而且它不仅仅是指某些并不联系的单项措施，而是由一系列相互支持的措施和手段构成的有机的整体性制度安排。这种制度安排就是我们所说的合作型的员工关系管理体系。

在建立合作型员工关系管理体系的过程中，不仅要求企业有承受一定压力的心理准备，此外也要求企业根据发展战略和自身特点来综合考虑采用何种类型及合作程度的员工关系管理政策，并在此基础上增强领导者素质、构建企业文化、改革人力资源管理体系。

一、实现企业领导者和管理者观念上的转变

（一）企业领导者在员工关系管理中的定位

企业领导者在企业员工关系管理中有着至关重要的作用。国际著名猎头公司海德思哲国际公司的高级顾问在对世界上优秀企业中的数百名首席执行官进行访谈和讨论之后指出，"在那些极为复杂的组织中取得巨大成功的领导者身上，实际上是可以找到某些共同特点的。他们中的大多数人都是这样界定自己作为一个领导者所承担的主要职责的：为自己的员工指引方向，并对他们给予鼓励、影响、协助、指导、辅助以及开发"，"成功的领导取决于战略的发现、激励、充分利用以及有效领导分布于不同地区的多元化、高质量的劳动力队伍的能力"。

一个企业良好的员工关系很大程度上取决于企业的领导者对于企业员工关系的理念以及其在实际的工作中表现出来的信息。一个成功的企业领导者不仅要通过其所制订的政策来影响企业管理者以及员工，更为重要的是通过做事的风格、对于自我的控制、人格魅力等来潜移默化地改变企业的员工关系。具体而言，企业领导者要做好以下四种角色。

1. 战略制订者和外部资源获取者

一个企业的领导者，必须能够为企业的未来发展和经营提供明确的战略方向和方针指导，并尽可能地利用自己的身份、地位、社会关系等去为企业战略目标的实现争取尽可能多的外部资源。

2. 导师和教练

一个企业的领导者与管理者所扮演的角色是有差异的，领导者不需要在各方面都非常突出，但他必须可以领导一个群体为了共同的目标而奋斗。领导者通常都是战略的制订者，但不是执行者，企业领导者必须通过选拔、培养、评价、激励等手段去鼓励下级承担责任，从而实现既定的战略目标。

3. 企业的精神领袖

一个有生命力和竞争力的企业一定是个有文化的企业。而一个企业的文化在某种意义上就是企业领导者的文化。企业的领导者必须在企业文化建设中花费一定的时间和精力，并且要运用不同的技巧，尽可能地利用各种可能的时间和机会来实现与员工的沟通和交流，传递公司的价值观和理念。

4. 自我开发者

一位企业的领导者必须时刻警醒自己，在推动员工不断学习和进取的同时，也要加强自身的学习和开发。因为学习并不仅仅是针对员工的，同时更要针对企业的领导者自身。一个自己不学习和进步的领导者是很难创造出一种真正的学习型文化的。

（二）企业管理者在员工关系管理中的定位

与领导者关注宏观格局不同，企业的管理者更加关注企业内部。他们深入了解每一个人，了解每位员工在风格、目标、需求和动机等方面存在的差异。管理者的行为不仅可以影响到员工的满意度和流动率，而且他们是组织文化尤其是人本管理的真正实践者。实践表明，很多员工对企业不满从而导致流动都是由员工的直接上级造成的。

现代企业的员工关系管理并不仅仅是一个企业人力资源部门的事情，它是企业中的全体管理人员都应当承担的责任。企业的管理者必须清醒地认识到，在一个成熟的现代企业中，企业员工关系的和谐、下级能力的提升、绩效的好坏以及工作满意度高低是决定他们的人事升迁以及其他待遇的重要因素。作为一名管理者，大家必须养成观察、记录、指导、支持以及合理评价下级绩效的日常习惯，关心他们的绩效改善和职业成长，只有这样，企业才能建立和谐的员工关系。

二、加强企业文化的建设

（一）让抽象的企业共同价值观与理念具体化、形象化

要让企业文化通过企业规章制度落地生根，让员工在模范遵守企业规章制度的同时，也在身体力行地执行企业文化，这样企业文化才能在执行上实现良好效果。要让企业的规章制度体现企业的精神、企业的理念，包括了两方面的内容：一是制订融合，需要企业管理者在企业规章制度的制订中把企业文化视为重要的指导原则；二是执行融合，企业必须通过将企业文化故事化、形象化等途径，让员工对企业文化有清晰的认识，在理解与遵守企业规章制度时，也更清楚如何更好地让自身的行为与企业文化相吻。合比如，公司可通过规章制度明确"成就客户"需要遵守哪些规章制度，哪些行为属于"勇于创新"，"开放合作"应该注意哪些细节等。

（二）员工的参与是重要途径

企业文化建设需要员工的参与，以提升员工对企业文化理念、共同价值观的认同，让员工更清楚地认识企业文化。企业规章制度的制订也需要员工的广泛参与，以避免企业规章制度在执行中出现打折的情况。企业必须通过企业职工代表大会等方式，发扬企业民主，鼓励员工广泛参与到企业规章制度的制订中。一方面，提高企业员工的主人翁意识，增强企业员工在企业规章制度的制订、遵守上的积极性与主动性；另一方面，凝聚广大员工的智慧，让员工为企业的日常管理、企业的发展献言献策。无论是企业的文化管理还是制度管理，都是为了让员工在企业日常的运行中做到有章可循，从而实现企业的发展战略，而在企业文化建设以及企业规章制度的制订中鼓励员工积极参与，无疑可以通过增强员工对规则的认同而有效地降低企业管理成本，从而提高企业的管理效率。

（三）使企业文化与日常的生产经营相结合

这是企业文化执行力建设的关键。企业文化贵在可以转变成一种生产力，提升企业的核心竞争力。企业文化转变为生产力要求企业管理者要将企业文化与企业日常的生产经营结合起来，比如，在执行该公司的"企业家精神"与"信守承诺"的企业文化时，就可明确规定在工作中什么样的表现与行为才是具有"企业家精神"，员工在与客户打交道的过程中，什么样的做法才是"信守承诺"，反之，就是违背了公司的企业文化，应该受到惩罚。

（四）加强企业文化的外显工作，加大对企业文化建设的投入和宣传力度

组建负责企业内、外宣传工作的专职机构和专门人员，并设立"企业新闻发言人"，确保公司对外传播的通畅性、规范性和一致性。通过企业产品、商标、广告、各种设施环境和生活福利等各种各样的载体来显现企业文化的内涵，丰富企业文化宣传方式，扩大企业文化宣传的广度、深度，从而确保企业文化宣传的有效性。

三、加强战略性人才储备

战略性人才储备应建立在公司发展战略的基础上。公司发展战略主要涉及组织的远期发展方向和范围。理想情况下，它应使资源与变化的环境，尤其是与它的市场、消费者或者客户相匹配，以达到所有者的预期。在对未来发展预期的基础上，就可以确定与这一特定战略相对应的人力资源需求，包括人员数量、结构，人员所拥有的知识、能力和水平等。同时战略性人才储备也构成了公司发展战略的重要组成部分。

完善人力资源开发和培育机制，注重员工职业发展规划。一是加强战略性人才储备，营造良好的吸引人才的环境；二是提升培训层次，保证培训效果，开展持续培训，这方面要舍得投入，甚至可以建立员工参加集中培训、外部培训等的积分奖励机制，鼓励员工提升履岗履职能力；三是建立管理职位和技术职位双线晋升通道，做好员工职业生涯规划；四是运用科学的胜任力评价工具和模型，加强对各级管理人员的动态评价和调整等。

（一）内部培养

鉴于人才培养具有一定的周期性，或者说，许多关键人才很可能需要较长时间的培养和锻炼才能适应工作要求，因此企业更倾向于通过内部培养满足公司发展对人才的战略性需求。把组织发展形成的岗位空缺留给内部职工，可以使员工与企业共同获得发展，增加员工尤其是优秀员工对企业的忠诚度。由于整个企业的人员结构呈金字塔型，所以当组织规模扩大时，每一层次中的优秀人员（即骨干人才）都可以顶上上一层次的空缺职位，而比较低级的不需要特殊技能的岗位人才需求则可以通过临时的招聘工作来满足。

（二）招聘

当前公司拥有的人员数量或结构不能满足业务的快速发展时，就需要增加新鲜血液，从外部招聘新员工。招聘应该是有一定预见性的，而不是出现人员

短缺时才进行的应急行为。公司可以根据市场的发展计划或预期，提前半年甚至更长时间招聘一定数量的人员，并对他们进行公司介绍、业务培训以及使他们进行岗位实践，以便他们在公司开拓市场时能够迅速进入角色。

（三）培训

由于市场竞争压力增大和知识更新的加快，无论招聘还是内部培养，都需要对人员进行不断的系统的培训。否则，不但新员工不能适应新岗位的工作，即使是公司的骨干员工也会因知识老化被淘汰出局。人力资源部门应从工作分析开始，根据各岗位的不同要求和员工的差距进行业务和技能的培训，同时针对市场竞争情况和知识发展，采取多种培训方式对员工进行知识的完善和更新。公司也应该采取措施，鼓励员工主动进行学习，保持企业具有一支高素质的队伍，满足未来企业发展对人才的需要。

四、建立人力资源战略，优化管理理念

人力资源战略管理是指企业应该根据企业战略发展的需要同时进行匹配的人力资源战略上的管理，它是现代企业公司战略管理中的一项重要内容。其职能就是对企业的人员进行恰当的选择、考核、培养、储备和任用，其目的是使用恰当的人去充实公司结构中的各项职务，并且能不断适应和推进公司战略的实施。要认识到人力资源战略管理是企业战略管理的重要组成部分，对实现企业总体发展战略有着巨大的支持推动作用。一方面要将其纳入企业经营战略；另一方面，人力资源管理战略的制订，应以企业战略为指导，以企业目标为方向，为企业战略的实现提供支撑和服务。确立企业人力资源战略，强化人力资源管理。首先要明确企业的发展定位，根据定位和愿景，研究确立企业整体的人力资源战略。

因此，企业在确定未来几年的发展战略和经营目标后，首先需要确定与之相配套的组织机构框架和运作模式。为达成企业发展战略需要配套制订人力资源发展战略，使企业在适当的时间和需要的场合具备相应的人员作为实施战略目标的资源保障。另外，更为重要的是这些个体资源能在整体运作过程中发挥其应有的作用，使人才资源作为企业资本的一部分发挥综合能力。企业战略的实现需要有畅通的业务流程做保证。根据业务流程经过的部门确定相应的部门职位和具体部门组织架构，最终分解成每个岗位的岗位职责；根据人力资源战略和岗位职责确定岗位所需要的能力素质；根据岗位能力素质要求配置人员和制订员工发展和培训计划；根据企业经营战略目标、岗位职责和能力素质要求

制订绩效考评体系和薪酬激励机制。

因此，企业人力资源管理理念要对传统的人事管理，一味地追求成本最低、冷处理以及通过误导等方式大事化小、小事化了的做法进行转变，要围绕企业稳步推进"双核模式"，实施产业经营与资本经营双轮驱动，不断加大市场、技术、人才"三大投入"。人力资源部将密切关注员工短期和长期激励工作，逐步建立企业内部科学合理的晋级管理制度；关注员工职业生涯规划，培养员工的主人翁精神和献身精神，增强企业凝聚力；同时关注员工的身心健康，逐步导入心理咨询体制，帮助员工尤其是骨干员工缓解工作压力。

第十章　员工关系管理创新发展趋势

第一节　践行以人为本理念

随着改革开放的不断深化，作为市场主体的企业将直接面临国际竞争。在激烈的市场竞争中，企业能否站住脚跟、求得发展，人是决定因素。中共中央提出"以人为本"的治国理念，是时代发展的必然要求。因此，在企业管理中，应体现以人为本的思想，依靠人、服务人，采取措施，促成企业"人气"的形成。

一、坚持以人为本，目的是要不断增强企业的核心竞争能力

企业有没有良好的吸收人才和资本的能力，企业人才和资源有没有良好的凝聚力和战斗力，对于企业的核心竞争能力至关重要。我们必须进一步提高认识，深化改革，采取措施，培养人才，用好人才，吸引人才，留住人才。国有企业要在激烈竞争中争取主动，必须树立人才是企业资源的观念，树立企业领导者是企业成败兴衰关键的观念。人力资源管理要实现从人事走向人本、从培养走向聘用、从"近视"走向"远视"、从中国走向全球的变化。要看到人才是企业最大的资本，注意把人安排到最能释放其能量的地方。人才的价值，不仅体现在当前的价值水平上，更重要的是发挥人的潜在能力。道德是人修身立业之本，是人理想信念的基础，是解决怎样做人问题的根本所在。企业管理者和被管理者的素质是决定一个企业能否持续发展的资本。基层管理者应注重专才；高层管理者则强调通才，必须具有较强的创新意识，善于总结经验，勇于突破自我。坚持以人为本，提升企业的核心竞争能力，管理者必须进一步提高科技意识，从思想到行动，真正转移到依靠科技进步和提高劳动者素质的轨

道上来①。科学精神的精髓是求实创新，我们一定要认真自觉地学习科学知识，树立科学观念，掌握科学方法，提高干部职工的政治素质和业务能力。

二、坚持以人为本，关键是建立良好的人才激励和约束机制

企业建立激励机制的目的是通过有效的机制调动起全体员工的积极性，激发起全体员工的无穷潜力，更好地促进企业目标和个人目标的实现。很好的激励从根本上讲，只有靠满足人的各种需要才能实现。因此，企业在建立员工激励机制时，基本的办法是了解并满足员工多元化的个人心理需求，确保激励机制的合理性和实效性。建立激励机制，需要特别注意：一是公平原则，体现的是多劳多得，让每名员工在对报酬与贡献的比率进行比较时觉得公平，感到满意；二是实事求是原则，要根据客观存在的需要施加相应的刺激和鼓励；三是尊重人的原则；四是坚持物质激励与精神激励并重；五是保持激励手段和激励效果的一致；六是激励与约束相结合。只有遵循这些原则，我们才能在制订激励机制时把握正确的方向，收到好的效果。建立有效的激励机制和约束机制重要的是建立相应的绩效管理，而绩效管理中更重要的是沟通管理。如果说，企业管理从以人为本延伸到以绩效为本，那么绩效管理就是从考核管理延伸到沟通管理。以人为本的最大风险是信任危机。建立标准的绩效管理系统，最终是为了通过标准、规范、流程化的管理，最大限度地解放人的创造性。

三、坚持以人为本，尤其重要的是重视人力资源的开发与建设

人才是企业最宝贵的财富，提升企业的核心竞争能力，必须坚持人才是第一资源的原则，充分认识人才对于企业的战略意义。树立人才就是财富、人才就是效益、人才就是竞争力、人才就是发展后劲的观念；树立用人看本质、看主流的观念；树立注重实绩、竞争择优的观念。尊重知识、尊重人才是新时代的价值观，任何一个企业要成功，都离不开广大干部职工的勤奋工作。因此，管理者要时时刻刻注意把企业的目标同职工个人目标紧密联系在一起，使职工能够发现自己所从事工作的乐趣和价值，有一个好的精神状态。在新的形势下，尊重企业职工的创造性和改革精神是非常重要的，因此管理者还要特别注意完善和落实优秀人才与优厚待遇相适应，留住人才，筑起行业人才的安全防线；对于企业经营者收入的设计，要能够充分考虑其人力资本的价值，尽量按

---

① 徐锦华，金梅.加强员工关系管理促进大型水电设计企业转型发展[J].中国经贸导刊（中），2020（4）:119-121.

照市场经济规律来确定。经济全球化时代，厂长、经理、专业技术人员将是中外企业竞争的重点，我们坚持以人为本，必须对这三种人员实行有效的激励和约束。只有这样，我们才能最大限度地调动管理人才、科技人才的积极性，我们的人力资本投资才可能效益最佳，回报最好。

第二节　重视核心人才发展

员工的"流出"体现在两个层面，即心理撤出和身体撤出。企业当中的很多激励手段和约束机制只能保证员工不做身体撤出，但是对于核心员工来说，如果他已经心理撤出，那么实际上，他已经不能发挥核心员工在企业当中的核心作用了。因此，企业需要为核心员工设计一套差异化激励方案。

一、培育核心员工对企业的认同

妨碍核心员工业绩提高的一个因素是在一线员工中缺乏关于企业的真正的和有意义的信息。大多数公司并未将信息共享放在一个优先地位。结果，许多一线员工对公司究竟要取得什么样的收益、自己如何才能为公司作出更大的贡献等，只有一个笼统而模糊的概念。而实际上只有让核心员工清楚地了解企业的运营状况、公司的理念，让他们对此感到骄傲，以及增进他们对客户需求的认识和了解，才能使他们有效地达到目标和行动的一致，取得企业和员工的"双赢"。

二、让核心员工做有意义的参与

对企业存亡负有责任的核心员工并不会自发产生对企业的认同，除非他们真正认识到自己的日常活动是如何与公司业绩挂钩的。事实上，提高核心员工满意度的一个关键在于让其做有意义的参与。

当前，雇员参与方案普遍存在的问题是华而不实，缺乏真正使团队成员参与到决策活动中去的机制，也很少或根本不考虑对雇员的观念将会产生的影响。因此，雇员参与方案成功的关键在于"有意义"三个字。

据说，大西洋航空公司管理方采取"成长与改进团队"（GITS）作为提高员工主人翁精神的建设性方法。GITS 的成员一个个都变成了活动的主人：他们检查自己所推荐的变革并确定其是否得到有效的落实。这样，就完成了从诊断角色向一个更具领导色彩的角色的转变，从而，使员工能更积极地投入并对业绩的改进负有责任。

而拜尔（Bayer）公司则通过与其在迈尔斯敦的工厂员工进行咨商，意识到什么是雇员所认为的当前公司所面临的最紧迫问题。当公司于 1994 年底收购这家工厂时，雇员由于对 20 世纪 90 年代初期公司的裁员政策不满而冷嘲热讽。管理方认识到让雇员投入变革活动中是克服嘲讽和实施变革的关键。Bayer 使雇员参与的方法包括两个步骤：一是召开交互式大群体会议和成立热点小组以收集全体员工中有广泛代表性的信息；二是，召集由更小的核心员工群体参加的追踪会议。每位员工都有参与的机会。由于活动并不是在走过场，在讨论的基础上，公司内部就如何改进绩效展开对话，员工也为自己设定了在刺激性的薪酬方案中的绩效目标，因而改革得以稳步推进。

上述两家企业的做法，都反映出重视核心人才是企业成长的重要因素。

三、制订明晰的目标

没有明确的、可测量的绩效目标和对它们的认同与投入，核心员工的忠诚和由此产生的绩效将难以会聚。要想使核心员工的忠诚与绩效之间的联系看得见、摸得着，就必须让员工理解目标并定期进行考核。

正是因为牢记这一点，Bayer 公司的员工与管理方共同开发出了绩效记分板。记分板包含了对整个企业进行测评的一整套办法，反映了员工确实能够施加影响的五个方面。由于记分板直观地反映出这五个方面在各个时期的变化，因此雇员能够明白他们自己的绩效是如何影响这些变化的，以及这些变化又是如何对整个公司的业绩产生影响的。

四、切实提高员工对工作的安全感

由于经济的全球体化和商业竞争的日趋激烈，有保障的工作已逐渐成为陈年旧事，但这并不意味着雇员就不需要工作安全感。工作安全感只是意味着，如果雇员正确地完成他的工作并帮助他所在的企业取得成功，那么这个成功将有助于他保住自己的饭碗，或提高他发现另一个工作机会的概率，并且这还会反映到其薪酬的增长上。

例如，Aristokraft 公司鼓励主管提高他们的教导技能，因为这将有助于他们辅导雇员取得更好的业绩，从而增强全体人员的安全感。Bayer 公司的管理方则通过坦诚的沟通向员工解释公司的策略并对员工的关心作出回应。即使管理方在面对他们自身也不知道答案的某些问题时，他们也会直言相告：我不知道，但我会尽力去搞清楚并告诉你。现在，主管每月都会得到关于绩效测评指标的反馈报告并与员工共享这些信息。这种沟通增加了员工的工作安全感，因为他们知道管理方并不是在刻意隐瞒某些可能的坏消息。

五、强化绩效与激励管理相融合

绩效管理体系与激励管理体系之间是相辅相成的，为了能够更好地激励员工，还应注重通过绩效激励手段，促进绩效管理与激励管理相融合。

公司对员工实施激励，其主要目的是激发员工的潜能，使其最大限度地为企业作贡献，因此其绩效管理必然融合激励管理。公司在进行绩效计划的制订、实施、考核过程中，要融入不同的激励手段，激励核心员工达成企业的既定目标。例如，在绩效计划制订的过程中，充分考虑绩效完成的成功影响因子，在绩效考核过程中积极探索 KSF 绩效薪酬模式。绩效完成过程，对应着薪酬激励，激发核心员工的工作主动性，挖掘核心员工的工作潜能。同时也容易促使核心员工加强自我约束、自我管理，更好地服务于公司的发展。

同时在绩效实施过程中通过培训等加强对核心员工的辅导，在绩效计划结束后，制订培训计划，辅助核心员工的自我提升，便于核心员工在下个绩效计划中，能够更加顺利、超额完成，使得培训演变成一种有效的激励手段。

另外，核心员工的晋升、股权的激励等必然要参考绩效计划周期内核心员工的具体表现，使得激励更具针对性，激励效果更加有效。

第三节　建立战略合作伙伴关系

根据马斯洛需求理论，企业要能够满足核心员工和知识员工的不同需求，为他们提供更多的个人发展机会、高的社会地位、诱人的福利或者让他们成为公司的股东，或者帮助那些踌躇满志的核心员工建立他们自己的事业，成为他们的投资人……企业通过差异化激励方案解决核心员工和知识员工的不同需求，帮助这些员工和企业达成一致的目标，实际上双方就建立了战略合作伙伴的关系。当然，从员工关系管理角度出发，企业还应该注重以下各方面的细节。

一、做核心员工、知识员工的朋友

你已经清楚地知道了，企业的发展需要核心员工和知识员工，他们为企业创造了更多的价值，确立了核心的竞争优势。为了提高他们的满意度和忠诚度，你必须对他们实施充分恰当的激励。有时候，仅仅做这些也还不够，如果你想精心地经营和发展你的事业，建议你抽出些时间来，像经营你的事业一样，和你的核心员工、知识员工做知心朋友，这是留住他们的最好办法，也将使你终身受益！

最后，重述关于核心员工的几点看法。

（1）正确看待核心员工的价值。

（2）你必须清楚地知道哪些员工是你的核心员工。

（3）付给核心员工的报酬要超过一般水平。

（4）用其所长。

（5）为他们设计职业生涯发展规划。

（6）让他们成为导师，而不是英雄。

（7）充分、恰当的激励。

（8）抽些时间和他们做朋友。

二、树立企业与核心员工、知识员工是合作伙伴关系的理念

该理念承认了核心员工、知识员工在企业中的地位，能够对核心员工、知识员工产生持久的激励效应，从而降低其离职意愿[①]。比如，作为战略合作伙伴，核心员工、知识员工可以与企业经营者一同参与企业决策过程，从而使他们感受到企业对其的认可与尊重；在报酬方面，除了工资收入外，作为合作伙伴的核心员工、知识员工还需要参与企业剩余价值的索取和分配，具体可以采取员工持股或股票期权的激励方式，使员工自身利益与企业长远利益结合起来，从而提高员工对企业的忠诚度，消除员工的离职意愿；作为合作伙伴，核心员工、知识员工还可以自主安排工作，实行灵活机动的弹性工作时间，这在一定程度上满足了知识型员工的自主权要求[②]。有了这一理念，诸如参与管理、股票期权、自主管理等激励方式也就有了理论基础。

三、营造一个充分沟通、信息知识共享的环境

建立一个信息知识共享的电子化互动平台，使核心员工、知识员工能够自主方便地了解到各种所需的信息和知识。一方面，增加了核心员工、知识员工的信息来源；另一方面，加强了员工之间、员工与管理者之间的交流。通过这

① 张雯雯.QZ 国有通信公司员工关系管理优化研究 [D].厦门：华侨大学,2019.

② 严川.员工关系管理：共成长方能共进退 [J].人力资源,2017（5）:34-36.

种开放式沟通，企业还可以随时了解和关注核心员工、知识员工中存在的各种问题，有利于防范他们的流失。

四、为核心员工、知识员工提供更多的学习培训机会

核心员工、知识员工追求对知识的探索，追求丰富自身知识资本以及高层次的自我超越和自我完善。因此，建立合理有效的培训机制，为核心员工、知识员工提供受教育和提升自身技能的学习机会，满足了核心员工、知识员工的学习发展需求，使他们不必跳槽也能不断获得新知识，从而降低了核心员工、知识员工流失的可能性。

五、帮助核心员工、知识员工自主进行职业生涯管理

开展职业生涯管理，可以使核心员工、知识员工清楚地看到自己在组织中的发展道路，而不至于为自己目前所处的地位和未来的发展感到迷惘，从而有助于降低核心员工、知识员工的流失率。例如，惠普公司在因特网上为员工提供技能和需要自评工具，帮助员工制订详细的职业发展计划。这是该公司员工流失率远远低于其主要竞争对手的一个重要原因。由于核心员工、知识员工的自主管理能力较强，可以考虑在企业内部创建公开的内部劳动力市场，以便核心员工、知识员工控制自己的职业发展道路。企业只需在必要时提供给核心员工、知识员工相关信息，协助他们更准确地评价自己的特性和价值观，使他们准确定位，发现自己"心目中的职业生涯路径"。

参考文献

[1] 李伟.和谐企业构建研究 [M].武汉：武汉大学出版社，2017.

[2] 袁庆林.人力资源管理新探—组织和主管支持感与员工忠诚度互动影响关系 [M].北京：中国时代经济出版社，2019.

[3] 苏磊.员工关系管理 [M].北京：中国财富出版社.2019.

[4] 程延园.员工关系管理方法·案例·操作全书上卷 [M].北京：中国经济出版社，2010.

[5] 詹婧.企业员工关系管理实务 [M].北京：中国工人出版社，2015.

[6] 吴波.把握国企特殊性，构建和谐劳动关系 [J].人力资源，2021（18）:94-95.

[7] 郝婧华.构建和谐企业党建和工会建设的策略 [J].现代企业，2021（7）:114-115.

[8] 张玉新.建设和谐企业是社会和谐发展的基础要素 [N].河北经济日报，2020-11-14（3）.

[9] 吕玉红.丰富完善民主管理制度 助推企业和谐发展 [J].建材发展导向，2017，15（12）:38-39.

[10] 刘理.企业文化在和谐企业建设中的作用 [J].中国盐业，2021（5）:28-29.

[11] 刘燕.做精做强主业，实现战略发展 担责任重组织 全力塑造和谐企业新形象 [J].东方企业文化，2016（9）:59-61.

[12] 陈庆丰，谢飞.践行金融服务战略转型 创建"四个一流"和谐企业 [J].钢铁文化，2012（9）:31-33.

[13] 黄辉.政工人员素质提升与和谐企业构建 [J].中外企业家，2014（22）:181-182.

[14] 刘丕林.构建和谐企业的方法和途径 [J].中外企业文化，2012（6）:74-75.

[15] 崔毅，洪燕婵.基于企业生命周期构建和谐企业 [J].当代经济，2006（10）:60-61.

[16] 李成文.构建和谐企业要把握五个关键 [J].上海企业，2010（12）:32.

[17] 王树春 . 浅谈构建和谐企业的基本原则 [J]. 中国煤炭，2009，35（5）:110-111.

[18] 张建军 . 论构建和谐企业的重要意义及关键环节 [J]. 大庆社会科学，2015（1）:93-96.

[19] 刘传忠 . 浅谈班组文化建设在构建和谐企业过程中的现实意义 [J]. 经济师，2009（3）:258-259.

[20] 陈行 . 互联网时代企业员工关系管理的进阶策略探析 [J]. 中国集体经济，2019（2）:140-142.

[21] 沈文玮 . 西方企业员工参与的历史演进及启示 [J]. 经济研究参考，2015(13):58-64.

[22] 刘善仕，翁赛珠 . 不同团体中员工价值取向与分配偏好的关系 [J]. 华南理工大学学报（自然科学版），2004（12）:89-93.

[23] 程延园 . 员工关系管理的基本内涵 [J]. 中国劳动，2004（4）:31-32.

[24] 赵然 . 新时代企业员工关系管理问题研究 [J]. 企业改革与管理，2021（16）:69-70.

[25] 白德 . 推动员工关系管理，实现企业现代化经营 [J]. 人力资源，2021（14）:48-49.

[26] 洪宝祝 . 员工关系管理在人力资源管理中的价值及管理方法 [J]. 行政事业资产与财务，2021（10）:45-46.

[27] 张莎莉 . 论员工思想政治工作与企业管理的密切关系 [J]. 办公室业务，2014（17）:31.

[28] 朱英杰，高雷，姜伟 . 基于企业文化的员工关系管理的思考 [J]. 东方企业文化，2015（13）:18.

[29] 刘萍萍 . 员工关系管理的发展及其内容探析 [J]. 中国市场，2009（6）:29-31.

[30] 陈夏莹 . 从 "朝三暮四" 中的道家思想浅谈员工关系管理 [J]. 企业技术开发，2016，35（20）:47-48.

[31] 王凯，马山水 . 员工关系管理理论综述 [J]. 改革与战略，2008，24（12）:215-218.

[32] 陈琪 . 企业劳动合同管理模式的新探索 [J]. 中国人力资源开发，2008（9）:91-94.

[33] 王冀川 . 石油勘探企业劳动合同管理的法律风险及防范 [J]. 科技创业月刊，2010，23（12）:151-152.

[34] 温力群 . 论企业劳动合同管理 [J]. 现代商贸工业，2008，20（1）:250-251.

[35] 木拉力·达吾来提别克 . 高校劳动合同管理中存在的问题及对策 [J]. 唯实（现代管理），2016（8）:49-50.

[36] 王凤.继续履行劳动合同判决的执行困境与对策 [J].哈尔滨工业大学学报（社会
科学版）,2021,23（1）:36–42.

[37] 张学艳.人力资源视角下企业员工的纪律管理策略 [J].黑龙江科学,2020,
11（9）:118–119.

[38] 沈威,金顶涛.以严重违反劳动纪律为由解雇员工合法性分析 [J].中国卫生人才,
2018（1）:41–45.

[39] 刘畅,周春燕,杨杰.劳动纪律制订与违纪员工处理 [J].中国劳动,2007(2):37–39.

[40] 梁玉芹.道德和纪律教育 — 企业员工思想政治教育的基础 [J].河北企业,
2006（7）:66–67.

[41] 蒋丰伟.基于惩罚机制下的高职院校员工管理研究 [J].劳动保障世界,
2020（15）:69–70.

[42] 张正堂,丁明智.领导非权变惩罚对员工沉默行为的影响机制研究 [J].南京大学
学报（哲学·人文科学·社会科学）,2018,55（2）:46–55+158–159.

[43] 谭长春."惩罚"犯错的员工 [J].销售与市场（评论版）,2013（1）:74–76.

[44] 刘冰,李逢雨.上下级代际冲突对 90 后员工主动创新行为的影响机制研究 [J].
东岳论丛,2021,42（9）:41–50+191.

[45] 金一星,程菻,汪颖达.角色冲突对员工情绪枯竭和生活满意度的影响研究 [J].
赤峰学院学报（自然科学版）,2021,37（3）:54–60.

[46] 蔡双立,杜立科.冲突氛围、压力感知与员工活力激发 — 建设性冲突视角 [J].
山西财经大学学报,2021,43（4）:88–98.

[47] 涂艳红,杨琼.团队冲突与知识型员工创新绩效跨层关系研究 [J].湖南工业大学
学报（社会科学版）,2020,25（6）:54–62.

[48] 曹莉.我国企业人际关系构建中存在的问题及解决对策 [J].企业改革与管理,
2021（5）:121–122.

[49] 赵君哲,乔诗绮,王明辉.工作场所社交媒体使用对员工工作绩效的影响:基
于人际关系视角 [J].心理与行为研究,2020,18（6）:819–825.

[50] 陈玉玲,陈维政,胡冬梅.组织依恋的中介效应实证研究 — 人际关系对工作满
意感和组织公民行为的影响机制 [J].技术经济与管理研究,2020（10）:60–63.

[51] 郭佳.企业组织中的人际冲突管理探索 [J].中小企业管理与科技（下旬刊）,

2020（8）:29-30.

[52] 何衡. 新生代员工人际信任对员工关系绩效的影响机制研究 [J]. 现代商贸工业，2020，41（18）:57-59.

[53] 徐远申，孙亚利，宋雅娟. 适度"润滑"，善于沟通 — 论处理与上级人际关系的基本原则 [J]. 行政论坛，1999（6）:59-60.

[54] 李方君，魏珍珍，郑粉芳. 建言类型对管理者建言采纳的影响：上下级关系的间接调节作用 [J]. 心理科学，2021，44（4）:896-903.

[55] 祝涛. 人力资源实践对员工帮助行为的影响机制：主观幸福感和上下级关系的作用 [J]. 科技创业月刊，2021，34（5）:78-82.

[56] 刘燕君，徐世勇，张慧，等. 爱恨交织：上下级关系矛盾体验对员工主动性行为的影响 [J]. 外国经济与管理，2021，43（5）:123-136.

[57] 陈新新，濮俊伟，杨琳. 论领导者处理与下级关系的艺术 [J]. 办公室业务，2017（16）:65-66.

[58] 饶俊新. 领导者处理与下级关系应避免几个误区 [J]. 领导科学，2013（17）:59-60.

[59] 康健. 妥善处理与下级的关系 [J]. 刊授党校，2010（11）:26.

[60] 刘顺云. 员工心理援助计划在国有企业党群管理工作的应用 [J]. 现代商贸工业，2020，41（16）:66-67.

[61] 赵家美. GM 公司员工援助计划优化研究 [J]. 经营管理者，2020（4）:94-95.

[62] 熊淑萍. 积极组织行为学视角下企业员工援助计划开展与运用的创新研究 [J]. 产业与科技论坛，2019，18（16）:216-218.

[63] 李海娇. 我国企业管理中员工援助计划的应用 [J]. 中小企业管理与科技（下旬刊），2018（11）:3-4.

[64] 袁丽梅，曾建中. 员工援助计划在企业管理中的应用研究 [J]. 现代经济信息，2018（17）:29+32.

[65] 胡更会. 浅析如何提高员工的归属感 [J]. 中外企业文化，2021（7）:52-53.

[66] 许芝芹. 基于员工归属感的企业文化建设研探索 [J]. 营销界，2020（42）:17-18.

[67] 袁奇炜. 两岸科技型企业知识型员工归属感、忠诚度与组织绩效关系研究 [J]. 商业经济，2020（8）:67-68+168.

[68] 汪天骄. 中小企业也有归属感 [J]. 人力资源，2020（5）:90-92.

[69] 胡超君，周一鸣.深化国有企业改革新形势下的员工关系管理[J].营销界，2021（24）:125-126.

[70] 徐锦华，金梅.加强员工关系管理促进大型水电设计企业转型发展[J].中国经贸导刊（中），2020（4）:119-121.

[71] 严川.员工关系管理：共成长方能共进退[J].人力资源，2017（5）:34-36.

[72] 李梦雪.基于企业发展的员工关系管理智慧[J].才智，2017（4）:270.

[73] 江佳宸.浅谈员工关系管理[J].科技视界，2016（13）:310.

[74] 赵娜.徐州B&C公司员工关系管理优化研究[D].徐州：中国矿业大学，2020.

[75] 赵旭梦.基于培训的C公司新员工组织归属感提升策略研究[D].天津：天津商业大学，2020.

[76] 钟柳蓉.NF公司基层员工关系管理满意度的影响因素研究[D].桂林：广西师范大学，2020.

[77] 李航.QC公司员工关系管理研究[D].桂林：桂林电子科技大学，2019.

[78] 张雯雯.QZ国有通信公司员工关系管理优化研究[D].厦门：华侨大学，2019.